# DICIONÁRIO DOS APAIXONADOS PELO VINHO

# DICIONÁRIO DOS APAIXONADOS PELO VINHO

Bernard Pivot

Ilustrações de Alain Bouldouyre

Tradução de
Juan Jose Verdesio

Amarilys

Copyright © Plon, 2006
Título original em francês: *Dictionnaire amoureux du vin*

Amarilys é um selo editorial Manole.

Este livro contempla as regras do Acordo Ortográfico da
Língua Portuguesa de 1990, que entrou em vigor no Brasil.

*Editor-gestor:* Walter Luiz Coutinho
*Editor:* Enrico Giglio
*Produção editorial:* Luiz Pereira
*Revisão:* Ana Maria Fiorini
*Editoração eletrônica:* Aldine Rosa
*Capa:* Aline Shinzato

Dados Internacionais de Catalogação na Publicação (CIP)
(Câmara Brasileira do Livro, SP, Brasil)

---

Pivot, Bernard
    Dicionário dos apaixonados pelo vinho / Bernard
Pivot ; ilustrações de Alain Bouldouyre ;
tradução de Juan Jose Verdęsio. -- Barueri, SP :
Manole, 2015.

    Título original: Dictionnaire amoureux du vin.

    1. Vinhos e vinificação 2. Vinhos e vinificação -
Dicionários I. Bouldouyre, Alain. II. Título.

15-08927                 CDD-641.2203

---

Índices para catálogo sistemático:
1. Vinhos : Dicionários 641.2203

Edição brasileira – 2016

Editora Manole Ltda.
Av. Ceci, 672 - Tamboré
06460-120 – Barueri – SP – Brasil
Tel. (11) 4196-6000 – Fax (11) 4196-6021
www.manole.com.br / www.amarilyseditora.com.br
info@amarilyseditora.com.br

Impresso no Brasil
*Printed in Brazil*

*Para Agnès, mestre no assunto*

# Sumário

# Prefácio

## O vinho de honra

Não tenho credenciais suficientes para escrever este *Dicionário dos apaixonados* a não ser minha paixão pelo vinho, que vem desde a minha infância, vivida nos vinhedos – a mais livre possível. A ela acrescento a ventura que tem solicitado do vinho algumas felizes intervenções ao longo da minha existência. Tudo isso é pouco comparado à ciência e experiência dos profissionais, sejam viticultores, enólogos, comerciantes, donos de lojas de vinhos, sommeliers, jornalistas, especialistas em rótulos tendo justamente o rótulo de especialistas, eruditos bons de papo e bons de copo. E quantos escritores nascidos em um vinhedo, ou adotados por uma denominação de origem, teriam se embevecido de vinificar todo um livro, celebrando nele os vinhos que aprenderam a escrever com as palavras que aprenderam a degustar?

O que me fez decidir por lançar-me a esta obra foi, ao contrário do duplo pesar, o duplo prazer: escrever sobre o vinho depois de tê-lo bebido. Não era eu o mais habilitado a fazê-lo; nem tinha eu a menor ambição de preencher páginas depois de ter esvaziado, ao longo da vida, um certo número de garrafas. Ainda, este livro não é um manual de degustação, nem uma agenda de endereços. No universo dos livros e na imprensa, são numerosos os confrades competentes para guiar o público.

Este dicionário tampouco é uma enciclopédia de vinhedos, cepas, denominações de origem e sua classificação, ou dos trabalhos da vinha e das técnicas enológicas. Nem uma história universal da vinha e do vinho. Nem uma antologia literária e artística. Nem tampouco um tratado político, jurídico, médico ou religioso sobre um assunto tão sensível. Quantas dezenas de volumes ocuparia tudo isso?

Mas há um pouquinho de tudo isso neste livro da sede, o qual – ouso afirmar, ainda que eu mesmo envelheça (se não no carvalho ao menos em contato com a madeira) – poderá almejar a alguns anos de guarda. Nas páginas que seguem, evoco somente o que conheço, o que amo, o que me arrebata. Há um pouco de autobiografia, leituras e lembranças de vinificações, vinícolas, mesas e balcões; retratos de homens do vinho, vinhedos, *châteaux*, garrafas, saca-rolhas, *tastevins*, degustações e aromas, toda essa bagagem de objetos, sensações e palavras que acompanham Casanova em sua perpétua conquista de lindas garrafas.

Contudo, eis o essencial: o vinho é cultura. A cultura do vinhedo, mas também a cultura do espírito. É essa dimensão cultural de um produto de consumo universal que este livro ambiciona lembrar, em tempos em que não se tem pelo vinho mais consideração que por um álcool de milho ou de batata. Nada sobrepuja o pão e o vinho na memória mítica e nutricional do homem. Eles estão unidos no trabalho e no repouso, no esforço e no prazer, sobre a mesa da ceia que fundou o milagre cristão. O vinho supera mesmo o pão na história e nas fábulas da Antiguidade greco-romana, na épica (*Ilíada, Odisseia*) e no sagrado (Bíblia). O vinho é uma recompensa e uma proibição.

Como citar todos os escritores, de Homero a Colette, que celebraram o vinho, ou que o transformaram em ator da comédia humana? Menos que o sangue, menos que o dinheiro, mas muitas vezes associado a um e ao outro, e mais ainda ao amor e ao sucesso, o vinho escoa no teatro, na ópera, na pintura e na canção. Para o melhor e o pior, desde a noite dos tempos e até o fim do mundo, o vinho é indissociável da aventura do homem, da civilização, da arte, do grande mistério do porquê e do como.

Em poucas palavras, o vinho não é uma cerveja comum.

Os viticultores são os autores, os artesãos, os artistas. Os melhores assinam suas obras. A variedade de vinhos franceses é surpreendente. Os mais ricos do mundo, pela sua paleta de cores e o mapa de seus sabores. Eu não conheço todos. Frequento uns mais que outros. Por causa de lugar de nascença, residência, viagens, férias, amizades, afinidades, oportunidades. Mas nenhum deles me deixa indiferente. Os ausentes deste livro de adega sem adega, de geografia vitícola vadia e ligeira, pertencem, diria eu, a minha reserva. É sempre necessário ter um escritor e um vinho a se descobrir.

Talvez soe estranho que fale às vezes em um tom leve e descontraído acerca de um tema que, acabo de lembrar, umedece nossa boca e nossa alma? É a minha maneira de levar as coisas a sério. Sou do vinho alegre. Por que a minha caneta haveria de ser ácida, desagradável ou grosseira?

Existe em francês uma expressão que traduz bem a função social do vinho em nosso país: *vinho de honra*. Quem pede honras à água, ao *whisky*, ao *pastis*, à cerveja, ao *Bloody Mary*? Este *Dicionário dos apaixonados* pretende ser um alegre vinho de honra.

BP

9 de julho de 2006

No final do livro pode ser encontrada uma grande bibliografia, em francês, na qual estão listadas as obras especializadas a que fiz referência.

Agradeço a Guy Renvoisé por sua leitura crítica e amistosa do manuscrito.

Toda a minha gratidão a Anne-Marie Bourgnon por sua capacidade de resistir aos eflúvios do vinho e das palavras.

# À tua! À nossa! À vossa!

Todos juntos levantamos nossa taça de *champagne* ou nossa taça de vinho e nos propomos a beber "à". É no "à" que se vão introduzir os votos, os pedidos, os desejos. "À nós!" é a fórmula mais contundente. Estamos felizes de estarmos reunidos e de beber, sejamos egoístas, pensemos de início em nós mesmos, desejemos do bom e do melhor, na conveniência de cada um. "À nossa !" diz mais ou menos a mesma coisa, mas privilegiando a saúde, que está implícita. Por vezes, detalha-se: "À nossa saúde!". Alguns, suprimindo o "à", declaram e clamam por todos: "Saúde, felicidade!".

Pode-se também erguer a taça em favor de alguém que está sendo festejado e que é o motivo das libações: "À vossa!", "À vossa boa saúde!", "À tua!". Na França, *"À la tienne, Étienne!"* é uma fórmula popular em virtude da rima. Comemora-se o dia de Saint-Étienne em 26 de dezembro – é preciso amá-lo muito para abrir garrafas depois dos excessos do dia 24 e do 25.

Se bebemos em primeiro lugar à saúde, de um só ou de todos, é porque o álcool conserva, porque é considerado fonte de vigor. Assim, pelos desejos formulados àqueles que brindamos, que batem as taças em sinal de amizade e de alegria ou que se contentam em levantá-la à altura dos olhos, almejamos nos reencontrarmos, sempre em excelente saúde, para brindarmos novamente.

"Tim-tim!" é uma divertida interjeição que provém de *tsing-tsing*, "saúde", no inglês de Cantão. Ela é empregada na vida comum, em circunstâncias banais, para convidar alguém a beber uma cerveja, uma água mineral, uma Coca-Cola, tanto faz. Não se comemora aniversário ou festa, não se benze sucesso ou recompensa, sem um desenvolto "tim!".

Também pode-se brindar à saúde de um ausente, sobretudo quando essa pessoa está afastada pela doença. Os nascimentos e os batizados servem de pretexto para numerosas libações nas quais, em certas famílias, faz-se até o bebê participar, umedecendo seus lábios com *champagne*. Em 3 de abril de 1867, Victor Hugo anota simplesmente, a fim de celebrar a chegada em terra de seu neto, Georges, "nós bebemos à saúde do recém-nascido". Beberam o quê? Adoraríamos saber.

O meu pai não se lembrava se, na ocasião de meu batizado, foi deslizado sobre meus lábios um dedo molhado de *champagne*, mas afirmava que os convidados tinham bebido Moët et Chandon. O acaso quis que bebêssemos o mesmo *champagne* no meu noivado. Vinte e cinco anos depois, minha filha mais velha foi trabalhar como relações públicas da Moët et Chandon. Isso é o que se chama ser fiel a uma marca.

Não gosto dos brindes ritualísticos dos jantares russos e chineses. As conversas devem cessar para se escutar declarações quase sempre convencionais, às vezes hipócritas, e é preciso beber aguardentes de cereais que nem sempre harmonizam com o que estamos comendo. A imputação múltipla e obrigatória de pequenos copos de um álcool impiedoso equivale a tentativas de homicídios voluntários em massa. Por outro lado, eu sou o primeiro a levantar uma taça cheia até a metade de um *bordeaux* famoso ou de um *bourgogne* excepcional, servido com o prato principal, e a pedir silêncio para que um dos convidados, inclusive eu, faça um brinde. É uma maneira de saudar o vinho, de chamar a atenção para ele e de associá-lo ao prazer e, por vezes, à emoção de um voto coletivo. O prazer será idêntico procedendo da mesma maneira com um de colheita tardia na hora da sobremesa.

Outrora, nas redações dos jornais, bebia-se ao menos tanto quanto se escrevia. Tudo era pretexto para as libações, em especial com os corretores e os operários da gráfica. O calendário de festas e aniversários era respeitado religiosamente. Furos sensacionais, retorno de trabalhos no estrangeiro, promoções, a publicação de um livro e mesmo a saída de férias, tudo devia ser "irrigado". Com *pastis*, com *whisky*, com vinho. Os *"ala"* importantes eram anunciados nas portas das redações e das oficinas. *Ala* é o início "À (*à la*, em francês) saúde do colega". Não bebíamos uma taça sem cantar todos juntos:

*Ala! Ala! Ala!*
*À saúde do colega*
*que hoje nos presenteia.*
*Não é água de rio,*
*muito menos de poço*
*Nada de água! Nada de água! Nada de água!*

Em 19 de junho de 1974, para a minha despedida do jornal *Figaro*, um pequeno cartaz anunciava em todas as portas do prédio localizado na rotatória do Champs-

-Élysées: "O *beaujolais* escoará em abundância nesta quarta-feira, 19 de junho, entre 17h30 e 19h30 no *hall* da Literatura, por ocasião da partida de Bernard Pivot."

Embaixo do pequeno cartaz, impresso em letra miúda, ainda se podia ler: "Se deves partir não receies a secura ao longo do caminho, temei mais a sede daqueles que ficam. Confúcio, extraído de *Louen Yu*".

Confúcio era de natureza por demais sóbria para ter escrito isso.

## Glub-glub

A pintura tem como título *Duplo retrato com taça de vinho*. Mas Marc Chagall poderia perfeitamente ter preferido *À vossa, meus amigos*! Montado sobre os ombros de sua mulher, Bella, de vestido branco, levitando sobre o Duína, o rio que atravessa Vitebsk, cidade natal do pintor russo, Chagall representou-se como um diabinho bagunceiro, faceiro, zombeteiro. Está vestido de vermelho. Na sua mão esquerda, brande uma taça de vinho, também tinto, e parece nos dizer: "Estou celebrando meu aniversário de casamento, vejam como estou alegre e feliz, eu bebo à vossa saúde, meus amigos, bebam à nossa...". Quando vou ao Museu de Arte Moderna, no Centro Georges-Pompidou, nunca esqueço de ir brindar com os Chagall.

 CHAMPAGNE, BRINDAR, ZINC

## Abû Nuwâs

Paroquiano esquisito, esse Abû Nuwâs, se é que podemos qualificar como paroquiano um poeta libertino e adorador de Baco, nascido no Irã, que escrevia em árabe e que preferia farrear pelas tavernas e passar a noite nos bordéis a ir de peregrinação à Meca! Além do mais escrevia sátiras, então como poderíamos nos surpreender de que tenha passado temporadas na prisão?

Como o sublime Omar Khayyam, preferia passar por esta terra como um gozador e um dissoluto em vez de aguardar por deleites hipotéticos em um outro mundo. Não surpreende também que sua obra tenha sido proibida em diversos países árabes. O seu tradutor na França, o erudito Omar Merzoua, escreve em sua apresentação a *Poemas báquicos e libertinos*: "Não seria esse gosto pelo vinho, essa inclinação pelos amores proibidos, essa corrida desenfreada por casas de jogo e tavernas, um sinal de um destino espremido entre o desespero e a perdição?".

Imagine você se atualmente, nas terras do Islã, um poeta ousaria escrever isto:

*Suscitar o amor e a voluptuosidade*
*gozar dos prazeres sensuais*
*da vida é mais audaz e mais respeitável,*
*que ser um intolerante e um lapidador competente!*

Em quase todos os seus poemas Abû Nuwâs celebra o vinho, "o vinho da Babilônia", "o vinho de Karkh" (bairro de Bagdá). Ele sabia que o Profeta tinha proibido o seu consumo, mas preferia bebê-lo e receber a punição de oitenta chibatadas. Esperava que o vinho o alegrasse, que apaziguasse sua tristeza, que embriagasse e mesmo que o deixasse bêbado.

*Puro espírito é o vinho livre de todo eflúvio,*
*que através dos ossos se difunde!*
*Se o degustamos, nadamos no éter*
*e perdemos a razão e as boas maneiras.*

Abû Nuwâs não era capaz de imaginar que uma história de amor ou um ato sexual, com uma mulher ou um efebo, não fosse acompanhado de vinho. Frequentemente, porque era habitual na época, misturava-o com água. Cortado ou não, o vinho era para ele sinônimo de liberdade.

De nome verdadeiro Hassan ibn Hanî al-Hakamî, Abû Nuwâs ("de cabelos encaracolados") viveu, amou, fornicou e bebeu na segunda metade do século II da Hégira, o que corresponde ao fim do século VIII da era cristã.

 O Islã e o vinho

## Adega (guarda de vinhos)

*Elogio da adega.* Entrar em uma adega que o amor pelo vinho forrou de garrafas é penetrar no mundo do silêncio, do obscuro, da impassibilidade. Estamos então no reino dos deitados, dos petrificados, e por menos que tenhamos honrado nossos mortos recentemente, parece-nos que, passando da catacumba à adega, continuamos a explorar as escavações do Grande Segredo.

Portanto, da meia garrafa ao jeroboão, a vida está lá, tinta ou branca, nova ou antiga, humilde ou deslumbrante. Não é porque essa sociedade, ao contrário da nossa, envelhece sem exibicionismo e sem barulho, sem risos nem lamentações, em uma paz um pouco úmida (é preciso fugir das pessoas e das adegas demasiado secas), que não há entre essas quatro paredes energia, perseverança, orgulho, alegria, concentração, meditação, filosofia.

As famílias reunidas aqui possuem todos seus nomes e denominações. Todas diferentes, elas têm corpo e substância, roupagens e cores, estruturas e texturas, taninos, veludos, aromas, nervos, nariz, e mesmo, diz-se às vezes, consistência e vivacidade. Vivem em vidros, mas vivem. Em uma calma subterrânea e soberana, mas intensamente. Bem no interior, na intimidade, no oculto de dentro, sem jamais mostrar qualquer manifestação de humor. Os vinhos que se avinagram são vítimas de doenças psicossomáticas. Se são de berço bom, são visitados com frequência e sabe-se bajulá-los com o olhar e mesmo falar-lhes, os acidentes de saúde são raros.

Os moradores da adega diferenciam muito bem entre a existência ordinária, a marcha regular sem imprevistos e as festas, os aniversários, os dias agitados, as noites de júbilo. Os vinhos das velhas safras não conhecem os usos e costumes da casa. Quando são escolhidos entre as fileiras, eles sabem o porquê. Eles poderiam contar tudo, do jantar fortuito à comilança, da festa das núpcias à refeição do batizado, da reunião de amigos à ceia íntima. A memória dos grandes *bordeaux* e grandes *bourgognes* é fenomenal. Eles convertem-se em narradores dos feitos do dono da casa. Eles transmitem seu saber aos novos *millésimes* que, por sua vez, na escuta do que se passa acima deles, testemunhas do infinito vai e vem, prontamente associados aos nascimentos e às mortes, prolongam e enriquecem o romance do lugar.

A memória da adega sempre foi subestimada em relação à do sótão, tão explorada nos romances.

A grande superioridade da adega sobre o sótão é que, além do passado que uma e outra possuem, a adega ainda alberga o futuro.

*Fim de ano na adega.* Embora protegida da neve e da névoa, os moradores da adega jamais são surpreendidos pelo Natal e o Ano-novo. Dois ou três graus a mais é verão; dois ou três graus a menos é inverno. Mas não é sobre uma temperatura pouco oscilante que eles fundam sua experiência do calendário. Nascido do ritmo das estações, o vinho guarda suas lembranças. Ele conhece o espectro do tempo, os balanços da história. Tendo referências cronológicas, ele se prepara, a cada fim de ano, para festejar a chegada do menino Jesus como no inverno precedente e o novo *millésime*. Ele sabe que será copiosamente associado a essas duas festas. É o seu papel. É o seu destino.

Não é raro que garrafas repousem durante mais de vinte ou trinta anos para enfim triunfar no cenário, no brilho dos cristais, sob as luzes de uma noitada excepcional e o olhar de espectadores-atores já inebriados pelos seus nomes. O vinho na boca é como o touro na tourada: ele morre em sua apoteose.

Mesmo as garrafas de vida curta, portanto de breve memória, como os *beaujolais*, os *bourgueils*, os *gaillacs*, os *muscadets*, percebem que o fim do ano não é um período comum. Muitas visitas à adega, muita agitação. Normalmente seguro de suas escolhas, o dono da casa hesita. Somente nos *champagnes* escolhe sem duvidar. Nas demais, ele as tira com precaução, com delicadeza, examina, deixa-as repousar. Elas ficam desiludidas? Ele vai de um *domaine* a um *château*, de um *cru* a um *climat*. Quanto mais longo for seu passeio, mais ele se mostra perplexo. No entanto, seu rosto passa num repente do interesse à felicidade, da surpresa à admiração. Depois, ele renuncia. Apaga a luz e fecha a porta.

Ele volta algumas horas mais tarde. Ou no dia seguinte. Mas, desta vez, decidido. Com os menus na cabeça, os pratos para os quais, depois de refletir, ele previu harmonizações que ele espera serem perfeitas, ou ao menos excitantes. Aí está, os eleitos estão de pé. Ele os contempla com delícia e orgulho. Leva-os. Já os adivinha e os respira. As festas começaram.

A adega, como um cofre, se fecha sobre sua fortuna líquida. Mas ela, ela vive, ela respira, ela medita. Amanhã começa um novo ano.

*Do bom e do mau uso da adega.* "Os bons vinhos e os complôs são tramados nas profundidades", escreveu belamente Pierre Veilletet em sua celebração da adega. É verdade que, por vezes, ela abriga e esconde o pior do homem: os estupros, coletivos ou não, crimes, corpos. Depois da liberação de Lyon, minha mãe e meu avô – a essa época meu pai era prisioneiro na Alemanha – descobriram com horror, na adega da mercearia familiar, fechada havia quatro anos, ganchos nas paredes manchados de sangue, chicotes, alicates e outros instrumentos com os quais os prisioneiros da resistência tinham sido torturados.

Mas hoje prefiro pensar nas adegas profundamente cavadas na terra, nas quais a população bombardeada encontrava refúgio e salvação. Adegas de fundo duplo, com paredes que enganam os olhos, onde se escondiam, durante algum tempo, judeus, aviadores ingleses, membros da resistência. Adegas de cujas janelas superiores podia-se vigiar o curso dos perigos. Adegas de onde tiravam-se as rolhas das garrafas "da reserva", para tomar coragem.

Uma adega sem vinho é um espetáculo perturbador, insuportável; funcionando como sótão, onde se amontoam bicicletas enferrujadas, máquinas de lavar fora de uso, geladeiras vazias, malas fechadas com cordas, restos de tapeçarias e pinturas, brinquedos quebrados, todos os dejetos de vidas calcinadas – essas adegas dão medo. A morte exsuda delas. Livre-as dessas velharias obsoletas, de sua desordem fúnebre, devolva-lhe sua função, guarde nelas garrafas de vinho, e as adegas voltarão a ser o lugar de acolhimento de atraentes promessas.

*A adega rebela-se.* Fiquemos de acordo: quanto mais sua adega aproxima-se da adega ideal, melhor se comportarão seus vinhos. Se a sua adega é profunda, orientada ao norte, de temperatura constante tanto no inverno como no verão (de 9°C a 12°C), de uma umidade invariável, nem baixa nem excessiva, protegida de todo odor e vibração, ao abrigo da luz, vossas garrafas irão se felicitar pela sorte de nela residir.

Mas se sua adega não é perfeita, não é também uma desgraça. Escutando certas melodias de Johann Sebastian Bach do subsolo, os vinhos são tão suscetíveis e frágeis que, depois de passadas 48 horas em um barracão ou embaixo de uma escada, não somente eles se sentem desonrados, mas estarão exauridos. Mais dois ou três dias nessas más condições e, desnaturados, ficarão melhor para vinagre.

Os vinhos são muito mais robustos do que podemos acreditar. Eles evidentemente não resistirão, depois de um tempo, à vizinhança de um radiador de aquecimento central, aos eflúvios de um depósito de óleo combustível, aos queijos fermentados e aos legumes podres ou às trepidações do metrô. Mas, afora essas agressões características, o vinho acomoda-se com relativa facilidade às condições de vida que exigem saúde e caráter. Existe um terrorismo da adega que envergonha o proprietário de uma adega muito seca orientada ao sudoeste, e orgulha como se fosse Dioniso o utilizador de um calabouço úmido orientado ao norte. Bem acomodado na segunda, o vinho também não correrá perigo na primeira.

Na cidade, pode-se dispor de uma adega climatizada e, se há lugar para colocá-la, é o meio ideal de conservar as garrafas na temperatura correta, tendo-as ao alcance da mão e, portanto, dos lábios.

 Adega (loja de vinhos), Sommeliers

## Adega (loja de vinhos) *caviste*

Antigamente, os grandes restaurantes distinguiam bem o ofício do vendedor de vinhos e o do sommelier. É sobre este comerciante de vinhos que propomos mais adiante algumas considerações.

O *caviste,* ou seja, o dono de uma adega de venda de vinhos, é o espeleólogo do vinho.

*Caviste* e bebum, duas vezes esvazia as garrafas.

O *caviste* sabe muito bem que acabará como suas garrafas: embaixo da terra, rotulado, nomeado, safrado. Mas, salvo por uma improvável ressurreição, ele nunca mais subirá à terra.

Muito respeitosos dos rótulos, os *cavistes* são personagens de Saint-Simon.

*Cavistes*, enólogos, sommeliers, viticultores, etc., deveriam levar para a tumba um saca-rolhas. Nunca se sabe...

Pelo que sei, mesmo nas adegas do Vaticano, nenhum *caviste* jamais ficou indignado com o fato de que todas as garrafas mostrassem-lhe o traseiro, como no final de um número de cancan francês.

Alguns *cavistes* têm cheiro de rolha.

Um bom *caviste* jamais sobe pelo elevador com uma grande garrafa de uma safra muito antiga. Ele teme a velocidade, a vertigem, a brutal mudança de altitude, que poderiam ser fatais à delicada complexão da velha estrela.

Aquilo que os sommeliers dizem aos clientes, os *cavistes* murmuram às garrafas. A maioria dos *cavistes* cuida melhor de seus vinhos que de seus filhos.

Nos grandes restaurantes, os *cavistes* se sentem profundamente pesarosos em deixar os sommeliers abrirem as garrafas das quais cuidaram durante tantos e longos anos. Dizem que é por uma questão econômica que os *cavistes* dedicam-se agora à profissão de sommeliers, ou os sommeliers à de *cavistes*, embora seja evidente que o façam por bondade.

Os *cavistes* são os verdadeiros castelões dos *crus classés de bordeaux*.

 ADEGA (GUARDA DE VINHOS), SOMMELIERS

## Água

Em 1981, fui convidado por Maurice Denuzière para ir a Meursault onde ele receberia o prêmio de La Paulée.* Fui de carro acompanhado por seu editor, Jean-Claude Lattes, rico proprietário de 20 hectares nas côtes do Luberon, hoje meu amigo há mais de quarenta anos.

Na entrada de Meursault, um policial fez sinal para que eu parasse meu carro. Preocupado – o que haveria feito de errado? –, estacionei ao lado da calçada e baixei o vidro.

— Bom dia, senhor, diz o policial, com um ar severo. O senhor não poderá seguir em frente assim...

— Assim como?

— O senhor viu o que tem na parte de trás do seu carro?

Olhei para trás.

— Uma garrafa de água mineral!

— A água está proibida em Meursault durante La Paulée, declarou o policial, meio sério, meio rindo. Aguarde um momento...

Ele voltou com uma garrafa de vinho. Colocou-a no lugar da garrafa de água mineral, que confiscou...

---

\* Trata-se de um almoço para comemorar o fim da vindima na Borgonha, originalmente destinado apenas à população local. Hoje é um evento internacional que faz parte dos "Três Dias Gloriosos", que incluem o leilão de caridade do *Hospices de Beaune* hoje feito pela Christie's e um jantar formal no castelo de Clos de Vougeot com cerca de setecentas pessoas do mundo inteiro. (N.T.)

Nos dias atuais, não podemos mais imaginar um policial ousar fazer tal piada, um tal gesto, mesmo na Borgonha. A presença de uma garrafa de água dentro de um carro pode, ao contrário, fazer com que o motorista receba cumprimentos por parte da polícia e uma condecoração da Ordem Nacional do Mérito concedida no próprio local.

Durante séculos, ficou estabelecido que todo bebedor de água não gostava de vinho e que todo bebedor de vinho detestava água. Esse sectarismo idiota, esse integrismo essencialmente báquico, produziu uma desconcertante literatura na qual a água é motivo de desdém e zombaria. As piadas sobre a água que faz mal, que enferruja, que amolece, são tão numerosas quanto os versos de *cabaret* sobre o homem que foi salvo pelo divino vinho.

Citarei, ainda de memória, esta *Imprecação de um bebedor*:

*Maldito carregador de água, vens tu fazer a guerra*
*Ao Deus gentil que enche o meu tonel?*
*Vá embora, patife! não se aproxime... quieto...*
*À visão de um balde, eu fugiria até os confins da terra.*
*Se tu queres que eu fique contente de ti,*
*Tragas somente a água*
*Necessária para lavar a minha taça.*
(*Le vieux Bachus, Chansonnier dédié aux jeunes buveurs*, 1818)

Existem ao menos duas razões para essa "águafobia" ou "hidrofobia" (Diderot emprega a palavra "hidrófobo" em *Jacques, o Fatalista*): durante muito tempo, a água, mesmo aquela retirada de fontes ou de poços, não tinha boa reputação entre os médicos. Ainda hoje posso ouvir minha mãe repreender-me porque eu bebia água entre as refeições. A sua origem *beaujolaise* não fazia dela uma inimiga inata da água; ela estava simplesmente convencida de que esta era mais nociva que benéfica para a saúde de seus filhos. (Após terem passado pelo fio de sua espada um quarto de centena de ingleses, o Grand Ferré morreu por ter bebido, ainda suando, água gelada. A minha mãe várias vezes apelou a este Obélix medieval para prevenir-me sobre as brigas, a transpiração ou a água.)

A outra razão pela qual os bebedores de vinho odeiam o *"château-torneira"* ou o *"suco de guarda-chuvas"*, é porque não era raro que a água fosse vertida nas taças junto com *château* verdadeiros. Cortar um vinho excelente era um ato, senão de criminalidade, ao menos de delinquência. Mas se tratasse de um vinho comum, que mal tinha adicionar um pouco de água para suavizar a poção?

Hoje a água, seja ela mineral, com gás ou sem gás, engarrafada, tem uma reputação invejável entre os produtos que comemos ou bebemos. De suspeita e opcional, ela converteu-se em virtuosa e obrigatória. Os "hidrófilos" triunfam por todos os lados, incluindo os restaurantes, sobretudo ao meio-dia, quando as águas minerais destronam o vinho. No domingo da Vinexpo 2003, em que fazia um calor esmagador, em dezenas de mesas nas quais almoçavam os organizadores, expositores, compradores, visitantes, etc., eu contei em todas e para todos duas garrafas de vinho em baldes de gelo. Por todos os lados triunfava a água Badoit!

Hoje é admitido que os copos de água não existem somente para dar um certo brilho à mesa. A água e o vinho podem coabitar a mesma refeição sob a condição que não sejam bebidos na mesma taça. Os profissionais do vinho e seus mais finos degustadores podem ser também bebedores de água dietéticos. Como os cachorros e os gatos que, no passado, detestavam-se e que cada vez mais vivem juntos e têm de se suportar, a água e o vinho reconciliaram-se no apreço e no estômago do consumidor.

Essa ascensão social da água, as vezes em detrimento do vinho, é bastante paradoxal, já que este nunca foi tão bom e nem aquela, no estado natural, tão detestável. Jean-Claude Carrière: "Ao contrário da água, que perdeu pureza e frescor, o vinho tem ganhado caráter, gosto, diversidade, glória" (*Le vin bourru*; O vinho branco novo). Mas vieram as águas minerais, o dieteticamente correto, a tirania da barriga reta, o medo da balança e do policial e, com ou sem bolhas, a água estendeu o seu império. Assim como existem os viciados em vinho, em cerveja, em Coca-Cola, também hoje existem, junto aos "estupiEvians", os viciados em água. Teria sido pensando neles, com um século de antecedência, que Alphonse Allais disse: "Se eu fosse rico, mijaria o tempo todo"?

Os geógrafos e os economistas acham que, em alguns anos, a água vai faltar sobre a terra. Ela será um produto cada vez mais raro e custoso. Será necessário dessalinizar os mares? Aguardando esses tempos que nos parecem, apesar de tudo, bastante distantes, há um aumento da produção de vinho no mundo. Colocamos cada vez mais vinhos no mercado e os bebemos cada vez menos. A água é um valor em alta enquanto o vinho é um valor em baixa. A água tem conseguido a sua revanche sobre o vinho. Nas bodas de Caná versão 2086, Jesus transformará o vinho em água.

## Glub-glub

Há muito tempo, as frutas ao vinho, tanto as pêras como os morangos e os pêssegos, foram desaconselhadas pela ciência. A Princesa Palatina anotou: "O sr. Fagon, o médico do Rei, acha que, com as frutas, é melhor beber água no lugar do vinho, porque a água não provoca a fermentação da fruta no estômago." Mas, alguns meses depois, desprezando a dieta, ela compõe assim o seu jantar: "[...] as coxas de uma codorna nova, um quarto de uma alface e cinco pequenos pêssegos com vinho de Bacharach e açúcar".

          HADDOCK (CAPITÃO), MEURSAULT (PAULÉE DE), ROBESPIERRE

# Alsácia

Somente o *riesling*, o chucrute e a torta de ameixas poderiam justificar que a França lutasse para conservar a Alsácia! Para ser justo, pode-se adicionar a catedral de Estrasburgo, o retábulo de Issenheim, a biblioteca humanista de Sélestat e as centenas de maravilhosas casas de viticultores dos séculos XV e XVI que deram fama a Colmar, Riquewihr, Ribeauvillé, Eguisheim, Obernai e outros vilarejos das Rotas dos vinhos. Entre parênteses, nos perguntamos qual a natureza do milagre pelo qual a Alsácia, objeto e palco de disputas e guerras seculares, saiu delas quase com o mesmo aspecto com que a história a construiu. Riquewihr, que tinha mais de 2 mil habitantes no início do século XVII, não tinha mais do que 74 ao final da Guerra dos Trinta Anos. Prevendo o desenvolvimento do turismo que viria quatro séculos mais tarde, teriam os soldados considerado menos danoso para a Alsácia exterminar seus habitantes do que queimar suas casas?

Existia em Sélestat um intelectual – na época eram chamados de humanistas –, Beatus Rhenanus (1485-1547), de tanta reputação que até mesmo Erasmo lhe prestava visitas amigáveis. O sábio filósofo de Roterdã, admirado com o fato de que o pequeno povoado alsaciano produzia tantos "homens distintos pelo mérito do espírito", escreveu e publicou um *Elogio de Sélestat*. Celebrava-o também pela "fértil planície" e pelas "encostas cobertas de vinhedos". Naqueles tempos, é verdade, o vinho assegurava à Alsácia uma prosperidade considerável, que desapareceu a seguir e a qual a região não recuperou realmente até a chegada da segunda metade do século XX.

Como a deliciosa cavala, a Alsácia combina com o vinho branco. Os vinhos brancos são sua língua, sua gramática e sua cultura. Não se pode ser mais sincero, mais direto: os *crus* levam os nomes das cepas. Todo o ensino da enologia deveria começar pela Alsácia. Ao menos lá, não se mistura, não se subdivide, não se embaralha, sabemos de que se trata. Além da princesa renana, a *riesling*, que produz os grandes *crus* secos e florais mais apreciados, podemos dispor da *sylvaner*, da *tokay*, atualmente chamada de *pinot gris*, da *pinot blanc*, da *muscat d'Alsace*, da *chasselas* e da *gewürztraminer*, tão untuosa. Principalmente com a *riesling* e a *gewürztraminer*, obtêm-se, quando o outono é longo e ensolarado – o que não é raro na Alsácia –, os "vindimas tardias" (*vendanges tardives*) e mesmo a "seleção de bagos nobres (*sélections de grains nobles*)", de irresistível suavidade. O meu preferido, que entrou recentemente na minha existência: o *riesling* de vindima tardia, cheio de contradições, porque guarda de sua cepa um pouco de secura mineral e um aroma floral ligeiro e porque a nobre podridão (belo oxímoro!) lhe confere uma exuberância açucarada e voluptuosa. Que disputa na boca entre o *riesling* que ele continua a ser e o *riesling* que ele se tornou!

A última cepa da Alsácia, a *pinot noir*, é a única que produz vinhos rosados ou tintos. O rosado, como tantos rosados, eu ignoro. O tinto é um vinho de sede. Transparente, como se lavado, falta-lhe corpo, mas com frequência tem um aroma bom de cereja... Sem dúvida, deve ser bebido bem frio...

Estávamos jantando no restaurante do conceituado chef Haeberlin, o L'Auberge de l'Ill. Após um muito sedutor *grand cru* Geisberg 1998, *riesling* de Ribeauvillé, Serge Dubs (melhor sommelier do mundo de 1989) nos pergunta que tinto teria nossa preferência. Um *bourgogne*? Um *bordeaux*? Respondi que preferiria continuar na Alsácia. Durante um momento ele pareceu desconcertado, mas logo se decidiu. "Confiem em mim!", disse ele. Confiamos nele. Com razão.

Ele voltou com uma garrafa que revelou-se digna dos melhores *crus* da Côte de Nuits: um *pinot noir* (é a cepa dos vinhos tintos de Bourgogne; é necessário lembrar?) da safra 1990, *"Les neveux"* (os sobrinhos), do produtor Hugel, de Riquewihr. Um vinho tinto escuro, profundo, com uma potente graduação alcoólica (14,5 %) e um aroma excepcional, sem nenhuma relação com os habituais *pinots noirs* aéreos da Alsácia.

Eis a história. Os Hugel são produtores de Riquewihr desde a metade do século XVII. Houve um Hans Ulrich, um Frédéric Émile, vários Jean, Georges e André, vários Jean-Philippe, Marc e Étienne. Jean Hugel é um desses profissionais entendidos que conseguiram a classificação e a regulamentação dos vinhos da Alsácia em 1983 e em 1992, a exemplo de outras grandes regiões vitícolas. Os seus sobrinhos disseram-lhe um dia que os *pinots noirs* decididamente não estavam à altura das cepas dos brancos e que se poderia fazer melhor. Ele lhes diz para tentar. Em 1990, ano em que os troncos e arabescos luminosos da Schiwalaschlaje estiveram particularmente expostos ao sol, em uma parcela de cepas velhas de *pinot noir* bem expostas, os sobrinhos limitaram a produção a 30 hectolitros por hectare, vinificaram com rigor, amadureceram o vinho em tonéis de carvalho e obtiveram aquelas garrafas extraordinárias. Jean Hugel, orgulhoso, batizou a partida de *"Les neveux"*, e renovou a experiência com sucesso em *millésimes* generosos.

Outros viticultores alsacianos têm realizado maravilhas com a *pinot noir*. Como exemplo, René Muré, de Rouffach, com o seu Clos Saint-Lancelin 1999, degustado no *"Rendez-vous de chasse"*, em Colmar. Bem como, ainda, o produtor Zind--Humbrecht. Mas, por razões de rentabilidade, eles estão condenados a continuar como vinhos de exceção. A Alsácia triunfa sob a bandeira branca.

## Glub-glub

Henri Matisse levou a cabo uma vasta correspondência com o seu amigo mais querido, o escritor e desenhista André Rouveyre. Um desenho com caneta de tinta representa uma taça em pé preenchida, com aquarela, de vinho tinto. Texto que o acompanha: "Nesta taça eu bebo à tua saúde todos os dias o vinho da Alsácia fresco e perfumado. Não estais aí?". O envio é datado de 6 de maio de 1945, dois dias antes da capitulação da Alemanha. Mas não é por patriotismo que Matisse bebia um vinho da Alsácia naquela hora. Era por gosto e prazer.

## O amor e o vinho

> *Quem sabe beber sabe amar*
> *quem sabe amar sabe beber*
> (Provérbio)

Duas vilas têm a sorte de se chamar Saint-Amour.

Uma, situada nos montes Jura, produz os *côtes-du-jura*. Entre seus habitantes contava com o amigo de Saint-Exupéry Leon Werth, a quem dedicou *O Pequeno Príncipe*.

A outra, que cedeu seu nome a um dos dez *crus* do Beaujolais, ocupa a parte mais setentrional, na fronteira do Mâconnais. Menos estruturado e opulento que seus vizinhos, o *moulin-à-vent*, o *juliénas* e o *chénas*, o *saint-amour* fica geralmente mais ligeiro e mais redondo. Deve ser bebido jovem. É qualificado de "vinho galante", mas isso é pela influência de seu nome mágico, que não foi dado por um diretor de marketing, mas, dizem, por um legionário romano que se apaixonou por uma camponesa e que por ela abandonou Júlio César.

No dia de São Valentim, bebe-se uma grande quantidade de *saint-amour*, olhos nos olhos. A escolha dele entre as opções de uma carta de vinhos, ao início de uma refeição a dois, já é uma declaração. O mesmo vale para os suíços quando, em 14 de fevereiro, optam por um *valentin*, *chardonnay*, *pinot noir* ou *chasselas* de Neuchâtel.

Mais original, mas também muito mais caro, caso se queira seduzir com a mediação do sommelier: peça uma garrafa de *chambolle-musigny*, do *premier cru* "*Les amoureuses*".

Sem nenhuma dúvida, é esse o *champagne* que acompanha mais amiúde as palavras e os atos de amor.

Às vezes escuta-se dizer que um tinto é "amoroso". Isso não se aplica aos vinhos viris, fortes, e sim aos vinhos prazerosos, ternos, femininos. O *volnay* é um vinho amoroso. Na verdade, toda pessoa fortemente atraída por uma outra, com a qual bebe em conjunto, projeta o seu sentimento sobre o vinho e, no lugar de embriagador, agradável de se beber, aveludado ou alegre, o qualifica de amoroso. E talvez, mesmo, de carinhoso.

Observe-se, por exemplo, um detalhe da pintura de Nattier: *A aliança do amor e do vinho*. O rapaz com chapéu de plumas lança um olhar lânguido à moça, com um dos seios já descoberto. Suas mãos esquerdas estão enlaçadas enquanto ela, um pouco menos impaciente que ele, estende a taça vazia para que ele lhe sirva vinho da jarra. Não conhecemos o nome desse vinho. É um vinho muito amoroso, muito carinhoso. Seria o mesmo que Jean-Marc Nattier bebia enquanto pintava esta obra-prima da galanteria?

O coração e o vinho estão aqui em uníssono. Mas o que acontecerá um pouco mais tarde, entre o sexo e o vinho?

E, muito mais tarde, quando a indiferença ou o desagrado tenha seguido ao amor? A falta de amor não empurra à temperança, muito pelo contrário. Sendo muito ou nada amado, sempre há quem beba até se embebedar. O que diferencia o amador de vinhos feliz no amor e o amador de vinhos infeliz é que este último, não podendo compartilhar o seu prazer, bebe mediocremente, não se importa de beber qualquer vinho. Desde que tenha álcool suficiente para atordoá-lo. Vítima do copo solitário, o viúvo, o desconsolado, o amante abandonado, não valoriza a excelência dos vinhos.

    Champagne, O sexo e o vinho

## Antiguidade

Se englobarmos em um único olhar toda a história do vinho, do Oriente Próximo neolítico, onde ele nasceu, à Gália dos séculos II e III depois de Cristo, passando pela Grécia e a Roma antigas, ficamos pasmos ao constatar que os homens do vinhedo e do vinho àquelas épocas inventaram quase tudo.

Inventaram a ampelografia.

Inventaram os *grands crus* e os vinhos regionais (*vin de pays*).

Inventaram o envelhecimento das melhores denominações de origem.

Inventaram os *millésimes*.

Inventaram o vinho dos ricos e o vinho dos pobres.

Inventaram a classificação qualitativa e argumentada dos vinhos.

Inventaram o *pinard,* servido em abundância aos soldados antes da batalha.

Inventaram as festas da vindima.

Inventaram a prensa, a cuba e a vinícola.

Inventaram o resfriamento das cubas.

Inventaram a chaptalização.

Inventaram a rolha.

Inventaram o tonel.

Inventaram a profissão de enólogo.

Inventaram os copos e depois as taças de beber.

Inventaram os rótulos na forma de selos nas ânforas.

Inventaram as fraudes nos vinhos.

Inventaram a sobreprodução.

Inventaram a crise vitícola e o arranque de vinhas.

Inventaram os barcos cisternas.

Inventaram os entrepostos.

Inventaram o negócio dos vinhos.

Inventaram a aliança do pão com o vinho.

Inventaram os sommeliers.

Inventaram as refeições bem irrigadas e os banquetes báquicos.

Teriam inventado também a embriaguez se antes deles Noé e Dioniso não tivessem tomado parte em bebedeiras homéricas.

Inventaram a sacralização do vinho.

Inventaram o vinho como metáfora transcendente e litúrgica do sangue.

Inventaram a ciência e o amor pelo vinho.

 Baco, Os deuses e o vinho, Gaulês, *Millésime*, Tonel

## Aromas

"Estamos sobre uma gama floral bastante ampla e complexa onde discriminamos bem a tília, o jasmim, a capuchinha, a angélica, a acácia, a camomila, o trevo-branco, com toques de peônia, e, talvez, inclusive de flor de tuia. Quanto aos aromas secundários e terciários, aos quais devemos prestar uma grande atenção, já que este vinho, ainda muito jovem, não desenvolve ainda toda a sua diversidade, eles estão, no entanto, já presentes, com notas bastante francas – em virtude da rocha granítica particularmente bem exposta no sul-sudeste – de lichia, de manga, de figo, de toranja, às quais adicionaremos ainda a maçã caramelizada e a compota de ameixas em que uma suspeita de canela e um nada de noz-moscada apareceram por causa da bela insolação das vindimas."

Isso não é um vinho, é a boutique do Fauchon!

Certos enólogos e sommeliers exageram. Para quem tem um olfato e um paladar, é verdade, fora do comum, eles têm também uma língua muito solta. Frente ao que eles têm encontrado em um vinho, o degustador médio, que desesperadamente fareja a taça, não descobrindo, no melhor dos casos, mais que um ou dois aromas, sente-se envergonhado. A um sommelier que me chateou certo dia com um discurso mirabolante sobre um vinho que estávamos cheirando e degustando, para o qual ele parecia atribuir toda a lista de frutas, legumes, especiarias e flores que sua mulher tinha trazido do mercado pela manhã, eu respondi, depois do primeiro gole: "parece-me, querido senhor, que você se esqueceu do pimentão-verde".

Para além da sobreoferta de especialistas e dos excessos de linguagem, é verdade que os bons vinhos exalam uma extraordinária variedade de aromas como resultado da soma de tudo que aportam as cepas, o *terroir*, o clima, a vinificação, os cortes para alguns, o amadurecimento e o envelhecimento. (Observemos de passagem que, em francês, a presença do acento circunflexo sobre a letra "o" de aroma (*arôme*) representa bem o perfume que se eleva do círculo da rolha, do gargalo ou da taça.)

Um milhar de moléculas aromáticas, repartidas em cerca de meia dúzia de famílias (flores, frutas, vegetais, especiarias, minerais, animais, etc.), foram descobertos pelos químicos desde os anos 1950. Eles os capturam e identificam com a ajuda de um processo científico chamado cromatografia. O mérito desses químicos é grande, já que certas moléculas estão presentes em quantidades muito pequenas.

Os aromas são tão numerosos, na variedade universal dos vinhos, que se poderia acreditar que estes são um condensado da Criação, o receptáculo mágico da abundância e da heterogeneidade da natureza. Todos os vinhos bons são enigmas mais ou menos complexos. Por isso a degustação – desde a mucosa olfativa do nariz até a memória olfativa do cérebro – é uma ciência para os profissionais, um jogo para os amadores e, para todos, uma apaixonante procura de identidade.

Se é suficientemente fácil reconhecer as frutas vermelhas da uva *gamay*, as especiarias da *tokay*, as notas de chocolate do *maury*, a pimenta do *châteauneuf-du-pape*, as frutas tropicais da *gewürztraminer*, o marmelo do *vouvray*, etc., a maioria dos vinhos não se deixa desvendar tão facilmente. É preciso olfato, gosto, atenção, perspicácia, memória, conhecimento. A percepção dos aromas é uma atividade ao mesmo tempo gastronômica e policial, sensual e mental.

O catálogo dos aromas é impressionante: da groselha ao fumo, do mirtilo à trufa, da banana ao pão tostado, da pedra de isqueiro ao xixi de gato (detestável), do capim cortado ao bombom inglês... Mais por humor, suponho, que por falta de palavras, alguns distinguiram aromas surpreendentes como a batata de roupão, a orquídea, o fogo de lenha (diferente, é verdade, da madeira seca e da madeira verde), o veludo carmim e – horror! – o protetor solar e o cadarço molhado. Eu gostaria muito, já que o vinho também se revela uma saca de gaiatices ou de poesia, de aventar um dia em uma taça o aroma tão particular e tão procurado da pele da nuca de uma jovem mulher apaixonada, no parque da Bagatelle, em tarde de maio, ao pôr do sol, depois de uma manhã chuvosa.

### Glub-glub

"O pedantismo dos grandes conhecedores de *crus* me impacienta" (imperador Adriano nas *Memórias de Adriano,* de Marguerite Yourcenar).

 Complexidade, Enólogos, Sommeliers

## Ausone *(château)*

*Ausone.* Não é porque Decimus Magnus Ausonius, chamado de Ausone, escrevia em latim que se haveria que excluí-lo dos grandes escritores bordaleses. Por preguiça, nos limitaremos aos três M: Montaigne, Montesquieu, Mauriac. Seja por ordem alfabética ou cronológica, Ausone, nascido e morto em Burdigala (Bordeaux), poeta do século IV, merece o primeiro lugar.

Tanto é assim, que um *château* de Saint-Émilionnais leva seu nome. E não qualquer um, pois, estima e glória partilhadas com o incomparável *château cheval blanc*, o *château ausone* está classificado como *premier grand cru* A (os onze que seguem estão qualificados com a letra B).

Portanto, "A" de Ausone. O mestre toneleiro Jean Cantenat deu o nome do poeta latino ao *château* que fez construir, em 1781, no alto de uma encosta chamada de Madeleine. Esta apropriação era justificada pela descoberta, em um canto da propriedade, de vestígios suscetíveis de ser aquilo que restava de uma *villa* (fazenda rural no Império romano) que teria pertencido a Ausone. Os arqueólogos não deram nenhuma prova, nem tampouco as deram outros arqueólogos que contestaram a localização e, sem nenhuma outra certeza, propuseram sete ou oito outros lugares, na Gironde e no Sudoeste, notadamente em Bourg, sobre a margem direita do rio Dordogne. Contrariamente aos poetas de hoje, Ausone era muito rico, possuía muitas *villas*, e não seria surpresa se ele tivesse realmente residido em vários dos sítios que lhe são generosamente atribuídos.

Seja como for, ele não se lamentaria por "seu" *château* porque ele é considerado o melhor. Depois de uma lenta escalada de vencedor do Tour de Saint-Émilion: posto 11 em 1850; posto 4 em 1868; posto 2 em 1886; oficiosamente posto 1 *ex aequo* em 1898; oficialmente posto 1 *ex aequo* depois de 1955. E como estamos falando em cifras: um pouco mais de 7 hectares de vinhedos; 50% de *merlot*, 50% de *cabernet franc*. Quanto ao preço das garrafas, *ausone* sendo o menor dos vinhedos dos *premiers grands crus classés* do bordalês, ele está de acordo com a fortuna do falecido poeta virgiliano.

De maneira que estamos com *ausone*, como com *cheval blanc*, ou *lafite*, ou *margaux*, ou *pétrus*, ou *romanée-conti*, ou *chambertin*, sobre os quais os especialistas nos dizem que as melhores safras devem ser bebidas depois de ter envelhecido ao menos vinte anos, às vezes trinta anos ou mais, diante dessa farsa da existência: mesmo se for ganho confortavelmente o sustento, é raramente antes dos quarenta anos que podemos nos oferecer uma caixa de um novo *millésime* excepcional (Senhor, o preço dos de 2005!). E quando esse vinho estiver no ápice de sua forma, quem pode nos assegurar de que não estaremos no mais baixo da nossa? E talvez mesmo, como as garrafas, dentro de uma caixa?

Ah! O olhar patético do velho homem sobre os últimos sobreviventes de vinhos e anos históricos! Acabar com eles, não equivale a adiantar o próprio fim? O otimista se dá ao tempo; o pessimista, ao prazer.

De repente, o velho homem escuta uma velha garrafa lhe dizer:

*... Da hora fugidia*
*apressemo-nos, gozemos!*
*Não há porto para o homem, nem margens para o tempo;*
*Ele escoa e nós passamos !*
(Não, não é de Ausone, é de Lamartine)

No silêncio da adega, quem poderá convencer ao outro de que é chegada a hora de entregar-se mutuamente?

*Saint-Émilion.* O mais belo e pitoresco povoado da região bordalesa. Antes de degustar, deve-se tomar um tempo para passear nas ruas de pedras, visitar a igreja monolítica escavada pelos beneditinos, o claustro dos Cordeliers, os vestígios da fortaleza, e admirar do alto do terraço o aglomerado rosado de telhados que nenhuma antena de televisão agride.

Os proprietários dos vinhedos de Saint-Émilion são mais modestos que aqueles do Médoc. Ali a geologia é de contrastes, de tal sorte que os *terroirs* exercem uma influência manifesta sobre os cortes varietais da *merlot*, dominante, com a *cabernet franc* e a *cabernet sauvignon*. Do *château angélus* – recentemente promovido, antes de ser o terceiro A? – ao *château trottevieille*, do *château la gaffelière* ao *château figeac* (30% de *merlot* somente), do *château canon* (55% de *merlot*) ao *château bel-air* (sem *cabernet sauvignon*) – todos *premiers grands crus* qualificados como B – , as assemblagens variam consideravelmente, o gosto dos vinhos também. Em Saint-Émilion, e Ausone não ficaria desgostoso pois era também gramático, a sintaxe é muito livre. Escolher o seu *saint-émilion* é um exercício gramatical e gastronômico, sobretudo nos *grands crus*, nem *premiers*, nem A, nem B, que são numerosos, e mais ainda nos *saint-émilions* genéricos.

Região bordalesa, Mauriac (François), Montesquieu

## Baco

O Dioniso dos gregos e o Baco dos romanos são um único e mesmo deus. Se o primeiro beneficia-se da anterioridade, do prestígio da criação mitológica, o segundo, uma réplica latina, tem em si a popularidade que os artistas e poetas ocidentais lhe asseguraram no decorrer dos séculos.

Baco é identificado hoje como o deus das vindimas, do vinho e da embriaguez. A opinião corrente o reduz a isso, enquanto, na Antiguidade, atribuíam-lhe uma ação benéfica sobre toda a agricultura. Ele não se contentava em saciar a sede com vinho: ele também nutria, alimentava. Nos seus primórdios era jovem e belo, com o charme que provoca a generosidade do coração e das mãos. Mas, como bebeu muito – ao menos o temos feito beber muito –, ficou gordo, barrigudo, com nádegas grandes, avermelhado. Sempre alegre, entre duas bebedeiras, entronado, com uma coroa de galhos de videira e cachos de uva, uma taça na mão em meio às bacantes, quando não cavalgando um tonel. Tendo em conta que ele bebe sem moderação e dá o incoveniente exemplo de um grande bebum hedonista que zomba dos bafômetros da polícia, os quais nós, pobres humanos perseguidos, nos vemos obrigados a soprar, será algum dia proibido representar Baco?

Dioniso é um deus muito mais complexo que Baco. De uma beleza deslumbrante, sua cólera era implacável contra humanos imprudentes, hesitantes ou rebeldes, que não reconhecessem sua tutela divina. Ele os deixava loucos e os aniquilava. Inquestionavelmente era considerado, com todas as reverências e súplicas devidas à sua posição, como o deus da fertilidade, da fecundidade e da felicidade. Entre as suas especialidades figurava a vinha, que ele criara e cujo cultivo difundiu na Grécia, em todo o Oriente Próximo, na Itália e na Espanha. Dioniso era, ao mesmo tempo, um conquistador, um tirano e um benfeitor da humanidade.

Seu atribulado nascimento explica sua necessidade frenética por reconhecimento. Pois ele teve duas mães: sua mãe e seu pai. Filho de amores clandestinos de Zeus com a bela – mas mortal – Sêmele, ele ainda era um feto quando sua mãe morreu, fulminada por um raio por ter contemplado o deus dos deuses em seu deslumbrante esplendor. Este colhe o feto e costura-o dentro de sua coxa, para que pudesse atingir seu desenvolvimento e assim escapar dos ciúmes assassinos de Hera, esposa oficial de Zeus. Ela nunca chegará a pegar a criança, tão bem foi esta protegida por Silene (o seu preceptor, beberrão de grande talento), as ninfas, as bacantes e os sátiros. Sempre fugindo dos assassinos enviados pela madrasta, e também para afirmar aos olhos do mundo a natureza divina e os poderes extraordinários que tinha herdado do pai, Dioniso viajava incessantemente. Ninguém podia superá-lo na gestão de suas relações públicas. Poderia ele ter feito mais belo presente à humanidade do que a vinha e o vinho? Faz sentido imaginar que os céticos que o julgavam por demais arrogante e que pagaram com as próprias vidas sua blasfêmia dionisíaca não gostassem do vinho.

Baco e Vênus são os únicos deuses que sobreviveram à grande limpa do Olimpo, à qual o cristianismo lançou-se impiedosamente. (Quanto aos demais, para afastá-los, batizou-se os planetas com seus nomes.) Esse par foi salvo do esquecimento em virtude da popularidade de seus domínios escolhidos: o vinho e o amor. Com os nomes gregos de Dioniso e Afrodite, após uma refeição em que se embriagaram com os melhores vinhos da ilha de Chio, eles uniram-se para dar vida a Príapo, obcecado sexual com atributos faraônicos (na mitologia tudo é permitido, mesmo os anacronismos. A propósito, Dioniso propagou também a vinha no Egito).

Vênus deve muito aos grandes pintores da Renascença. Eles celebraram sua beleza representando-a nua, com tanta sensualidade quanto podiam sem ainda chocar (muito) a Igreja. No banho, no espelho, o seu nascimento, o seu toalete, o seu triunfo, etc., ao final não era mais do que uma bonita pagã desavergonhada!

A lista de louros pictóricos de Baco é quase tão impressionante quanto a de sua divina amante de uma noite.

A criança rechonchuda de Bellini é encantadora.

O Baco em bronze de Michelangelo é perturbador na sua juventude e beleza. Ele ainda não bebe.

Cabeça ungida por uma coroa de cachos de uva, na mão esquerda uma taça de vinho tinto pela metade, o Baco de Caravaggio acaba de sair da adolescência. Ele bebe. O seu aspecto é sério.

O Baco de Velázquez, ainda jovem, nu até a cintura, está desenfreado. Sentado sobre um tonel, ele coroa um bêbado de joelhos à sua frente, enquanto outros, completamente embriagados, divertem-se com a farsa ou aguardam para serem também honrados pelo deus do vinho.

O Baco de Leonardo da Vinci remete grotescamente a um São João Batista surpreendido no caminho que o levaria da água ao vinho.

Rubens, apaixonado por carnes volumosas, pintou um Baco bem gordo, bem inchado, um Buda decadente e horripilante.

Finalmente, *Baco saindo das sombras* (1997), de Paul Rebeyrolle, é ainda mais grotesco. De um indivíduo escurecido, lúgubre, pendem um sexo pobre e colhões enrugados. Baco os roça com uma tosca garrafa de vinho branco que sustenta com a mão esquerda descarnada, enquanto o primeiro plano está ocupado por uma pequena garrafa de vinho tinto, uma taça pela metade, uvas e cebolas. O deus não é mais do que um homem miserável esgotado pelos vícios e excessos.

É na arte popular que Baco triunfa sobre Vênus. O deus pulula em porcelana, cerâmica, gesso, madeira, até em chocolate. Melhor ainda, conseguiu reunir em torno de seu nome e de sua liberdade de costumes toda uma filosofia hedonista – representada ontem por Nietzsche, hoje por Michel Onfray; uma poesia de vinho, embriaguez, licenciosidade, da ímpia devassidão; uma gramática de liberdade, desordem e segredo, na qual o triunfo de Baco é popularizado pelas palavras forjadas a partir de seu nome: bacanal (orgia barulhenta e vinosa), báquico (canção báquica, confraria báquica, festa báquica, etc.).

Baco, querido, velho companheiro de festa, aqueles que vão beber o saúdam!

 OS DEUSES E O VINHO

## Beaujolais 1 – Milagre, rótulos e couvert

*Milagre*. Foi verdadeiramente um milagre o que fez especializar-me em jornalismo literário, pois minha incultura nesse campo deveria ter, com justiça, dele me afastado. É ao vinho *beaujolais* – sim, eu digo, embora pareça incrível – que eu devo esse favor do destino. Foi assim que aconteceu. Eu tinha 23 anos e acabava de cumprir o serviço militar. Cheguei a Lyon no trem das 14 horas e me apresentei logo na rua do Louvre, no Centro de Formação de Jornalistas (CFJ), onde fora aluno e acolhia ofertas de postos de estágio. Se eu tinha alguma preferência? Sim, o *L'Équipe*. Claire Richet, diretora do CFJ, me disse que não conhecia ninguém, mas que, naquela manhã, ela tinha rejeitado um posto iniciante no *Figaro Littéraire*, pois não tinha nenhum nome a propor. Se o posto ainda estava livre? Sim, e eu interessado, embora não tivesse certeza de que o jornal também o estivesse. Vire--se... Fiz uma entrevista naquela mesma tarde.

O *Figaro* e o *Figaro Littéraire* estavam então suntuosamente instalados – com a gráfica no subsolo – na rotatória da Champs-Élysées, na antiga mansão particular do fabricante de perfumes Coty. Sob lambris dourados, fui recebido pelo secretário-geral da redação, Jean Sénard, que com audácia e humor representava a SFIO (Seção Francesa da Internacional Operária) nas eleições do distrito VIII, onde ele não tinha nenhuma chance de ser eleito. Ele era natural de Lyon. Vi nesse fato um feliz presságio (apesar de nossa diferença de idade, nós nos tornaríamos amigos íntimos rapidamente). Ele me explicou que eu seria recebido pelo redator--chefe, Maurice Noël, amigo de Claudel, admirador de Valéry, homem de estatura tão imponente quanto sua cultura, trato que provocava uma impressão bastante forte. Precisamente, não me devia deixar impressionar, já que o homem, aparentemente rabugento, ríspido, todo de uma peça, tinha um coração generoso.

Não era uma percepção ruim, ainda que a parte de seu corpo que chamou minha atenção no momento em que pisei no escritório, cujo pé direito era tão alto e ornado quanto a da sala de redação, tenham sido as suas grossas mãos de lenhador, uma das quais triturou a minha num aperto. Um dia em que me mostrei um pouco insolente, ele se levantou, pegou-me pelo fundo das calças e me atirou longe. Menos de um quarto de hora depois de suas rajadas de cólera, ele suplicava às suas vítimas que o desculpassem.

Mas falávamos de outra coisa. Tratávamos de minhas leituras. As minhas respostas o entristeciam cada vez mais. As *Memórias de Adriano*? Não, nunca tinha ouvido falar de Marguerite Yourcenar. O que eu pensava sobre *O amor e o Ocidente*, de Denis de Rougemont? Nada, porque nunca tinha lido. Ele enumerou uma dúzia de nomes e títulos – parece-me que mencionou Roger Martin du Gard, *Les fleurs de Tarbes*, *Monsieur Teste* --, aos quais eu devolvia um silêncio cada vez mais envergonhado. No final, irônico, perguntou-me se por acaso eu lia, absolutamente. Sim, e citei Antoine Blondin, Aragon – embora não fosse de seu gosto –, e Félicien Marceau. Era muito pouco para um jovem supostamente louco pela leitura e que sonhava, ambicionava, desde a creche, fazer carreira no jornalismo literário. Estava claro que aquele não era o meu ramo. Eu tinha pressa de encerrá-lo.

Maurice Noël me perguntou então, de supetão, provavelmente para não concluir a entrevista com uma brusca recusa, se eu era parisiense ou provinciano. "Eu sou de Lyon", eu disse. Ele contou-me que no início da ocupação o *Le Figaro* tinha se retirado para a zona livre em Lyon. Apesar da tristeza que lhe provocava ver a França derrotada e humilhada, e das dificuldades de fazer um jornal que fosse digno de seus redatores e leitores, ele tinha guardado uma excelente lembrança da cidade da Belle Cordière (a poetisa Louise Labé). Além disso era na rua Bellecordière, mas também na rua dos Marronniers, praça dos Célestins, que ele frequentava os *bouchons* onde à noite, depois de fecharem a edição do dia seguinte, ele se banqueteava com o salsichão Jesus, as charcutarias, e inclusive, em uma ocasião, com uma dobradinha *tablier de sapeur* (isso sim eu conhecia!). Sempre regados, acrescentou, com um delicioso *beaujolais*.

— Ah, você gosta do *beaujolais*?, perguntei, retornando do meu acanhamento, com o sorriso recuperado.

— Sim, muito. Como ele é bom!

E, no tom mais natural do mundo, a esse homem física e intelectualmente tão intimidante, que eu não conhecia até um quarto de hora antes, e que eu provavelmente jamais voltaria a ver, vi-me dizendo:

— Os meus pais têm uma pequena propriedade no Beaujolais, enfim, a minha mãe...

As sobrancelhas de Maurice Noël arquearam-se imediatamente. Pela primeira vez eu o surpreendia, chamava sua atenção.

— Eles fazem um bom *beaujolais*?

— Não são eles que o fazem. Eles têm um viticultor. Seu vinho é considerado um dos melhores, disse eu, com a segurança de um velho conhecedor.

— Pode-se comprar?

— Com certeza!

— Poderia conseguir uma pequena barrica de dez litros, como é que são chamadas em Beaujolais?

— *Caquillons*?

— Isso, um *caquillon*! Pagando, evidentemente.

— Nada mais fácil. O terá em oito dias.

— Bom, combinemos que o contrato terá um período de experiência de três meses. Você começa na segunda-feira.

Devia ser mais ou menos 19h.

Ele levantou-se e pegou de cima da lareira dois ou três livros que me entregou, pedindo para lê-los imediatamente. Foi o que eu fiz naquela mesma noite. Desde então, não levantei mais a cabeça deles. (Lamento, mas não me lembro dessas primeiras leituras.)

Quinze dias depois, Maurice Noël entrou na sala de redação e, com sua voz nasal que ainda ressoa em meus ouvidos, proclamou bem alto: "Ah, Bernard Pivot, o *beaujolais* de seus pais, que maravilha!".

Jean Sénard e os outros jornalistas do *Figaro Littéraire* disseram-me que, salvo por preguiça ou estupidez em sinais característicos, a declaração de Maurice Noël equivalia a um contrato definitivo.

*Etiqueta*. Muitos anos depois, tendo lido nesse ínterim como um condenado (por Belzebu; lê-se no Inferno? Duvido), como apresentador de televisão de um programa sobre livros, o "Apostrophes", que fazia de mim uma personagem da comédia literária, a minha origem *beaujolaise* foi tomada em conta. Não haveria incompatibilidade entre a literatura e um vinho tomado por jogadores de petanca à lionesa? Seria possível remeter-se a um consumidor de *beaujolpif* para se entreter com Marcel Jouhandeau, Marguerite Yourcenar (nunca tive o atrevimento de confessar-lhe minha ignorância até de seu nome, no escritório de Maurice Noël),

Claude Lévi-Strauss, Georges Dumézil, Julien Green, etc.? O meu amor pelo futebol não melhorava em nada a situação, e alguns intelectuais, da direita e da esquerda, bem como alguns colegas, perguntavam-se seriamente se não haveria algo de impostura em um homem que parecia ter um certo gosto como leitor, enquanto era patente que tinha um grande mau gosto quando bebia. Em resumo, seria Proust solúvel em *beaujolais*?

Um *premier cru* do Médoc ou um *champagne millésimé* acompanhariam melhor – este ponto não admite dúvida – a leitura de *Em busca do tempo perdido*. Mas o contraste entre um vinho ordinário e uma obra refinada podia ser divertido e, de todas formas, eu bebia e apreciava outros vinhos, notadamente os *médocs* e os *champagnes*. Eu não iria tão longe a ponto de dizer que havia um racismo – deixemos os termos graves àqueles que os sofrem gravemente – naquele ataque à origem vinosa de minha legitimidade como leitor profissional, mas posso sustentar que havia uma intolerância enântica. (Um excelente médico contou-me que, havendo tomado a palavra em um congresso internacional de especialistas em Nova York ou em Tóquio, quando dava a conhecer o seu nome e anunciava que trabalhava na Clínica de Beaujolais, explodiam risadas instantaneamente.)

Se tivesse sido educado nos *châteaux* bordaleses ou nas *maisons* de Champagne, eu não teria sido provocado com a bebida da minha infância. Outros vinhos não teriam gerado histórias porque são raros ou discretos, como a *mondeuse* de Savoie e o *sciaccarello* da Córsega, ou históricos, como o *jurançon* e o *chinon*, ou suaves, como um *bonnezeaux* e um *sauternes*, ou literários, como o *château ausone* e um *côtes-de-duras*. Mas o *beaujolais* não é nem raro, nem discreto, nem histórico, nem suave, nem literário. Ele é popular. Imagino que, aos olhos de alguns ratos de adega e de bibliotecas da Sorbonne ou do Instituto, ele não me proporcionava competência para falar sobre os *best-sellers*.

Contudo, eu estaria errado se reclamasse desse rótulo *beaujolais* colado à minha identidade. Eu acredito que ele formava parte da minha imagem, tranquilizadora para a maioria dos telespectadores, de jornalista que, na mesa, era um dos seus, e que continuava a sê-lo quando entrava na sala com os escritores convidados.

*Couvert.* Ainda uma piscadela do destino: na mesa do restaurante dos Goncourt, onde me sentei pela primeira vez em 11 de janeiro de 2005, o meu *couvert*, o primeiro, foi inaugurado pelo exigente apetite de Léon Daudet (seu pai, Alphonse, havia morrido antes do café da manhã). Ora, Léon Daudet era bebedor de *beaujolais*. Ele é autor desta frase citada com frequência e erroneamente: "Lyon é a capital da culinária francesa. Além dos rios Ródano e Saône, ela é cortada por um terceiro rio, o de vinho tinto, o *beaujolais*, que nunca é barrento, nem fica seco".

No mesmo *couvert* da academia Goncourt, tive como ilustre predecessor Colette, nascida na Borgonha sem vinha, em Puisaye, mas a quem, pelo seu conhecimento e apreciação de vinhos, nada tinha a ensinar. Muito eclética em seus gostos, ela celebrou os vinhos de Saint-Tropez, os brancos de Provence, o *muscat* de Frontignan, o *jurançon*, o *yquem*, os borgonhas, certamente, e entre os *beaujolais*, o *brouilly* e o *côte-de-brouilly*.

Quando a artrite a tinha deixado quase incapacitada, assistiu – em 1947, famosa safra! – às vindimas do *château* Thivin, na côte de Brouilly. "A todo labor todas as honras: embaixo, quarenta vindimadores tinham a melhor mesa, servida com omeletes, vitela, frangos, porcos, e regado desse vinho que, como os mais belos rubis, preserva viva, na luz, a sua sanguínea e nítida cor" (*O farol azul*).

Enfim, o último endereço parisiense de Colette, no Palais-Royal, era na rua... de Beaujolais.

## Beaujolais 2 – Depois da Páscoa

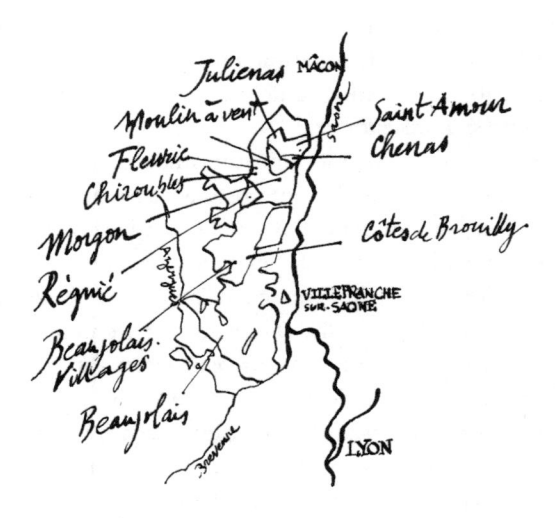

É um belo vinhedo. Sobre isso todo mundo está de acordo. Suaves colinas e vales sinuosos formam uma paisagem bem francesa, temperaturas moderadas, com espaços bruscos e digressões de sonho, a floresta no alto servindo de tela de fundo. Com vilarejos magníficos em pedras douradas, o Beaujolais do Sul – ou baixo Beaujolais – é mais turístico que o Beaujolais do Norte, mas quanto mais se afasta de Lyon e se aproxima de Mâcon, melhor é o vinho. No geral: ao sul o *beaujolais* simples, ao centro o *beaujolais-villages*, ao norte a maioria dos *crus*.

Há unanimidade também sobre a generosidade e a jovialidade dos viticultores. Sabem receber os estrangeiros. Claro que por interesse, entendamo-nos. Mas também por uma disposição natural à convivialidade, ao prazer de brindar. Sem frescuras, sem amaneiramentos. Com a sinceridade, a simplicidade, as cores encantadoras que evoca o nome *beaujolais*. O trago, pela sabedoria popular, inspirado em Santo Antônio, foi transformado em *beaujo, beaujolo, beaujol, beaujolpif* e outros achados que também nos dizem sobre a cordialidade jovial dos produtores, tão grande quanto o humor dos consumidores.

Mas uma vez que se menciona o *beaujolais* – sem o B maiúsculo da região ou da área de denominação de origem, portanto o vinho –, fica-se exposto a polêmicas ancoradas em ideias falsas e críticas verdadeiras. Vamos tratar desse assunto.

*O beaujolais é um vinho recente?* Muitas vezes fiquei surpreso de escutar pessoas – das pouco informadas sobre o vinho, é verdade – afirmarem que o Beaujolais só produz vinho há algumas décadas, um século no máximo. Provavelmente é o nome *"beaujolais nouveau"* (que será abordado no capítulo seguinte) que as tem induzido ao erro. Mesmo sendo um dos vinhedos franceses menos antigos, o Beaujolais – que leva o nome de sua capital histórica, Beaujeu – cultiva a vinha desde muito tempo atrás. Ao menos desde o século X, data de um mapa da região de Mâcon que atesta sua presença.

O que é certo é que a região pratica historicamente a policultura. Os campos de centeio e as pradarias eram mais numerosos e vastos que as vinhas. Estas vão proliferar, ocupar o espaço, somente a partir de meados do século XVIII, depois no século XIX, e enfim na sequência da Segunda Guerra Mundial. Mesmo assim produzia-se bastante vinho, e vinho bom, na região, tanto que Voltaire, em Ferney, o converte em seu vinho do dia a dia. O que, entre parênteses, mina uma outra lenda, a saber, que naqueles tempos o *beaujolais* viajava mal. No século XVIII, passando por concessões de pedágios, caminhos em rios e canais, os tonéis e barricas eram conduzidos até os portos de Saint-Bernard e Saint-Paul, em Paris, a princípio em charretes de bois que deviam ultrapassar as montanhas do Beaujolais, e depois de barco, a partir do porto de Pouilly-sous-Charlieu, no rio Loire.

A viagem a Lyon era muito mais curta. Apesar da concorrência dos vinhos das encostas do Lyonnais, mais próximos ainda, o *beaujolais* instala pouco a pouco seu império entre os rios Ródano e Saône.

*O beaujolais é um vinho da Borgonha?* O essencial do Beaujolais está localizado no departamento do Ródano, que pertence à região Ródano-Alpes, e não à Borgonha. Jamais o condado do Beaujolais foi possessão do ducado da Borgonha. Os duques não se importavam com as terras que estavam ao sul. Sua atenção e suas armas estavam voltadas para o norte e o leste. Era no setentrião que brilhavam o ouro, a prata, os tecidos, as obras de arte. Com a exceção do ducado de Mâcon, que foi propriedade de Filipe, o Bom, eles não sonhavam em se estabelecer e manter autoridade em outros lugares que não Flandres, Artois, Picardie, Franche-Comté, etc. Os senhores do Beaujolais – os Bourbon, a partir de 1400 – faziam as guerras na sua medida. Contra os seus vizinhos, os condes de Forez, a quem eles não podiam fazer frente. Para grande cólera dos condes, depois duques, de Savoie, eles adicionaram Dombes, durante um tempo, às suas propriedades.

Historicamente, geograficamente – Beaune está a uma distância de 125 quilômetros de Villefranche-sur-Saône, capital administrativa do Beaujolais –, a Borgonha e o Beaujolais não têm então nenhuma relação. Do lado da vinha e do vinho também não formam um mesmo vínculo. Nas costas da Borgonha são cultivados, em essência, *chardonnay* e *pinot noir*, enquanto as encostas do Beaujolais dedicam-se unicamente à *gamay noir* de suco branco. De fato, Gamay é o nome de um vilarejo da Borgonha, e essa cepa foi no passado a cepa de Beaune. Mas ela foi interditada pelo duque Filipe, o Audaz, que a julgava "muito ruim e muito desleal". Os vereadores de Mâcon a condenaram igualmente, estimando que ela era perigosa à saúde. Imaginem o furor dos vizinhos *beaujolais* e dos habitantes de Villefranche-sur-Saône (os *caladois*). O historiador Roger Dion pensa que a *gamay* daquela época era, talvez, uma "variedade grosseira". Há de considerar-se também que o solo da Borgonha não lhe era adequado: ela encontrou sua Terra Prometida especialmente sobre os terrenos graníticos do alto Beaujolais.

Enfim, ao nariz e ao paladar borgonha tinto e *beaujolais* não se parecem em nada. Eles não são vinificados da mesma maneira. Um vive velho, o outro morre jovem. Quanto à excelência e reputação, suas posições também são bem diferentes. Nas cartas dos sommeliers e negociantes, eles não concorrem na mesma categoria.

Contudo, depois do julgamento de 1930, o Beaujolais passa a pertencer à Borgonha vitícola, de modo que esta estende-se desde Auxerre e seu *chablis* até Villefranche e seu *beaujolais*. A administração unificou e simplificou. Isso não autoriza, porém, o *beaujolais* a se reputar *bourgogne* (como também não permite que um *bourgogne* extreme sua humildade e declare-se *beaujolais*). Nessa regra há, como sempre, uma exceção: os dez *crus* do Beaujolais – *brouilly, côte-de-brouilly, chénas, chiroubles, fleurie, juliénas, morgon, moulin-à-vent, régnié, saint-amour* – têm o direito e a honra, desprezando toda lógica, de declarar-se como vinho da Borgonha nos seus rótulos.

Somente um deveria ser autorizado: o *moulin-à-vent*. Com efeito, quando ele resulta de um excelente *millésime* e foi confortavelmente envelhecido, dá-se ali uma estranha alquimia, devida ao manganês de seu solo, que "apinotiza" o seu *gamay*. Ele se "aborgonhesa" tão bem que, em uma degustação às cegas, pode ser confundido, depois de ao menos cinco anos de idade, com os *climats* da Côte de Nuits. O *moulin-à-vent* é a elegante resposta da *gamay* a Filipe, o Audaz.

*O beaujolais é um "vinho industrial"?* Um célebre bigodudo do planalto de Larzac, que entende mais de costeletas de cordeiro que de *côte-de-brouilly*, qualificou, em dia de penúria demagógica, o *beaujolais* como um "vinho industrial". Se uma indústria fosse estabelecida no modelo do Beaujolais, ela seria muito rapidamente levada à falência. Pois este grande vinhedo é conhecido pela modesta superfície de suas propriedades. Nem tão fragmentado quanto a Borgonha, mas sem base de comparação possível com as amplas propriedades de Bordeaux ou do Languedoc.

Uma indústria deve economizar tempo, e portanto dinheiro, recorrendo a máquinas cada vez mais eficientes. Ora, o Beaujolais continua a vindimar manualmente. Muitos viticultores são artesãos que fazem seus vinhos por conta própria. Alguns engarrafam e vendem a uma clientela formada ao longo dos anos, enquanto, imitados recentemente pelos *caveaux* e pelas cooperativas, não ofertam seus artigos a turistas de passagem, como fazem os produtores de queijo nas montanhas. Mas, face à queda dos preços, ao rigor da crise vitícola que lhes parece sem fim, são cada vez mais numerosos aqueles que enviam seus vinhos para negociantes e cooperativas. Nessa renúncia, o desespero.

O que sofre o Beaujolais é o contrário: estruturas do passado, métodos de parcelamento, envelhecimento dos vinhedos, uma inadaptação ao mercado seja de vinhos industriais, seja de vinhos de elite. O *beaujolais* divide sua produção entre duas cubas.

*O beaujolais é um vinho de jogo de petanca?* Certamente. Antigamente, durante as partidas de petanca à lionesa, em terrenos especialmente preparados e fechados, nos cais dos portos sobre o rio Ródano, ao lado dos restaurantes e bistrôs, os lioneses bebiam o *beaujolais* aos metros. Uma dúzia de copos de 460 mililitros, o décimo terceiro sendo ofertado pelo patrão, ocupavam de fato um metro linear.

Porém, lendo e escutando alguns cronistas, podia acreditar-se que o *beaujolais* não era mais que um vinho de jogo de petanca. Nem mais, nem melhor. Um vinho de sede, de companheiros, de cocheiro, de balcão, de passeio, de piquenique, de festa popular. Certo, ele é tudo isso. É o seu lado popular e simpático. Mas, se fosse somente isso, se fosse apreciado apenas por pessoas ligeiramente ébrias e ociosas, depois de dois séculos sua oferta seria muito, muito superior à demanda. Que eu saiba, os biógrafos de Voltaire não dão conta de que ele tenha sido jogador de petanca ou amante da comida rápida.

O *beaujolais* foi sempre – *também* – um vinho de burgueses. Mais pequenos que grandes. O vinho dos trabalhadores da seda em Lyon e dos radicais socialistas. O vinho de Gnafron e de Édouard Herriot. O vinho das fábricas Berliet e da academia Gourguillon. O vinho de Clochemerle e de Anne de Beaujeu. O vinho dos que vestem macacão de trabalho e terno de cerimônia de casamento. O vinho do queijo Vache-Qui-Rit e do *gigot-qui-pleure* (pernil de cordeiro que chora). O vinho entre velhos amigos nas tavernas lionesas e do almoço em família. O vinho da salchicha esquerdista e do cozido direitista. O *juliénas* dos jornalistas do *Canard enchaîné* e o *morgon* dos congressos de notários. O *beaujolpif* das passeatas e o *saint-amour* dos casamentos. O vinho dominical das classes trabalhadoras e o cotidiano das classes abastadas.

Na época marxista em que reinava a luta de classes, o *beaujolais* a negava. Estava na mesa dos pobres e na dos ricos. Ah, não, não os reconciliava, nem sequer os aproximava. Tampouco não os traía. Seus aromas de frutas vermelhas eram pluralistas. Entre os *châteaux* da alta sociedade (expressão atualmente fora de moda) e os vinhos ácidos e leves dos canteiros de obra, do *beaujolais* simples ao *moulin-à-vent,* conseguiu um belo posto na hierarquia social dos degustadores.

O estrangeiro também entrou na festa, e então os preços subiram às alturas nos anos 1960 e 1970. Tornado muito caro para os jogadores de petanca e os clientes de "pés molhados" (em Lyon, os locais de venda ao ar livre tinham coberturas que protegiam as cabeças contra a chuva, mas não os pés), o *beaujolais* perdeu pouco a pouco sua posição dominante nos bares e cafés em benefício de seu rival do sul, menos custoso, o *côtes-du-rhône.* Quanto mais popular se tornava o *beaujolais* em Paris, Genebra e Hamburgo, mais caretas lhe fazia Lyon. A frieza, e mesmo hostilidade, com que o tratavam os lioneses – suas relações são hoje em dia um pouco melhores – alimentou muito a áspera revolta do "povo" parisiense contra um vinho para cuja notoriedade muitos tinham contribuído. (Voltarei a esse assunto mais adiante, com o *beaujolais nouveau*.) Isso afastou também as "pessoas notáveis" dos *crus* do *beaujolais*, submetidos, é verdade, à concorrência de vinhos franceses e estrangeiros cada vez mais competitivos, em qualidade e preço.

*O beaujolais foi vítima de seu sucesso?* Duplamente, porque a sua vitória, como acabamos de ver, irritou a mais de um. E porque ele mesmo se via como excelente. Nos anos de euforia, faltou ter na cabeça do Comitê Interprofissional um homem de discernimento, antecipação, coragem e influência (sim, o reconheço, são muitas qualidades para um mesmo homem). Ele teria se oposto à ampliação galopante dos vinhedos sobre as regiões altas mais frias, mal expostas ao sol, e sobre as terras de cereais nos vales da parte baixa do Beaujolais. Ele teria encorajado os viticultores a usar moderadamente os herbicidas, os fertilizantes e a lutar contra os altos rendimentos. Ele teria condenado a sobrechaptalização. Alguém como Jules Chauvet (ver esta entrada), não tão purista e intransigente – os paroquianos afastam-se do pastor que deles exige santidade em demasia –, mas que teria compreendido que o rigor, a qualidade, eram as únicas garantias da perenidade do sucesso, sendo necessário estimulá-los, e até mesmo obrigá-los. Da mesma forma que a moeda falsa expulsa a verdadeira, os vinhos ruins, ainda que minoritários, prejudicam os bons.

Pierre-Marie Doutrelant contou tudo isso em uma reveladora entrevista que causou furor em 1976 (*Os Bons Vinhos e os outros*). Ele denunciava a fúria de plantar, com a benção dos poderes públicos, em todos os vinhedos: Alsácia, Champagne, Médoc, Sancerre, Côtes du Rhône, etc. Ele denunciava os excessos da chaptalização da Alsácia ao Sauternois, da Borgonha ao Languedoc (certamente), da Loire ao Ródano. Em 1994, Guy Renvoisé publicava *Le Monde du vin: art ou bluff?* [*O mundo do vinho: arte ou blefe?*] (seguido dez anos mais tarde de *Le Monde du vin a-t-il perdu la raison?*; *O mundo do vinho perdeu a razão?*), livro de um agrimensor de vinhos e vinícolas, que celebrava os logros mas que sem piedade inventariava também os abusos, os desvios, aqueles levantados por Pierre-Marie Doutrelant e mais alguns outros, como a utilização da potassa na Borgonha.

Todas as regiões vinícolas foram duramente censuradas. Mas, quando chegou a vez de a imprensa – ela está no seu papel – reprovar os excessos de plantação, produção e chaptalização, é sempre o Beaujolais que serve de exemplo e de alvo. Efeito bumerangue de uma comunicação em outros tempos desejada e eficaz. Resgate permanente de uma glória paga longa e onerosamente.

*Por que permaneço fiel ao beaujolais?* Bela pergunta! Trai-se a juventude por complacência ou por espírito de imitação? Toma-se distância das origens para melhor acompanhar as tendências da moda? Ao longo da vida, a descoberta e o consumo prazeroso de outros vinhos, mais renomados, mais raros, mais complexos, mais longos na boca e na memória, implica que evitemos o vinho popular ao qual devemos a iniciação do prazer? E ao qual, por prazer, retornamos sem cessar?

Ex-jogador de petanca, ex-participante dos almoços rápidos no feno, das colheitas e das vindimas, ex-frequentador das ruelas de Lyon, amigo de Gnafron, eu amo todos os dias o *beaujolais* fresco, acre, vivo, com gosto mineral e de cassis, saboroso e que, de sede saciada, não nos abandona.

Gosto também que as refeições em família, os jantares improvisados, o pernil de cordeiro que chora, o capote meio-luto (por acaso o pernil e o capote perderam algum ente querido?), o gratinado de cardos, os queijos de cabra, os queijos *saint--marcellins*, etc., sejam acompanhados de um *beaujolais-villages* que já passou pela Páscoa, de um *brouilly* ao aroma de amora e de ameixa, de um *chiroubles* macio, com um toque de violeta, de um *fleurie* que justifica o nome pelas notas de rosa, violeta, íris, ou de um *moulin-à-vent* encorpado, largo de costas, um pouco tânico, capaz – o ardiloso – de transformar com o tempo os seus aromas de frutas vermelhas em cheiros de trufa e outros cogumelos.

### Glub-glub

"Uma tarde de vindima, de bruços sobre a prensa de onde jorrava o vinho borbulhante de uma grande cuba, ele (o velho vinhateiro) fez a mim uma confidência: o bom Deus me conhece bem, me disse assim, Piarre, bebe-o bastante enquanto tu estás sobre a terra, pois não tenho nada semelhante lá em cima." (De Jean Guillermet, editor e livreiro em Villefranche-sur-Saône, editor regional que publicou, em parceria com Marguerite Guillermet, sua esposa, o *Almanaque do Beaujolais*, de 1931 a 1960, mina de informações sobre o vinhedo e o vinho. Ele é uma das figuras em cera do museu da Aldeia [Hameau] do Beaujolais, em Romanèche-Thorins.).

 Borgonha, Voltaire

# Beaujolais 3 – Antes do Natal

Não foi difícil para o historiador e erudito Gilbert Garrier mostrar que, desde a Roma antiga, "a grande espera pelo vinho novo" sempre existiu. Imitado por outros vinhos, o *beaujolais primeur* é a mais recente e espectacular tradição, a *gamay* revelando muito cedo os seus aromas de frutas vermelhas, depois de uma vinificação muito curta.

Nos anos de 1950, o *beaujolais nouveau* era um produto bem mais raro. Os donos de cafeterias de Paris demandavam mais do que os vinhateiros podiam vender. A produção aumentou pouco a pouco porque todo mundo interessava-se por ela: um novo prazer para uns, uma entrada rápida de dinheiro para outros. Segundo Gilbert Garrier, foi necessário esperar 1975 – safra medíocre, mas, nessa época, o entusiasmo transbordava das barricas – para que o *primeur*, num certo tipo de loucura, conquistasse toda Paris. Foi publicado o romance de René Fallet: *Le beaujolais nouveau est arrivé* [O beaujolais nouveau chegou]. Batismo oficial do recém-nascido na Assembleia Nacional sob a presidência de Edgar Faure e o apadrinhamento de Georges Brassens e de Mireille Mathieu.

A seguir, de Paris, o *beaujolais nouveau* lançou-se à conquista de nossos vizinhos europeus e, finalmente, do vasto mundo. Por acaso assisti sua chegada a Montréal e a Bamako. No Canadá, apesar do frio, foi uma incrível jornada de júbilo nos bares e restaurantes. À meia-noite, todo ele tinha sido bebido. No Mali, a comunidade francesa, europeia e americana o acolheram em roupa de gala, ao longo de um muito fino banquete às margens do rio Níger, sob mangueiras e eucaliptos.

Para compreender o sucesso fenomenal do *beaujolais nouveau*, é necessário ser melhor psicólogo que enólogo. Novembro é o mês mais triste do ano. Tempo frio, úmido, ventoso. O verão e as férias não são mais que fotografias. Nos dois primeiros dias, visita-se os cemitérios. No dia 11 celebra-se a vitória de milhões de mortos. Sempre há greves. O Natal parece ainda muito longe. A gente aborrece-se. O moral está lá embaixo. Eis que, na terceira quinta-feira, cai rolando um vinho alegre, de bochechas vermelhas, com gosto de primavera que, mais do que degustado, é bebido em goles como um elixir da juventude e do bom humor. Na melancolia do outono, uma vontade de festa popular exprime-se através do *beaujolais nouveau*. Sua sorte consiste em chegar no momento oportuno.

Não é mais que uma curiosidade, uma felicidade circunstancial, uma iguaria apressada e deliciosa. De Tóquio a Nova York, de Vancouver a Seul, ele destoa porque é um dos raros produtos a apartar-se da tradição à francesa de grande luxo. É recebido sem cerimônias e apreciado – senão, por que esses estrangeiros o beberiam? – por seus aromas de pomar de padre e de giz de professor.

Um sucesso tão considerável é difícil de controlar. Nos anos "ciumentos" (de qualidade medíocre), a comissão de aprovação deveria ser implacável com as produções defeituosas ou decepcionantes. Até o presente momento, ao contrário, ela foi complacente. Ela contenta-se em cuidar da parte social, e não propriamente do vinho. A parte social se configura quando a dimensão afetiva, e até mesmo a compaixão, prevalece sobre o gosto e o interesse geral. O recurso de alguns a leveduras e aromas artificiais foi uma armadilha. Enfim, não estou certo se a partida em fanfarra dos caminhões carregados de *beaujolais nouveau* – Georges Dubœuf organizava uma festa estrondosa na qual eu tomei parte – não acabou mais irritando que seduzindo o público informado pelas mídias.

Pois, se a moda contribuiu para a fortuna do *beaujolais nouveau*, uma outra moda voltou-se contra ele. Ele sofreu a mesma sina dos escritores que são desdenhados ou criticados por aqueles mesmos que os tinham elogiado no início, e que não suportam seu estado de *best-seller* permanente. Há anos bons e anos menos bons (não são as vindimas mais carregadas de sol e os mostos mais alcoolizados que fazem os melhores *beaujolais nouveaux*). A cada mês de novembro chega o lote de garrafas, excelentes, agradáveis, ou, ai de mim, algumas até detestáveis. Contudo, posso testemunhar que, grosso modo, o vinho esteve bem melhor nesses últimos anos do que vinte ou trinta anos atrás. Mas a clientela e os gostos mudam. A espera também não é mais ingênua ou indulgente. Dentre o público, sobretudo parisiense, atravessa um sentimento difundido por enólogos, sommeliers e jornalistas, particularmente insurgidos contra a chegada recorrente do jovem primeiro, de que é uma grande injustiça que um vinho tão prematuro goze de tanto renome. Pessoas de princípios e valores, eles gostariam que o sucesso do vinho fosse proporcional ao seu mérito. À sua capacidade de envelhecer. Sua raridade. O *beaujolais nouveau* escapa de uma concepção virtuosa do mundo. Malandro, espoleta, matreiro, patife, traste, sim; trapaceiro, não. Na verdade é difícil apreciá-lo se tivermos perdido o gosto pela festa, os caminhos para o balcão e as toalhas de papel.

A festa não é mais tão alegre; seria porque o *beaujolais nouveau* (40% da colheita) prejudica os *beaujolais* clássicos e os *crus* que passaram o inverno na adega? Ele eclipsa o que está por vir: o melhor. Para muitos consumidores, o *beaujolais* resume-se ao *nouveau*. E, quando descobrem que há uma grande variedade de denominações, tal como as damas da caridade, eles dizem: eu já fiz meu donativo... Quanto mais o *beaujolais nouveau* chega, menos os outros encontram seus caminhos.

Eu levanto a taça – Olha! é um renegado – àquele ou àquela que tirar o Beaujolais desse imbróglio filosófico e comercial.

# Bernard (Claude)

Claude Bernard é a única personalidade ilustre da qual o Beaujolais pode orgulhar-se.

Nascido em 1813 em Saint-Julien-en-Beaujolais, perto de Villefranche-sur--Saône, Claude Bernard definitivamente não é uma pessoa representativa da tradicional psicologia do Beaujolais: alegria, gula, bom humor, camaradagem. Claude Bernard, por inteiro voltado a suas pesquisas em psicologia em seu lúgubre e insalubre laboratório do Museu de História Natural de Paris, era um grande e austero cientista. Se sua vida profissional lhe trouxe sucesso e honrarias (Academia de Ciências, Academia Francesa, Senado – onde foi nomeado por decreto imperial, etc.), sua mulher, até a separação, dedicou-se tenazmente a arruinar sua vida privada e seu humor. Ele que, para o progresso da medicina experimental, praticava a vivisseção, especialmente de rãs, cometeu a imprudência de casar-se, em linha direta pelos numerosos cães e gatos dos quais ela se rodeava, com uma avó de Brigitte Bardot, com menor prestígio, mas maior beataria.

Se ele tinha no início o vigor da *gamay*, Claude Bernard perdeu a saúde em seu úmido laboratório. Ele afirmava ser "o cidadão mais gripado da República francesa".

Até a sua morte, aos 65 anos, ele sofreu de terríveis nevralgias na cabeça e no abdome que o acamavam por dias a fio.

Por certo, bem diferente da robustez dos vinhateiros. Mesmo assim ele gabava-se de ser um deles durante as seis semanas – às vezes mais – que passava, a cada ano, na época das vindimas, em sua propriedade de Saint-Julien. "Todos os dias me levanto às seis; desço à adega para presidir a vinificação e a prensagem. Durante o dia, vou aos vinhedos visitar os vindimadores ao mesmo tempo que faço uma cura de uvas. Faço umas seis cubas, o que equivale a aproximadamente 166 ou 170 tonéis de vinho. Já há duas completadas, duas em fermentação e duas a vindimar. Hoje, fiz vindimar o terreno que contorna a casa e, enquanto lhe escrevo, de minha janela vejo os vindimadores. Como pode ver, cara senhora, por enquanto transformei-me em vinhateiro." (Carta a madame Raffalovich, 24 de setembro de 1869)

Na verdade, Claude Bernard mostrava maior interesse pela quantidade e qualidade da vindima, pelo processo de vinificação – ele instalou um pequeno laboratório em sua casa –, pelo preço que obteria na venda de seu vinho, do que propriamente pelo vinho em si. Em suas cartas, ele não aparenta ser um grande e fino bebedor. Difícil imaginá-lo dirigindo e animando o palco com os truculentos Compagnons du Beaujolais e adotando sua divisa: "Esvaziemos os tonéis!".

Mas ele gostava de descansar no meio das cepas e das flores, que ele estimava particularmente. Ao diabo as aulas no Collège de France, as sessões nas Academias, seus trabalhos sobre a patogenia do diabetes! "Mergulhado nas extensões incomensuráveis dos vinhedos", ele respirava o ar do *terroir*, ele sonhava, ele recuperava as forças. Além disso, foi em Saint-Julien, no decurso de uma longa convalescença, que ele escreveu a *Introdução à medicina experimental*.

Em 1947, foi inaugurado um museu Claude-Bernard no térreo de sua antiga casa. Sobre a cornija da lareira, foram gravados objetos de vinicultor: um pavio de enxofre (*méchoir*), uma barrica (*poinçon*), um pequeno tonel de 57 litros (*quartaut*), um *tastevin*, etc. Foi o pai de Claude Bernard que encomendou as gravuras. O pai de Claude Bernard era comerciante de vinhos em Saint-Julien-en-Beaujolais.

# Blondin (Antoine)

Em 14 de julho de 1978, uma sexta-feira, a Tour de France fez uma parada em Clermont-Ferrand, e o programa "Apostrophes" fez uma etapa ali mesmo. Nove escritores, senão ciclistas, ao menos mestres cantores da pequena rainha e de sua lenda esportiva, estavam reunidos em um turbulento pelotão onde cada um esforçava-se para superar os confrades pelos seus conhecimentos e humor. No *sprint* alfabético, havia Yves Berger, Antoine Blondin, Pierre Chany, Georges Conchon, René Fallet, Jean-Edern Hallier (morto em acidente de bicicleta, numa manhã em Deauville), Michel Le Bris, René Mauriès e Louis Nucéra (morto por um automobilista imprudente enquanto subia, como todos os dias, as encostas da região de Nice com as próprias pernas).

Todo mundo me desaconselhou, a começar por ele mesmo, a convidar Antoine Blondin. Depois das 21h, ele não estaria mais em condições de falar, e mesmo de se manter sentado em uma cadeira. Ele seria o trocador de marchas do cenário. Mas eu amava o autor de *Enfants du bon Dieu*. Conhecia de cor o seu começo: "Lá, onde moramos, as avenidas são profundas e calmas como alamedas de cemitério. Os caminhos que conduziam da Escola Militar ao Palácio dos Inválidos parecem abrir-se para funerais nacionais. Uma calçada na sombra, a outra no sol, elas vão entre seus plátanos petrificados diante de fachadas discretas, sem uma butique, sem um grito. Mas uma ansiedade estremecida povoa o ar: é a apreensão do som dos sinos. O céu cor de chumbo sobre o meu quarteirão prematuramente envelhecido. E não tenho mais que 30 anos e sangue jovem".

Com uma audácia que não é habitual em mim, sobretudo de jejum, eu decidi, tudo bem, de ser talvez a outra vítima do álcool que ele tinha engolido abundantemente naquele dia de festa nacional. Blondin bebia mais em dias de festa de clarins ou de carrilhões do que nos outros dias do ano?

Ele tinha dormido um pouco antes da transmissão, de tal modo que, quando o seu amigo Pierre Chany e eu viemos procurá-lo, ele estava em uma forma relativamente satisfatória. Com um andar tão hesitante quanto sua vontade, ele aceitou, contudo, nos acompanhar. E, se durante o programa ele bebeu mais do que falou, foi, como de hábito, divertido e inesperado. Para admiração geral, ele citou na ordem correta todas as cidades que tinham sido etapas de um Tour de France de antes da Guerra, e a seguir enumerou as mesmas cidades no sentido inverso.

Na ceia que fechou a jornada, Antoine Blondin não tocou em sua comida. Ele alimentou-se somente de um *côte-d'auvergne* e um *cognac*. Na saída da etapa do dia seguinte, fazia um tempo fresco e apreciamos o café fumegante servido aos jornalistas, acompanhantes e convidados. Antoine Blondin, finalmente judicioso, tinha também um copo descartável em uma das mãos. Cumprimentei-o com um bom dia, agradeci sua presença, no dia anterior, em "Apostrophes". Ele respondeu amavelmente. Foi o seu hálito que me fez baixar os olhos para o seu copo. Estava cheio de rum.

Ele dizia que estava "impedido" de entrar na Academia Francesa em razão da presença de cinco cafés entre seu domicílio e o cais Conti. Somente um teria sido suficiente para lhe tirar da rota da imortalidade! Agora, cinco? Tanto que seu lema era "Mais uma, de novo". A Academia é rica e poderia ter feito o esforço de comprar as locações dos cinco bistrôs para transformá-los em butiques de roupas, de antiguidades ou, melhor ainda, de livros.

Como um tal beberrão pode ter vivido perto de 70 anos? Era em seu domínio um campeão mundial, que adorava a companhia de outros campeões mundiais: Bobet, Anquetil, Hinault, Merckx, Lucien Mias, os irmãos Spanghero, os irmãos Boniface, etc.

No décimo aniversário da morte de Blondin, um belo cartaz o retratava anunciando, com o título "Mais uma, de novo", a maratona dos levantadores de copo de Saint-Germain-des-Prés. Tratava-se de uma corrida por equipes que consistia em fazer a volta da quarentena de cafés e bistrôs do bairro, esvaziar no balcão uma taça de *beaujolais* e terminar o trajeto no mínimo de tempo. Embaixo do cartaz podia-se ler, sem dar risada: "Saiba apreciar e consumir com moderação". Na dianteira os neozelandeses, em primeiras e segundas linhas, esculpidos como barricas, conseguiram a vitória, embora esta tenha sido contestada pelos juízes, tendo eles mesmos completado parte da maratona.

Lamentei não ter tido a ideia de colocar em cada balcão um leitor que, a cada passagem dos concorrentes, poderia ler algumas frases da prosa maravilhosa de Blondin.

Esta, por exemplo: "Quando nós estivermos bem velhos e bilionários, diz Roger Nimier, nós acordaremos sobre um banco, ao pé de nossas mansões na avenida Foch, com uma marmita de macarrão regada com uma garrafa de Dom Pérignon. Nossas mães, que são imortais, virão nos fazer música no frio, a tua tocará o acordeão, a minha, o violino. E não seria impossível que fôssemos felizes". *(Monsieur Jadis ou l'École du soir).*

Antoine Blondin escrevia com alegria, com elegância, de coisas que oscilavam entre a alegria e o pesar.

 EMBRIAGUEZ, PAF

# Bordalês

Antiga colônia inglesa. Talvez o único exemplo no mundo de descolonização perfeitamente bem-sucedida, nunca foram relaxados os laços econômicos e culturais entre os colonizadores e a terra colonizada – há muito tempo independente –, para proveito e satisfação de um e de outro. Os Estados Unidos, ramo do Império britânico, até converteram-se no melhor cliente do Bordalês.

Não há nada mais anglo-irlandês-americanófilo do que um bordalês. Os nomes dos intermediários, negociantes, proprietários, chegados de barco, testemunham essa bem-sucedida integração: Lawton, Barton, Johnston, Brown, McCarthy, Maxwell, Palmer, Lynch, Colck, Lichine, Mitchell, etc., sem esquecer o ramo britânico dos Rothschild. É também pelo porto ou pelo aeroporto de Bordeaux que desembarcaram os numerosos escritores e jornalistas britânicos ou ianques que trataram do vinho francês: Richard Olney, William Echikson, Oz Clarke, Margaret Rand, James Turnbull, Robert Parker, David Cobbold, Dewey Markham, Hugh Johnson, Nicholas Faith, Kermit Lynch, Andrew Jefford, Tom Stevenson, devo ter esquecido alguém; não é impressionante?

Os holandeses também foram bem acolhidos. Beyerman, sua mais antiga casa de negócios, foi fundada em Bordeaux em 1620. Foram os holandeses que inventaram a trasfega moderna, sem riscos, de uma barrica para outra. "É necessário desinfetar a primeira barrica, e os holandeses descobriram que, acendendo mechas de enxofre, podia-se desinfetar corretamente a barrica de bactérias. Quando eu era criança, chamava-se essas mechas de enxofre de fósforos holandeses." Quem conta? Um negociante de Chartrons, de identidade tipicamente bordalesa, Hugues Lawton.

Como não perguntar-se depois disso, como o faz judiciosamente Jean-Robert Pitte no *L'Amateur de bordeaux,* se o vinho de Bordeaux não é um pouco protestante? Muito mais calvinista, em todo caso, que o *bourgogne* ou o *champagne*, católicos convictos. A Reforma o celebrou; os geógrafos apostólicos bordaleses, confrades de Jean-Robert Pitte, reclamaram. E no entanto, uma parte da "nobreza da rolha" é protestante. Parece-me também que os *médocs*, muito mais que os *pomerols* e os *saint-émilions*, apresentam na boca uma complexidade imediatamente austera, uma tanicidade um pouco anglicana, não digo calvinista, taninos que exigem um longo tempo de meditação para arredondar e deixar passar, em toda a sua riqueza, a alma do vinho. Os católicos são mais apresados. Bernard Frank fez disso sua religião: "Antes mesmo de ter cheirado o *bordeaux*, de criança, foi o protestante, o perseguido, o Armagnac, o inglês que me fez amá-lo. A Borgonha foi para mim o católico sujo, o bávaro, todo o peso do mundo" (*Vingt ans avant*).

Essa iniciativa de embarcar os vinhos de Bordeaux em barcos e fazê-los rodar o mundo para acelerar seu envelhecimento, seria ela bem huguenote? Sim, porque os protestantes têm fama de serem industriais e comerciantes mais espertos do que os católicos. Não se sabe quem foi o primeiro a descobrir os efeitos benéficos de uma longa viagem de barco para garrafas chegadas a bom porto (a sorte foi não terem ido todas bebidas durante a interminável travessia dos oceanos). Em todo caso foi um homem excepcional já que, além de degustar bem, podia orgulhar-se de ser um relojoeiro e um filósofo. Pois não tinha ele descoberto um procedimento natural para acelerar o tempo utilizando o espaço? Que diria ele – no caso de ter sido um passageiro-negociante – quando descobriu que, enquanto permanecia deitado em sua cabina, as garrafas nos porões do barco envelheciam mais rápido do que ele? Congratulou-se de que o barco e o mar não provocassem o processo inverso? Retirado das marés e do balanço, teria terminado seus dias em um *château*, em uma adega escavada na imobilidade geológica, tentando, dessa vez, desacelerar o tempo?

Os *châteaux* são no Bordalês o que são as piscinas no Luberon: estão em toda parte. Com a diferença de que nem todos os *châteaux*, do ponto de vista da arquitetura, são castelos. Basta alguns hectares de vinha para enobrecer uma casa, para lhe dar altura, estatura, um passado e brilho. Não é o *château* que planta a vinha, é a vinha que eleva o *château*. Pode-se ser castelão na Gironde sem ter vinhas; não se pode ter vinhas sem estar assentado em um *château*. A região bordalesa é a única região vitícola do mundo onde a vinha confere àquele que a possui o eminente benefício social de poder atribuir seu nome a um *château*, ainda que more em uma casinha ou um apartamento na cidade. Em uma garrafa de *bordeaux*, compra-se e bebe-se a arquitetura.

Deixemos essa conversa de lado. Os *châteaux* autênticos ou as residências principescas são amiúde magníficos, em particular em Graves e no Médoc. O vinhedo girondino é tão belo e esplêndido que dá a impressão de ter vivido sempre na opulência. Erro crasso, já que o Bordalês, igualmente a outros vinhedos, não foi preservado da filoxera. E mais do que os outros, porque dependente do comércio e dos transportes internacionais, sofreu a ação de duas guerras mundiais, e ainda, entre as duas, o *crash* de Wall Street – que arruinou mais de uma propriedade. O pai de Hugues Lawton havia publicado na imprensa um artigo com o título: "Uma terra que morre, o Médoc". Finalmente, a geada histórica de 1956 esteve a ponto de desencorajar as melhores intenções.

Desde então, vai tudo muito melhor, obrigado. E mesmo muito, muito bem. Sobretudo para os *crus classés*. Porque a crise, relacionada tanto com a superprodução mundial de vinhos quanto com, em Bordeaux e em outras partes, a extensão pouco razoável de superfícies plantadas – e no entanto gratificadas – das denominações, golpeia gravemente os *"bordeaux supérieurs"* e os *"bordeaux"* simples, tintos e brancos, e mesmo os vinhos mais bem classificados na hierarquia. A deslumbrante prosperidade dos *châteaux* do Médoc, de Pomerol e de Saint-Émilion, contrasta com as dificuldades dos *châteaux* sem classificação, trocados sem diferenciação pelos comerciantes e pela clientela.

Isso não impede que, pela sua história, pela variedade e qualidade de seus vinhos, pela magnificência dos melhores, pela superfície considerável, pela situação à borda do oceano, face ao Novo Mundo, pelo seu prestígio, pela sua mais-valia cultural, o Bordalês seja considerado o primeiro vinhedo do mundo.

 AUSONE *(CHÂTEAU)*, BOURGEOIS, CLASSIFICAÇÃO DE 1855, MÉDOC, PÉTRUS, PONTAC (JEAN DE), ROTHSCHILD (PHILIPPE DE), *YQUEM*

## Bourgeois

Pequenos ou grandes, os burgueses são objeto de zombarias, por vezes vilipendiosas. A nobreza tem os seus bairros, os burgueses também, mas eles não são da mesma natureza. Nada mais pejorativo que o nome e o adjetivo de "burguês". Com duas exceções: a culinária burguesa, toda familiar, simples e boa, e os *crus de bordeaux*, chamados de *bourgeois*.

Com certeza, eles não foram julgados dignos de figurar na Classificação de 1855. Não são portanto *"crus classés"*. Eles não pertencem à aristocracia do Bordalês. Mas, excluindo uma dúzia que poderia pretender substituir alguns *châteaux* cuja reputação está rebaixada até a parte baixa das calças de seus proprietários, eles formam uma classe social de vinhos apreciados e procurados. Contrariamente à crença comum, a palavra *bourgeois* não aparece no Bordalês em meados do século XIX. Ela remonta à Idade Média. Por oposição aos *"crus paysans"* (produtos de camponeses) e aos *"crus artisans"* (produtos de artesões), os *"crus bourgeois"* designavam, no Antigo Regime, as propriedades vitícolas adquiridas pelos burgueses de Bordeaux, beneficiários de privilégios devidos a seu nascimento ou sua fortuna. Depois do pandemônio político e social da Revolução e com a constituição da aristocracia dos *châteaux classés,* o termo *"bourgeois"* perdurou e passou a aplicar-se aos vinhos do Médoc cuja qualidade e preços situam-nos logo abaixo dos companheiros e rivais citados anteriormente.

O Bordalês, em particular o Médoc, sempre teve a mania das classificações. Os *crus bourgeois* não poderiam escapar delas. Uma classificação de 1932 distinguia 6 *bourgeois supérieurs exceptionnels* e 95 *bourgeois supérieurs* de outros 339 *bourgeois*. Já no começo do século XXI impunha-se, com muita urgência, uma nova classificação, porque muitas dezenas de *bourgeois* de 1932 tinham afundado na nulidade ou na mediocridade, e outros tinham aparecido com a pretensão de se aproveitar do termo *"bourgeois"*, que ao longo dos anos convertera-se em uma fórmula mágica para o sucesso comercial – que alguns merecem e outros não, deixando o consumidor em crescente dificuldade para reconhecer os *bourgeois* de tradição e de confiança e diferenciá-los dos pequenos burgueses mais nocivos que escrupulosos.

Em uma época em que qualquer reforma é considerada uma agressão, seria possível pôr ordem na desordem, mesmo sob a autoridade do Sindicato dos *Crus Bourgeois* e da Câmara de Comércio de Bordeaux? A resposta foi positiva, e seria impossível aplaudir mais a audácia, a coragem, a determinação dos reformadores que, em plena Vinexpo 2003, anunciaram o que o jornal *Sud-Ouest* qualificou justamente como uma "revisão histórica". Tanto que as podadeiras não ficaram curtas: mais de 200 *bourgeois* riscados da árvore genealógica do Médoc! Majestade, não é uma reformazinha, é uma revolução! As fúrias, as indignações, os protestos, estiveram à altura do acontecimento. A classificação será revisada a cada dez anos. Mas, para os excluídos e os rebaixados, dez anos é um século. Eles sentiram-se traídos, desconsiderados. Reclamações se espalharam pelos vinhedos, e a seguir processos foram encaminhados. E ganhos! Houve decisões injustas, sim, certamente. Confusões e erros na composição do júri de degustação, sim, provavelmente. Mas era sob o risco de desgostar e escandalizar que os *bourgeois* recuperariam a virtude, a saúde e o prestígio. E tiveram sucesso.

Na introdução deste livro, adverti o leitor de que ele aqui não encontraria aquilo que se encontra nas enciclopédias especializadas: as classificações dos *crus*, a geografia dos *climats*, a hierarquia das denominações, etc. Farei uma exceção para os *crus bourgeois* do Médoc, cuja nova classificação é recente e não está disponível a todos os amantes do vinho, à exceção daqueles do Bordalês que sabem de cor e salteado a lista dos 247 *bourgeois*.

Ainda me contentarei em publicar a lista dos nove *"crus bourgeois exceptionnels"*.

*château chasse-spleen* (Moulis-en-Médoc)
*château haut-marbuzet* (Saint-Estèphe)
*château labégorce-zédé* (Margaux)
*château ormes-de-pez* (Saint-Estèphe)
*château de pez* (Saint-Estèphe)
*château phélan-ségur* (Saint-Estèphe)
*château potensac* (Médoc)
*château poujeaux* (Moulis-en-Médoc)
*château siran* (Margaux)

Os conceituados *château gloria* (Saint-Julien) e *château sociando-mallet* (Haut-Médoc) fariam parte dessa lista de *crus bourgeois exceptionnels* não fosse seus proprietários terem renunciado à denominação *"bourgeois"*, considerando que merecem – o que é verdade – ser enobrecidos numa hipotética revisão da Classificação de 1855.

Entre os 87 *"crus bourgeois supérieurs"*, citarei – por tê-los bebido e apreciado – o *château d'escurac* (Médoc), o *château les ormes sorbet* (Médoc), o *château la-tour-de-by* (Médoc), o *château-moulin-à-vent* (Moulis-en-Médoc), o *château de la-tour-de-mons* (Margaux), o *château maucamps* (Haut-Médoc), o *château tour-de-marbuzet* (Saint-Estèphe) e o *château meyney* (Saint-Estèphe).

A caça aos *bourgeois* – atividade muito menos onerosa que a caça aos aristocráticos *bordeaux* e *bourgogne* – é um esporte agradável e estimulante.

## Glub-glub

Quando aceitei a proposta de Olivier Orban, diretor da editora francesa Plon, de escrever um dicionário dos apaixonados pelo vinho, nosso almoço foi acompanhado – regado seria excessivo – de uma meia garrafa de *château peyre-lebade* 1998, *cru bourgeois* do Haut-Médoc que pertence ao barão Benjamin de Rothschild. Intelectuais que bebem um burguês de propriedade de um aristocrata: que cacofonia social!

 BORDALÊS, CHASSE-SPLEEN, CLASSIFICAÇÃO DE 1855, MÉDOC

# Bourgogne

Afora Chablis, Mâconnais e Beaujolais – que são dependências, belos anexos –, a Borgonha histórica, a verdadeira Borgonha, não é uma região muito grande. As três encostas (*Côtes*): de Nuits, de Beaune e *chalonnaise* ocupam mais ou menos 9 mil hectares, ou seja, aproximadamente duas vezes menos do que o Beaujolais, quatorze vezes menos que o Bordalês (120 mil hectares para o Bordalês, contra apenas 40 mil para a Grande Borgonha, satélites incluídos). Modesta em superfície, imensa em prestígio, a Borgonha histórica apresenta a melhor relação superfície-fama de todos os vinhedos do mundo.

Nada mais fácil para um estrangeiro do que aprender o mapa vitícola da França, certo? Na Alsácia, deve-se reter nomes de cepas, em Champagne, as marcas, no Bordalês, os *châteaux*. Na Borgonha, os vilarejos (*villages*). E que vilarejos! Seus nomes foram criados, rotulados, guardados e degustados durante séculos. E, no entanto, Meursault, Chassagne-Montrachet, Puligny-Montrachet, Volnay, Pommard, Monthélie, Gevrey-Chambertin, Nuits-Saint-Georges, Vougeot, Vosne Romanée, Chambolle-Musigny, etc., são pequenas aldeias, algumas com menos de 500 habitantes. São muito mais conhecidas nos cinco continentes do que Achkhabad, Windhoek, Asmara ou Tallinn, embora estas sejam capitais. E quanto à Beaune, é Alexandria!

Nunca se deve esquecer que a Borgonha foi um ducado que rivalizava com o reino da França, e que os duques, em particular Filipe, o Bom, criador do Velocino de Ouro, olhavam os reis com o nariz empinado. Isso terminou mal, com Carlos, o Temerário, frenético e bastante louco, e Luís XI. Mas desse apogeu medieval ficou como que uma arrogante nostalgia nos voos dos sinos de Dijon (Saint-Bénigne), de Beaune e de Nuits-Saint-Georges, nas telhas vitrificadas dos tetos do Hôtel-Dieu, em Beaune, nos últimos rótulos em letras góticas e nos menus na forma de pergaminhos.

Tampouco se deve esquecer que, se o Bordalês foi uma colônia inglesa, a Borgonha foi uma potência colonial. Por aliança e por herança, é verdade, mas tinha que manter sob seu domínio, mesmo pela força, Flandres, Holanda, Brabante, Luxemburgo... Se a Bélgica é desde sempre um dos países mais afeitos aos vinhos da Borgonha, é porque os duques, os melhores corretores que os vinhedos já conheceram, encorajaram a produção em Beaune e o consumo em Bruges, Leuven, Tournai. Segundo o historiador regional Jean-François Bazin, os austeros borguinhões trouxeram do norte o gosto pela festa e pela arte dos banquetes, os quais se perpetuam nos capítulos da Confraria dos Cavaleiros do Tastevin. A Borgonha exportava para Flandres seu vinho e importava uma festiva arte de viver, esta sendo estimulada por aquele.

De fato, hoje, como ontem, a Borgonha tem a reputação de ser o vinhedo francês mais acolhedor e alegre. A Alsácia também, mas ela brinda com cerveja. Restou alguma coisa de medieval, de báquico, de ruidosamente festivo na imagem da Borgonha e na reputação dos borgonheses, nem que seja através do famoso ritual com as mãos se agitando no ar, la-la-la-la-la-la-la-lalere, depois batendo uma na outra em cadência. Nenhum outro vinhedo produziu tantas canções populares: "Alegres filhos da Borgonha" (*"je suis fiè-hèr, je suis fiè-hèr..."*), "Cavaleiros da távola redonda", "Na rota de Dijon", "Só mais uma pequena taça de vinho", "Plantemos a vinha" (*"la voilà la jolie vigne, vigni, vignon, vignon le vin..."*), "E vamos vindimar", etc.

O calor comunicativo dos banquetes não é uma fórmula que caiu em desuso. Nem os *gougères* (bolinhos de queijo) ofertados como aperitivo (*kir*) e com os vinhos de honra. Nem os pratos tradicionais (ovos escalfados em molho de vinho tinto, *escargots*, cozido de porco, repolho e batata, cozido de peixe·de rio ao vinho branco, *fondue*). Nem os queijos (*chaource, époisses...*). Nem a mostarda de Dijon. Nem sequer os albergues reparadores e as grandes mesas estreladas. O bom garfo do borgonhês não é uma lenda. Ele é robusto, um glutão, um decidido festejador, um sensual, um homem do *terroir* e do dever.

No entanto, essa imagem tradicional da Borgonha e dos borgonheses é cada vez menos verdadeira. É cultivada por folclore, projetada nos dias de contentamento comercial. Conheço uns vinte borgonheses, a começar por Aubert de Villaine, dono do Romanée-Conti, e Jean Laplanche, o psicanalista-viticultor de Pommard, cujas silhuetas, as maneiras, a conversação, são antes de empresários modernos e distintos – bordaleses, quase escrevi – que de homens vigorosos, de rostos avermelhados, que esticam os suspensórios antes de retirar do bolso um *tastevin* embrulhado em um pano.

Como em todos os vinhedos franceses, homens e mulheres jovens tomaram as rédeas das propriedades, das adegas, e mergulharam no negócio; são ambiciosos por si mesmos, e portanto por suas vinhas e vinhos. Renunciando à facilidade dos herbicidas, voltaram ao arado. Convencidos de que somente a qualidade é garantia de seus futuros, eles limitam a produção pela retirada de gemas ou poda em verde. Outros lançam-se à viticultura orgânica. Ou biodinâmica. De uns dez anos para cá, a Borgonha tem se movimentado muito, procura, tenta, ousa, muda o que lhe parece caduco ou decepcionante.

Até os Hospices de Beaune, que acabam de confiar a venda de seus vinhos em leilão aos ingleses da Christie's!

Esse vento de reforma sopra em todos os vinhedos franceses. Impõem-no a concorrência mundial, a crise e a sobrevivência. A Borgonha é fortemente encorajada no seu *aggiornamento* por um periódico de crescente influência: o *Bourgogne Aujourd' hui*. Não se hesita em passar sermões aos produtores de *meursault*, de *chablis* ou de *mâcon* quando eles se deixam levar pelos grandes rendimentos. Degustações às cegas fazem sair do anonimato garrafas, propriedades, viticultores. Os redatores da revista regozijam-se em particular quando descobrem jovens. Hubert de Montille, o advogado produtor de vinho de Volnay, cuja verve cáustica arrebatou os espectadores de *Mondovino*, não está equivocado ao adverti-los de que, para eles, "é mais interessante fazer uma notícia com um jovem iniciante do que escrever que a Romanée-Conti faz bons vinhos". Ou a propriedade de Montille? Exceto pelo fato de que os novos viticultores, ou os antigos que abandonaram a complacência pelo rigor, têm mais necessidade de apoio da imprensa do que as estrelas da *Côte*.

Se existe um vinho de *terroir*, de raízes, de tripas geológicas, é certamente o da Borgonha. Aqui, cada denominação prestigiosa é estritamente delimitada pelo cadastro, a história e a reputação. (Ainda que tenham havido ajustes com o CIEL e com o INAO, como escrevia Guy Renvoisé em 1994, para o *corton-charlemagne*, notadamente.) Foi a terra que decidiu a hierarquia dos *grands* e dos *premiers crus*; e, no interior de cada *grand* e *premier cru*, a hierarquia das parcelas que são chamadas de *climats*. A Borgonha histórica é um quebra-cabeças, uma tapeçaria pontilhista. Os vilarejos devem compartilhar sua fama com as aldeias, os nomes de lugar (*lieux-dits*), os *climats* de bonitos nomes rústicos: *les charmes, les rugiens, les blanches fleurs, le clos des chênes et des ormes, les ruchots, les petits vougeots, les poulettes, aux combottes, les perrieres, au-dessus des malconsorts, les boucherottes, bousse d'or, les santenots blancs, les santenots dessous, les santenots du milieu, les vergers*, etc. Há muitas centenas desses! Ou ficamos maravilhados com essa poesia rural que a enologia e o negócio modernos souberam preservar; ou pensamos que a brutalidade do comércio de amanhã determinará a eliminação dessas sutilezas de uma outra era. (Meu deus, suprimir os *climats* quando já não há mais estações do ano!)

Em um mercado vinícola mundial cada vez mais padronizado, é claro que o *terroir* borgonhês, se o produtor de vinho preocupar-se a cada safra em tirar o melhor dela, ficará – como dizem nas cervejarias ao redor da Bolsa – como um valor-refúgio.

Os bordaleses ironizam a fragmentação da vinha borgonhesa, especialmente no *clos de vougeot*, que conta com oitenta proprietários e noventa parcelas para 51 hectares: "Não se constrói nada de durável sobre tais sutilezas".[1] Os proprietários ou locatários de vastos apartamentos sempre se surpreendem que algumas pessoas possam se contentar com uma quitinete. Ou melhor, no caso, com duas ou três *pièces* (cômodos de uma casa ou barricas de 228 litros na Borgonha). Não se pode contestar que uma concentração em poucas mãos dos vinhedos do *clos de vougeot* garantiria uma melhor transparência quanto a denominação de origem. Uma melhor qualidade também, já que alguns pequenos proprietários podem ver-se tentados a aumentar a produção a fim de obter algumas garrafas a mais.

Mas enfim, isso funciona dessa maneira há muito tempo. Tenho inveja dos afortunados que herdam algumas dezenas de ares do *clos de vougeot*; e tenho pena das famílias bordalesas que, face à impossibilidade de compartilhar um *château* ou de pagar os gastos de sucessão, são forçadas a vendê-lo a uma firma multinacional.

A Borgonha exige força de caráter dos bebedores patenteados. Não se pode consumi-lo quando, jovem, irresistivelmente sensual nas cores, amarelo com reflexos verdes, ou vermelho ou rubi, fruta proibida, dá vontade de morder lá dentro. Para uma boa gestão enológica de nossa intemperança, devemos ser capazes de deixar de um lado as garrafas que terão vida curta e do outro aquelas que nos acompanharão durante muito tempo. Das primeiras obteremos uma explosão de aromas, de jardim para os brancos, de pomar para os tintos; dos segundos aguardaremos um leque de aromas sutis que, não sendo o nariz capaz de executar tal tarefa, o paladar e a língua deverão descobrir.

Um *bourgogne* jovem tem a força de uma confissão; um *bourgogne* idoso, a sedução de um enigma.

---

[1] Jean-Paul Kauffmann.

Quando saboreio um *bourgogne* jovem, peço-lhe desculpas por minha impaciência, e levanto a taça à saúde dos idosos.

Quando degusto um *bourgogne* envelhecido, parabenizo-o por sua paciência e levanto minha taça à lembrança dos jovens.

 CHARDONNAY. *PINOT NOIR*

# Brindar

"Brindar" (*trinquer*) é um verbo estranho. Em primeiro lugar ele evoca o choque das taças, o brinde amistoso, os votos de saúde e de felicidade. Brindamos pelo prazer de beber juntos. A Diva Garrafa de Rabelais pronuncia a palavra *"trinc"*, que o pontífice e sábio Bacbuc explica assim: *"Trinc* é uma palavra que anuncia os oráculos em todas as línguas, celebrada e compreendida em todas as nações, e que significa beba" (*Pantagruel*).

Brindar e beber são portanto a mesma coisa. Brindemos, meus amigos! Brindemos, camaradas! Brindemos, meu amor! Por Lúcifer, brindemos! Existe um verbo mais afável e mais convidativo?

Mas ele pode anunciar provações, introduzir a infelicidade: *"Como ele sofreu (trinqué)!"*. Dito de outra forma, recebeu mais golpes que ninguém, apanhou, pagou o pato. Não teve sorte, foi ele que levou todas. Ele pagou pelos outros. Foi a vítima.

É provável que essa incômoda acepção de *"trinquer"* venha do primeiro sentido do verbo, a saber, beber em excesso. Quando se bebe muito, padecemos consequências ruins, e paga-se de uma maneira ou de outra. Das contrariedades que decorrem do álcool absorvido sem moderação passou-se às chateações de todo tipo que sofre um indivíduo imprudente ou desafortunado.

O meu conselho: brindemos, leitor, desejando que nunca tenhamos o azar de *trinquer*...

 À TUA!, DEGUSTAÇÃO, EMBRIAGUEZ, VINDIMAR, *ZINC*

# Bukowski (Charles)

Qual telespectador não viu Charles Bukowski sair do cenário de "Apostrophes", as pernas bambas, sustentado pela sua esposa e seu editor, durante a transmissão de 22 de setembro de 1978? A cena foi tantas vezes difundida nas retrospectivas da televisão que todas as pessoas estão convencidas de ter estado entre os franceses que assistiram, ao vivo, à entrevista do escritor americano e ao espetáculo avinhado que se seguiu.

Porque, a cada vez que eu dava a palavra aos outros convidados, Bukowski pegava uma garrafa de *sancerre*, depois outra, que tínhamos colocado a seu pedido perto de sua cadeira, e a empinava bebendo do gargalo. Com a cabeça virada para trás, ele não bebia, engolia, esvaziava o conteúdo das garrafas no seu corpo. Espetáculo ao mesmo tempo fascinante e surpreendente, porque o vinho parecia não se deter em sua boca nem na garganta. O vinho estava como que submetido à lei da gravidade, parecia que era aspirado diretamente na vertical. Se a câmera não estava sempre apontada para o "velho repugnante" (ele mesmo se autorreferia assim), era o suficiente para testemunhar sua metódica e provocadora embriaguez.

Como os seus roncos e gritinhos impediam os outros de falar, aconteceu o famoso "Cala-te, Bukowski!", dito por Cavanna. Quando ele tentou apalpar as pernas de Catherine Paysan, esta, espantada, ergueu-se, esticou a saia e exclamou: "Oh! bom, está mamado!" Gargalhada geral do público. Bukowski continuava a falar, beber, arrotar, e a se mexer no assento. Veio-me subitamente à memória que nos Estados Unidos ele havia vomitado, por vontade própria, sobre o microfone de uma rádio. E se fizesse o mesmo diante das câmeras de "Apostrophes"? Que escândalo! Enquanto eu fazia perguntas aos outros escritores, vigiava o sem-vergonha, pronto a intervir caso levasse os dedos à boca.

Foi o *sancerre* que finalmente deu conta de Bukowski. Ao tornar insustentável sua posição sob as luzes e do calor das luminárias. Forçando-o a recorrer ao banheiro. Não o expulsei; também não o retive. Por que o saudei com um *"ciao!"*, quando um *"bye bye!"* teria sido mais apropriado? Recordo-me de ter dito também que, no fim das contas, ele "não aguentava bem a bebida". Falsa reflexão, porque tudo demonstra na vida desse bêbado inveterado – morto, não prematuramente, mas aos 74 anos! – que, contador e poeta de talento incontestável, ele foi, a exemplo de Blondin, um campeão mundial na competição alcoólica.

A maior parte do tempo, ele bebia até se embriagar com cerveja. Por conta disso foi detido algumas vezes. Ocorreu-lhe, quando não era mais um carteiro à procura de editor, e sim um escritor profissional, de insultar as pessoas que faziam fila em uma livraria em busca de um autógrafo. Charles Bukowski era um curioso alambique: ele esquentava o seu desespero com cerveja, mas para escrever ele carburava com vinho. "Eu bebo lentamente o meu vinho datilografando na máquina de escrever. Gasto talvez duas horas para beber uma garrafa inteira. Continuo a fazer um bom trabalho contanto que não passe de uma garrafa e meia. Depois disso, sou como qualquer velho bêbado sentado no balcão de um bar: um velho chato e inoportuno."

Ele não confessa (ler mais adiante a entrada "Qual vinho?") a qual denominação estava mais habituado. Também não diz qual com qual "maravilhosa garrafa de vinho" foi presenteado pelos seus setenta anos e em seu aniversário de casamento. Mas ele acrescenta em uma carta a seus editores: "Como Linda não bebe mais vinho, ocupei-me bem deles. Tirei quatro poemas soberbos desta garrafa".

Em suas cartas ele falou de si com lucidez, ainda que zombar, filosofar, mentir, confessar, escrever, beber, fazer amor fossem igualmente formas de enganar o seu medo da vida e da morte. Seu primeiro editor na França, e o que melhor o conhece, Gérard Guégan: "A um jornalista que perguntou a ele se 'beber' não era uma 'doença', Buk respondeu que 'respirar' era uma doença".

Parece que, depois de sua estadia na França, no outono de 1978, e de sua passagem por "Apostrophes", o ruído espalhou-se para os Estados Unidos – ida e volta do rumor – que *Buck the puke* (algo como "Bukowski, o vomitador") tinha vomitado durante a transmissão. Assim ele escreveu a um de seus correspondentes: "Não, eu não vomitei na televisão nacional francesa. Somente me embebedei como um porco, falei duas ou três coisas, fui embora bruscamente e mostrei a minha faca para um guarda" (*Correspondência*, 1958-1994). Tudo é exato, incluindo a faca, o que me valeu queixas dos guardas quando saí do estúdio naquela noite, muito depois de Bukowski. Ele, depois de esvaziar a bexiga, tinha rapidamente recuperado as forças graças ao ar livre e logo partiu para uma turnê parisiense de boates e bares noturnos. Eu, preocupado com reação dos telespectadores (o vinho) e dos sindicatos (a faca), fui jantar na Brasserie Lipp. Sem cair na bebedeira. Naquela noite, no entanto, ela estaria justificada.

 BLONDIN (ANTOINE), EMBRIAGUEZ, PAF

**C**

## Cacho de uvas

Não é possível que Adão e Eva tenham sido tentados por um cacho de uvas porque a vinha ainda não tinha sido dada ou inventada. Portanto, foi uma maçã. Que se converteu no fruto proibido, o símbolo da interdição, da transgressão, a representação crocante do desejo pecaminoso.

Um cacho de uvas, brancas ou tintas, é muito mais sensual que uma maçã. Cada bago é um convite à gula. A carne e o suco de cada pequena pérola reluzente, loura ou dourada, ao se espalhar na boca depois de ter explodido na língua, lembram, mais do que outras frutas, os prazeres da luxúria. Desenhos e fotos eróticas colocam em cena amantes que põem cachos de uva sobre a garganta e o ventre de suas amasiadas. Nunca se viu descascarem maçãs.

Se as maçãs são redondas como seios, os cachos de uva, pela sua forma triangular, evocam o sexo. Barbe desenhou um casal nu muito simpático: sobre ela, um cacho de uvas brancas tomou o lugar da pelagem pubiana; sobre ele, que está excitado, o cacho de uva tinta está ao contrário, com a ponta para o alto. Na gíria tradicional, a uva designa os órgãos sexuais do homem, enquanto a maçã não é mais do que a cabeça ou o rosto. Lamber a maçã de alguém é menos definitivo que lhe colher a uva...

Na atualidade, a maçã representa tão pouco a fruta proibida que foi escolhida como emblema para a cidade de Nova York e pela Apple. Ao contrário, o cacho de uva é cada vez mais utilizado como alegoria da juventude, da beleza, do prazer. Os decoradores fazem orgias com os cachos de uvas. Também os joalheiros, os fabricantes de sedas, os costureiros, os fabricantes de porcelana. Não há mais frutas proibidas, mas o cacho de uva, aéreo ou pesado, estilizado ou tal e qual, saiu da mesa e da fruteira dos pintores de naturezas-mortas para somente simbolizar a tentação. Recentemente se podia observar, nos cartazes dos pontos de ônibus, o anúncio publicitário de uma mulher extraordinária vestindo somente uma calcinha com rendas brancas. Diante de sua boca, um cacho de uvas tintas. Texto do cartaz: "Sucumbir à tentação". Nós, mulheres e homens, à tentação da lingerie, ela àquela do cacho. As duas promessas não são igualmente... polpudas?

Pelos seus adjetivos, o cacho de uva parece ter uma dependência da linguagem erótica: carnudo, polpudo, suculento, pegajoso. Enquanto se aguarda a embriagadora sobreposição das palavras do corpo e do vinho.

Enfim, como veremos, as vindimas são um convite a não se contentar somente com colher as uvas.

Pobre Adão! Pobre Eva! Pobres maçãs!

 O sexo e o vinho, Vindimas

## Cadáveres refinados

Foi em 1926 que os surrealistas inventaram um jogo, o cadáver refinado, que faz do acaso seu jogador mais essencial. Consiste em compor uma frase entre várias pessoas, cada uma delas escrevendo uma palavra no papel, sem saber as palavras dos outros. A primeira frase que saiu nesse jogo foi: "O - cadáver - refinado - beberá - o vinho - jovem", de onde veio esse estranho nome de "cadáver refinado" dado ao jogo naquele dia.

O acaso estava presente nesse encontro. Dois dos surrealistas pensaram ao mesmo tempo, sem se consultar, no ato de beber. A frase apresenta uma certa lógica mesmo sem deixar de ser *stricto sensu* absurda e extravagante. Também teria o seu charme "O cadáver jovem beberá o vinho refinado", mas nada pode igualar a força inventiva de um cadáver qualificado como refinado.

Um cadáver não é somente um corpo do qual a vida se esvaiu. É também uma garrafa vazia. Nesse sentido, emprega-se, em geral, no plural: "Depois do banquete, as mesas estavam cobertas de cadáveres". Cadáver, beber e vinho, são três palavras que pertencem ao vocabulário da enologia. Poucos exegetas repararam essa coincidência... surrealista. Qual bebida inspirou, portanto, André Breton e seus amigos?

# Champagne

Para apreciar ao máximo os sutis aromas do *champagne*, deve-se estar de jejum ou ao menos com o paladar limpo, como se estivesse novo. É por isso que, renunciando às sobremesas, ele se impõe no aperitivo. Sem pesar, sem carregar, na leveza de suas borbulhas, ele desperta o nariz e a boca. Sua fresca, picante e lenta intromissão proporciona um prazer vivo, que chama outros e que ele prepara. Isso não significa que se deva ser hostil a outros aperitivos, como o vinho branco, o vinho do Porto, os vermutes, os vinhos doces naturais, os coquetéis, etc. – cada um tem a liberdade de iniciar a refeição à sua maneira –, mas o bom *champagne* sempre me pareceu a melhor forma de abrir os trabalhos.

Lembro-me da minha estupefação e indignação – silenciosas, mas profundamente sentidas – quando um dia, no aperitivo, enquanto eu tirava uma garrafa *magnum* de Dom Pérignon 1973 do balde de gelo, escutei de um convidado que um pouco de *whisky* lhe seria mais agradável. Estava no seu direito. O que não impediu – *whisky*, ah, a barbárie! a grosseria! o joão-ninguém! – que eu ficasse com a impressão de estar sendo traído. Era ridículo, mas eu não podia deixar de condená-lo por preferir uma bebida industrial estrangeira em lugar do mais fino de nosso *champagne*. Um muro cultural nos separou por alguns instantes.

Uma refeição toda com *champagne*? Evidentemente não é desagradável, mas eu amo demais os vinhos brancos e tintos para me privar, se forem bem escolhidos, da sua melhor adequação aos pratos, de uma presença em boca mais autoritária que a do *champagne*, sobretudo quando o que comemos desenvolve sabores potentes.

Por outro lado, reencontrar na sobremesa os velhos, e mesmo os muito velhos, *champagnes* é uma oportunidade tão excitante como rara. Em Reims, Gérard Boyer exercia a arte dos *happy ends*. Borbulhas de três, quatro ou cinco décadas sobre doçuras que saem das mãos do confeiteiro? "Oh, meu lábio-andorinha!" (Aragon). A uma simples e deliciosa torta de damascos ou pêssegos, um velho *champagne* adiciona notas inesquecíveis de frutas cristalizadas.

*Bolhas triunfantes.* Na tarde de seu batizado religioso, durante uma espécie de paródia laica, a filha de Emma Bovary recebeu sobre a cabeça o conteúdo de uma taça de *champagne*. Em *Ilusões perdidas*, Lucien de Rubempré foi batizado jornalista, por seu chefe de redação, com um pouco de *champagne* derramado sobre seus cabelos louros. Vinho mágico, bebida benéfica, talismã da felicidade, o *champagne* acompanha as etapas importantes e os principais eventos da vida. A estilista Agnes B. verteu uma gota de *champagne* sobre os lábios de seus cinco filhos, quando ainda bebês. Rito de iniciação aos prazeres da existência, garantia dada à sorte. No seu romance *Mulheres*, Philippe Sollers conta que Kate, a feminista, celebrou com *champagne*, sem a presença de homens, a chegada das regras de sua filha. Não se pode imaginar sem *champagne* um casamento, Páscoa, nascimento, promoção, aniversário, reencontro, aposentadoria.

Passou no vestibular? *Champagne!* Finalmente tirou a carteira de motorista? *Champagne!* Fez vinte anos? *Champagne!* Você vai fazer amor? *Champagne!* Você faz amor? *Champagne!* Você fez amor? *Champagne!* (enfim, nem sempre). Foi efetivado? *Champagne!* Comprou carro novo? *Champagne!* Está grávida? *Champagne!* (enfim, nem sempre). A criança nasceu? *Champagne!*

Orgulho e felicidade.

Porque ele borbulha, porque ele espuma, porque ele é alegre, o vinho de Champagne é tradicionalmente associado a sucessos, vitórias e façanhas. Pilotos de carros e de motos, que se banham nele sobre o pódio, assim como jogadores de futebol e de rúgbi nos vestiários, dão a ele uma imagem mais barulhenta que gastronômica. Não deixa de ser excelente, me parece, para a reputação do *champagne*, unir-se dessa forma ao júbilo da juventude e à gloria dos campeões. Desde muito, sacrifica-se garrafas nos cascos dos novos navios. Quando os cruzeiros passavam pela Linha, o *champagne* escoava aos jatos. Os primeiros a atingir o cume do Annapurna, Herzog e Lachenal abriram a única garrafa de *champagne* que os aguardava no acampamento nº 1. Foi Costes ou Bellonte quem disse lamentar não ter levado *champagne* por ocasião da vitoriosa travessia do Atlântico em avião sem escalas, em 2 de setembro de 1930? E como teríamos gostado que o *champagne* existisse na época da coroação de Carlos VII, em Reims, para que Joana d'Arc tivesse tido a honra de abrir, ao mesmo tempo, as libações reais e a primeira garrafa. Talvez um *comtes de champagne* (de Taittinger)?

*Bolhas literárias.* Parece que a Veuve Clicquot é o *champagne* mais citado nos romances franceses e estrangeiros. Dom Pérignon, Mumm, Pommery e Bollinger também contam com o favor dos escritores. Se nos primeiros filmes de James Bond Sean Connery marca sua preferência por Dom Pérignon, foi por causa de um acordo comercial entre os produtores (de cinema e do *champagne*). No primeiro romance de Ian Fleming, *Cassino Royale*, James Bond faz uma outra escolha:

"Com o dedo sobre a carta de vinhos, Bond dirige-se ao sommelier:

— O Taittinger 45?

— É um grande vinho, *monsieur*, diz o sommelier. Mas se o senhor me permite (e ele aponta com seu lápis), o *blanc de blanc brut* 1943, da mesma marca, é incomparável."

Mais adiante, o agente 007 pede ovos com bacon e uma garrafa de Veuve Clicquot.

Quanto aos espiões britânicos de John Le Carré, eles festejam o sucesso de suas missões com um Krug.

Roger Nimier não tinha ainda 27 anos quando propôs numa carta a Jacques Chardonne, sua classificação dos *champagnes*. Ele não bebia mal, mas não se pode imaginar que bebesse o suficiente para estabelecer uma listagem de laureados sincera e equitativa. Bernard Frank, à época cronista do extinto *Matin de Paris*, julgava o parecer de Roger Nimier sobre as marcas de *champagne* "mais engraçado do que sério". O reproduziremos mesmo assim, a título de curiosidade.

"O Mumm Cordon Rouge é o mais seco de todos os *champagnes*; um pouco amargo por vezes. A um corpo de distância: o Ruinart *millésimé* (por esnobismo) e o Pol Roger (*millésimé*) por seu belo nome. Fora os *millésimes* essas duas marcas não valem nada. A dois corpos de distância: Veuve Clicquot, Krug, Roederer e Bollinger. Na oitava posição (ainda muito honrosa): Salon, Lanson. Décima posição: Heidsieck Dry-Monopole (elimine os outros Heidsieck), Perrier-Jouët (*champagne* de mesa, sobretudo), um Moët *millésimé*, de rigor extremo. Descartar os Pommery por demais comercializados. No seu lugar, pode-se beber o Taittinger, que certamente também merece o décimo posto. O Castellane que a Air France serve é aceitável. O Mercier já é arriscado. O Georges Iroy é imundo; é o Paul Vialar da Champagne."

Após executar a lista de láureos dos *champagnes* estabelecida por Roger Nimier, Bernard Frank revela a sua em três linhas: "O Mumm é bastante apropriado, todo mundo está de acordo. Mas, como a qualquer um, os que mais me agradam mesmo são o Krug e o Bollinger". Depois, ele acaba com as vinícolas de Épernay em uma rajada de metralhadora: "Chamou não mais que pouco minha atenção esta bebida gasosa. Sempre há necessidade de se ter uma garrafa na geladeira, como temos que ter Alka-Seltzer ou Upsa no nosso estoque de remédios". Os farmacêuticos amadores do *champagne* também deveriam ter protestado...

Chegando sem avisar na casa de amigos ou colegas de trabalho, prefiro que me ofereçam água, um suco de frutas, ou mesmo Coca-Cola, digamos!, do que um lastimável *champagne* pelando de frio, deixado durante lustros, em pé, na porta da geladeira. Igualmente, os organizadores de coquetéis e buffets, que cedem à moda do *champagne* obrigatório e que não possuem os meios, o desejo ou a competência de oferecer um correto, deveriam limitar sua oferta a sucos de frutas, bebidas gasosas e álcoois mais modestos.

A banalização do *champagne*, seu consumo rotineiro – como se fosse apenas uma bebida entre outras, oferecida como as outras, bebida como as outras no alvoroço de gigantescos buffets – não são, a longo prazo, prejudiciais à sua imagem de excelência e de exceção?

Vítima provavelmente de um preconceito cultural, não gosto de *champagne* em toda e qualquer ocasião. Quando estão reunidas quinhentas pessoas, são escassas as possibilidades de que sejam servidos um Krug Grande Cuvée, um Salon, um Bollinger Tradition, um Cristal Roederer, um Deutz, um Pol Roger (*cuvée* Winston Churchill), um Ruinart *rosé*, um Demoiselle *millésimée* ou a *cuvée* Grand Siècle de Laurent Perrier.

Também podemos nos regalar com *bruts* de marcas pouco conhecidas, com duas condições: ter certeza do controle de qualidade e deixar que as garrafas envelheçam na adega para que percam sua acidez inicial. O consumidor deve fazer o que o produtor, na maioria das vezes, não faz por falta de espaço ou de recursos. Assim, sempre apreciei a melhor *cuvée* de Hervieux-Dumez, cujas garrafas tomavam o caminho da minha adega, de onde outras subiam depois de três ou quatro anos de ardente meditação.

Eterna questão a respeito do *champagne*: deve-se preferir sempre as *cuvées millésimées* no lugar das tradicionais?

Estas, resultado da assemblagem de vários anos, às vezes seis ou sete, e de muitas cepas (*chardonnay, pinot noir, pinot meunier*), têm a vantagem de oferecer um produto sensivelmente sempre igual, com o gosto específico da casa de produção, mesmo que esse gosto evolua muito lentamente ao longo das décadas. Toda a arte do *chef* de adega, frente a uma nova colheita, consiste em julgá-la em função dos sabores de safras anteriores que ele tenha à disposição, a fim de obter, através da mistura de uma com as outras, o *champagne* que os clientes gostam de reencontrar sempre idêntico. A assemblagem é a uniformidade, a constância, a fidelidade, a assinatura.

Ao contrário, as *cuvées millésimées*, produzidas somente nos melhores anos, com mais razão se 100% procedentes de *chardonnay*, dão garrafas específicas, monogâmicas, originais. Elas aportam o inédito. Jogam com a surpresa. No fundo, aparentam-se mais com um *cru millésimé* de vinho do que com um *champagne* tradicional. E como são mais caras que as garrafas de *bruts* cortados – não seria porque são forçadas a envelhecer por mais tempo nos 200 quilômetros de adegas e de galerias escavadas no solo de gesso de Champagne? –, elas oferecem-se mais radicalmente que suas rivais à apreciação do consumidor. É sobre os *millésimées* que se expressam as opiniões mais cortantes, mais divergentes. Mas é entre eles que se fazem os mais belos achados e as mais felizes descobertas.

Finalmente, assistimos já há algum tempo a uma eclosão de *champagnes* de *terroir*, de vinhateiros, que sob o modelo da Borgonha são a expressão de uma cepa, de um *cru*, de um homem. As garrafas são obrigatoriamente em número reduzido, e os preços voam até às nuvens. Esse *champagne* individual, parcelar, não está perto de destronar as assemblagens das grandes casas, mas, próximo a Épernay, ele adiciona diversidade e, controvertidamente, efervescência.

Os produtores da região de Champagne têm há muito uma hábil campanha de marketing. Converteram as bolhas em um produto de consumo popular sem deixar de conservá-las na alta esfera do luxo. Para grande parte, o *champagne* se democratizou, para outra parte, ele continuou inacessível. Ele borbulha modestamente nos supermercados; ele destaca-se na Grande Épicerie. Mas é sempre *champagne*. Não é maior a diferença entre os pequenos e os grandes *bordeaux*? Certamente, mas somente o *champagne* – graças à magia da palavra que o nomeia – é capaz de dar ao de baixa gama uma aparência de excelência e de conferir lustro a uma simples taça em família ou entre amigos.

Para adicionar luxo ao luxo e promover-se em relação à concorrência, as grandes casas de Epernay e de Reims apelaram para artistas, estilistas, *designers*. Eles são os autores das roupagens suntuosas das garrafas, das caixas estilizadas, das taças esbeltas, dos baldes de gelo vistosos. Não se hesita em evocar o talento e renome de Jean-Paul Gaultier (Piper-Heidsieck), Jean-Charles de Castelbajac e Inès de la Fressange (Pommery), Robert Mata (Taittinger), Claessens (Lanson), etc.

As grandes marcas fazem valer ao mesmo tempo sua modernidade e sua ancianidade. Ruinart gaba-se de ser "a mais antiga casa de *champagne* desde 1729", ganhando por um *"muselet"* na linha de partida da Moët et Chandon (1743). Mas Gosset imprime no seu rótulo "Aÿ-1584" e detalha na sua publicidade que "cúmplice de todas as suas celebrações, em todo o mundo, desde 1584"...

Anuncia-se a ancianidade para mostrar que se sabe fazê-lo desde há muito, que a casa é eterna e que o consumidor pode confiar. Não se mexe na forma das garrafas se ela entrou para a memória coletiva. E se essa forma é clássica, nada se muda em sua decoração e rótulo, já que não saem de moda, como a célebre garrafa com anêmonas criada por Gallé, nos anos de 1900, para o Perrier-Jouët.

*Espuma cintilante.* Oscar Wilde afirmou que nas casas de gente casada o *champagne* é raramente de qualidade. Eu tenho observado mais o contrário. Talvez ele tenha misturado e confundido *champagne* com a conversação de menos em menos frisante do marido aburguesado? Qual dos dois envelhece mais rápido? Com a idade, o homem presta cada vez mais atenção à qualidade do *champagne*, como a toda a sua adega.

---

\* Armação de fios de ferro que mantém a rolha das garrafas de *champagne*, de sidra e de espumantes. (N.T.)

A marquesa de Pompadour tinha razão ao afirmar que o *champagne* "é o único vinho que deixa bonita a mulher depois de bebê-lo". Com efeito, um excesso razoável de bolhas dá-lhe uma leveza, uma amável liberdade, algo de vivacidade, por vezes um descaramento no olhar, que a mesma quantidade de vinho branco ou tinto confere com mais dificuldade, estes aparentando pesar sobre suas pálpebras e sua conversação.

"Da beleza das mulheres, antes, durante e depois do *champagne*" parece-me ser um tema a se debater, taças de *champagne* à mão. Quando bebemos *champagne*, não nos debruçamos a falar de temas graves, nem de negócios, nem de política. Inclinamo-nos mais para a frivolidade, a uma filosofia sorridente, coisas fúteis. Escolhemos os temas da mesma natureza que a do *champagne*: a leveza, a efervescência. O espírito espuma e crepita. As palavras são bolhas, a conversação voa. Momentos requintados. O *champagne* não foi feito para os mal-humorados.

## Glub-glub

De uma carta de Pasteur – sim, o grande, o muito sério Louis Pasteur: "[...] Eu estou melhor. Ontem, pude sair para ir à Academia de Medicina. No final de setembro, peguei em Arbois um desarranjo intestinal tão violento que se dizia ser cólera. Durante muitos dias, meu estômago não podia receber uma gota de água sequer. O *champagne* resfriado com cubos de gelo foi o verdadeiro remédio [...]" (*Cinco séculos a papel e tinta*, autógrafos e manuscritos da coleção Pedro Corrêa do Lago.)

 DOM PÉRIGNON, KRUG, VEUVE CLICQUOT

# Chaptalização

Os viticultores da Antiguidade já tinham entendido que o açúcar poderia render um vinho menos áspero. Entre as numerosas substâncias que eles adicionavam às jarras e crateras,* figuravam o mel e o hidromel. Foi o químico Jean-Antoine Chaptal (1756-1832) que, de um neologismo tirado de seu nome, passou a ser o inventor da adição de açúcar nos mostos, tendo sido ele sobretudo o teorizador e divulgador.

A palavra "chaptalização" deixa os fundamentalistas do vinho... em cólera. A sacarose, introduzida no primeiro suco de uva saído de uma vindima não muito madura, não é o menino Jesus em fraldas de veludo, mas o diabo! Vade-retro, Satanás! Vade-retro, Chaptal!

Quem não desejaria que todos os vinhos, de todas as safras, fossem tal qual a natureza os fez? Mas alguns anos são escassos em sol. As uvas dos vinhedos em locais setentrionais ou montanhosos carecem de açúcar. Darão vinhos transparentes, duros como golpe de porrete. Houve tempo em que eram bebidos sem muita cara feia. Os bebedores mais velhos, por nostalgia, ou os muito jovens, por ecologia, gostariam que voltássemos aos 8°, 9° ou 10°. É pouco provável que um grande público os acompanhasse. O gosto mudou, e um vinho pálido, ao qual falta corpo, pareceria a muitos falho ou insignificante, provavelmente intragável.

De toda maneira, para os vinhedos que precisam, a legislação autoriza a adição de açúcar nos mostos. Em proporções estritas e seguindo modalidades precisas. Quando a chaptalização é honesta e bem feita, ela confere ao vinho um suplemento de álcool, de textura, de arredondamento e mesmo de aromas, já que a sacarose força as leveduras, que são preguiçosas quando o frio é precoce, a trabalhar mais.

O que é escandaloso e condenável é, em qualquer vinhedo e em qualquer ano, a sobrechaptalização. Nesse caso, o viticultor procede sem moderação: ele adiciona tanto açúcar que seu vinho passa de 9° ou 10° a 12°, 13° ou 14°, deixando-o mais espesso que estruturado, tão pesado no estômago como na língua, agressivo na garganta. "Um aporte excessivo de açúcar em uma vindima deficiente", escreve Guy Renvoisé, "não conta com mais probabilidade de êxito do que dar músculos a um esqueleto do Museu de História Natural."

A responsabilidade dessa competição quanto à graduação alcóolica, natural ou artificial, engaja muitos negociantes. É frequente eles pagarem mais caro ao viticultor pela potência alcoólica do que pela fineza ou complexidade. Também as mercearias e os supermercados anunciam, para os vinhos de mesa, preços que difundem entre o público mais popular a falsa ideia de que quanto mais alcoólico o vinho, melhor ele é.

---

*    Nome de origem grego dado aos grandes recipientes de grandes bocas de materiais diversos, nos quais se colocava vinho na hora do serviço para misturar com água ou outros elementos ou mesmo para fermentar o mosto. (N.T.)

## Glub-glub

Nas palavras de Jacques Perret o delicioso romancista de *Bande à part*, de *Caporal épinglé*, de *Belle Lurette:* "Quando vemos um parisiense entrar em uma butique de vinhos e pedir um 11° porque é melhor que o 10°, dizendo ainda que não tem meios de pagar pelo 12°, pensamos nos nossos avôs que podiam escolher entre um *suresnes*, um *nanterre*, um *clos-des-gobelins* e vinte *crus* das periferias que não tinham mais do que 7° ou 8°, mas que tinham o sentimento delicado e o espírito de família" (*Crônicas*). Esse texto foi extraído de uma crônica escrita provavelmente nos anos 1950. O Jacques Perret irônico e terno – ele foi um de meus convidados na segunda edição de "Apostrophes" – com razão fustiga os "sangrentos tintosos" que desalojaram os "virtuosos ou sedutores *vins de pays*".

Mas os *crus* de periferia de 7° ou 8° dos avôs, maldição! Eram vinhos muito verdes – *ginguet* é a palavra parisiense –, ligeiramente ácidos (*ginglard*), agridoces (*reginglard*)!

   PARIS E ÎLE-DE-FRANCE (VINHOS DE)

# Chardonnay

As cepas são inoportunas. A *gamay*, cepa do Beaujolais, teria nascido na Borgonha, em Saint-Aubin, na aldeia de Gamay, e a *chardonnay*, cepa dos brancos da Borgonha, teria se expandido a partir de um vilarejo da região de Mâcon, chamado Chardonnay. Uma emigrou para o sul, a outra para o norte, elas devem ter se cruzado em Tournus, na mesa do imemorial *chef* Jean Ducloux.

Como a bola de futebol, a *chardonnay* conquistou o mundo. Quem duvida que ela está muito bem instalada na Califórnia, Espanha, África do Sul, Chile, Austrália? Com facilidade para viver, comercialmente agradável (e frutífero), escolheu se estabelecer na Grécia, Rússia, Marrocos, Canadá, e até no Japão e na China! Na França, mesmo que até meados do século XX fosse exclusiva da Champagne e da Borgonha, ela espalhou-se por todos lados, mesmo no Languedoc onde, enfim, a geada não lhe mete medo.

Porque a *chardonnay*, valente ao mergulhar suas raízes no giz da Côte des Blancs, na Champagne, no calcário de Chablis e nos solos pedregosos de Montrachet, tem frio nos pés. Ela está lá nas regiões setentrionais, onde o inverno morde. Mas é precisamente a severidade do clima, sua paciência em amadurecer, que lhe conferem seu aromático e elegante rigor.

*Chablis.* É no norte da Borgonha que a *chardonnay* é confrontada com os invernos mais rigorosos. Aos tradicionais porém limitados fogos acesos nos queimadores, os produtores do Chablis – escaldados pelas geadas mortíferas de 1957 e 1961 – instalaram nas vinhas de seus *grands* e *premiers crus* uma rede de aquecedores alimentados a óleo combustível. Ou então aspergem água sobre as cepas: por um curioso paradoxo, galhos cobertos de gelo resistem a temperaturas bem baixas. Alguns vinhateiros estendem toldos em cima dos vinhedos que eles mais apreciam. À semelhança de Guy Roux, o emblemático treinador de futebol da equipe do Auxerre, os produtores do Chablis são inventivos, tenazes e astuciosos. Um pouco demais quando cederam, eles também, ao "mal francês": a extensão pouco razoável dos vinhedos.

Isso evidentemente não diminui a qualidade e a reputação dos vinhos produzidos lá onde os monges beneditinos tinham sensatamente plantado suas vinhas: sobre as encostas ao redor de Chablis, de um lado e do outro do rio Serein. Para acompanhar as ostras, a mineralidade floral do *chablis* é surpreendente. O mesmo *cru* não será menos apreciado com o peixe e os queijos que virão depois.

*Meursault:* ver Mersault (Paulée de).

*Chassagne-Montrachet, Puligny-Montrachet, Aloxe-Corton.* Esses três vilarejos produzem, juntamente com Meursault, os melhores vinhos brancos secos do mundo. Simples assim. Até os bordaleses o admitem! Esse primeiro lugar ocupado há lustros não é um tributo eterno. Lembremos desta evidência: a França não tem a exclusividade dos bons *terroirs* nem dos melhores técnicos da vinha. Por isso o *chardonnay* da Côte de Beaune não pode abandonar-se a nenhuma arrogante desenvoltura sem correr o risco de encorajar e valorizar os ambiciosos *chardonnays* estrangeiros.

O *montrachet* – diz-se *cavaleiro-montrachet, bastardo-montrachet,* mas *o montrachet,* esse *"o"* estando ligado a ele como um prefixo –, o *montrachet,* pois, é como dizer *"o rei"* (que casal faz com o *romanée-conti*!), é considerado o melhor vinho branco seco da Borgonha e, por consequência, do mundo. Difícil de verificar a cada ano: somente oito hectares. Muito raro, o *montracaro,* muito caro, o *montraroro*!

Os outros *montrachets, premiers* e *grands crus,* todos precedidos de um nome: *chevalier, bâtard, criots, bienvenues* – o mais teatral: *bienvenues-bâtard-montrachet*! –, também não são encontrados nos supermercados. Nem o *corton-charlemagne,* nas pequenas lojas de bairro. Se os *puligny-montrachet villages* e outros *"villages",* menos exclusivos e menos custosos, são necessariamente menos potentes, aromáticos e finos que os precedentes, mais acessíveis, no entanto, eles proporcionam prazeres muito católicos.

Finalmente, na Côte Chalonnaise, o *chardonnay* se expressa com delicadeza nos vinhos de Montagny, de Mercurey e de Rully, principalmente.

*Mâconnais.* Se apreciamos os *chardonnays* de aromas de avelã, de mel ou de pão tostado, é neste lugar que são feitas, pelo bom custo-benefício, as melhores compras. Do alto da rocha de Solutré, François Mitterrand lançava um olhar presidencial sobre os vinhedos do senhor regional, o *pouilly-fuissé*. Cerca de quarenta vilarejos podem associar seus nomes ao *mâcon*. Finalmente, Saint-Vérand deu seu nome ao belo *saint-véran* (sem o *d* final do vilarejo para sutilmente demonstrar, aparentemente, que a denominação pertence também aos vilarejos vizinhos de Saint-Vérand).

## Chasse-spleen

Antes mesmo de degustá-lo pela primeira vez, o vinho Château Chasse-spleen já tinha me conquistado. Por causa do seu nome maravilhoso, elegante, byroniano, baudeleriano, franco-inglês, otimista. Foi em 1863, depois de uma divisão de terras, que uma parte da propriedade do Domaine Gressin Grand Poujeaux foi batizada com este nome. A quem devemos atribuir o mérito? A Lord Byron, que, por volta de 1820, passando pela região e havendo apreciado o vinho, teria afirmado que ele afastava a melancolia, o mau humor, declaração talvez mais tarde lembrada pelo proprietário? Ou mais provavelmente ao pintor Odilon Redon, vizinho da propriedade, que havia ilustrado *As flores do mal* – edição nunca publicada, mas cujas pranchas os proprietários possuiriam – e que teria sugerido esse nome mágico? Ainda seria necessário que esse vinho de Moulis-en-Médoc estivesse à altura. Ele o está. Já um *cru bourgeois excepcionnel* na classificação de 1932, ele continuou o sendo na classificação de 2003. As suas últimas safras raramente têm levado para tão longe os pensamentos obscuros.

Durante a Primeira Guerra Mundial, a propriedade caiu no domínio dos alemães, da família Segnitz. O falecido negociante de vinhos Hughes Lawton relatou que, tão logo a guerra foi declarada, a população de Moulis pilhou o *château* do inimigo, que felizmente retornou para Bremen. Em 1920 o novo proprietário, M. Lahary, descobriu nos estoques de Chasse-spleen garrafas de 1911 cujas rolhas tinham sido gravadas com a cruz de ferro! Confessaria mais tarde para Hughes Lawton que lamentava não as ter guardado para vendê-las na Christie's.

## Glub-glub

*Eu virei ecologista*
*renunciando a atirar sobre a água*
*nos patos selvagens e nos marrecos*
*e a meter chumbo no ar às rolinhas,*
*galinholas, perdizes, rolheiros, pavões*
*Que fazem seus ninhos nos grotões*
*Agora leio Platão, Plínio,*
*Kant, Montaigne e afasto a melancolia com* chasse-spleen

 Bourgeois

# Châteauneuf-du-pape

É obvio que, em meio a uma família cristã, abre-se uma garrafa de Châteauneuf--du-pape somente aos domingos. Assim passávamos nós em algumas horas dos padres pregando temperança, ou dos missionários que compartilharam a fome e a sede dos povos que Deus e seus padres mártires outrora afastaram da antropofagia, ao papa tinto a ser degustado com a perna de carneiro dominical. Encorpado, o santo padre; concentrado, especiado, apimentado. Muito aromático quando o papa é jovem; exalando couro e tabaco com a maturidade. Havia sempre alguém que dizia: "com uma lebre, ele seria ainda melhor!". Concluo que os papas de Avignon caçavam dentro dos vinhedos.

O Châteauneuf-du-pape por muito tempo viveu na humildade. Como seus vizinhos laicos, o Gigondas e o Vacqueyras, veio ao resgate dos vinhos da Borgonha nos anos em que a estes faltava álcool e cor. Mas a caridade cristã começou a declinar no fim do século XIX quando os vinhateiros, agrupados em sindicatos, decidiram trabalhar para a sua paróquia. Sucesso completo que restituiu à denominação a glória que lhe cabia nos tempos do papado de Avignon. De fato, foram as regras estabelecidas pelos viticultores do Châteauneuf-du-pape que inspiraram a legislação nacional no tocante ao controle das denominações.

Como não há mais que um Deus, uma fé e um Papa, o Chateâuneuf deveria ser logicamente um vinho monovarietal. No entanto, é uma das denominações de origem controlada que conta com maior número de variedades: treze! Oito para as tintas, cinco para as brancas. A *grenache* é o cardeal tinto, seguida pela *syrah*, a *mourvèdre* e a *cinsault*. A *counoise*, a *vaccarèse*, a *muscardin* e a *terret noir* não são mais que coroinhas.

A mesma estratitificação acontece com as variedades *picpoul* e *picardin* nos brancos, ou a *roussane*, a *bourboulenc* e a *clairette*, que unem os seus aromas florais para compor o vinho de missa da igreja de Châteauneuf-du-pape.

## Glub-glub

Criador do vinhedo de Châteauneuf-du-pape, sua residência de veraneio, Clemente V, primeiro papa de Avignon, tinha sido anteriormente arcebispo de Bordeaux. Viticultor novato, ele instalou-se nas terras situadas ao sul da cidade, próximo a Haut-Brion, e ali fundou um domínio vitícola considerado hoje um dos melhores *pessac-léognan*: o *château pape-clément*. Somente os ciúmes e a concorrência dos vinhos italianos podem explicar porque Clemente V não foi canonizado... Nem João XXII, seu sucessor, que cantou a glória de Deus e dos vinhos de Châteauneuf.

 MISSA (VINHO DE)

# Chauvet (Jules)

Às vezes, deixamos de conhecer pessoas notáveis. Um dia, constatamos nosso atordoamento, nosso erro, mas já é tarde. Foi assim que deixei escapar os escritores Romain Gary, Georges Perros, Fernand Braudel, etc. Sem nenhuma relação com os precedentes, pois cientista, comerciante e vinificador: Jules Chauvet, de La Chapelle-de-Guinchay (Rhône). Avistei-o por duas ou três vezes nas assembleias, em particular, se a memória não me falha, entre os numerosos convidados de Henri e Rémi Krug para um almoço sublime, em Mionnay (Ain). Alain Chapel era o herói (comemoravam-se seus quarenta anos) e, evidentemente, também o cozinheiro.

Para Alain Chapel, Jules Chauvet era um homem raríssimo, a quem admirava por ao menos três razões: seu insuportável talento de degustador, que surpreendia mesmo o enólogo bordalês Émile Peynaud; seus trabalhos científicos (sobre a chaptalização, a maceração carbônica, a fermentação aromática, a fermentação malolática, etc.), que ele revisava constantemente; e finalmente, sua arte da vinificação – a prestidigitação, segundo Alain Chapel –, que lhe permitia elaborar naturalmente *beaujolais* leves e aromáticos.

Um dia, Alain Chapel me telefonou para dizer que Jules Chauvet viria almoçar na sua casa e que ele concordava que eu me juntasse aos dois. O encontro foi acertado. Infelizmente, por causa de uma edição de *"Apostrophes"* a qual fui obrigado a gravar – na época, o programa era sempre ao vivo –, eu tive que desmarcar. Ambos estão agora mortos. Assim perdi a ocasião de conhecer Jules Chauvet.

Através do que me disse o lendário *chef* de Mionnay e do que se depreende da leitura de um livro de entrevistas suas (*Le Vin en question*), Jules Chauvet era um jansenista motivado pela dúvida e pela busca da perfeição. Tinham lhe dado o apelido de "a ciência e a consciência". Ele declarou: "Creio que quanto mais estudo o vinho, mais vejo que é complicado, mais vejo que estou longe de compreendê-lo". Excesso de modéstia? Quanto mais avançava na idade, mais suas publicações científicas repercutiam entre leitores profissionais, e mais ele recomendava a vinhateiros e vinificadores que se afastassem o menos possível da natureza. Ele foi um dos primeiros, ou ao menos um dos primeiros, a anunciar a saturação dos solos por produtos químicos, a sua poluição, a sua degenerescência, a necessidade de voltar ao arado tradicional nos vinhedos, o que por si só asseguraria a ventilação dos terrenos. Seus discípulos são cada vez mais numerosos em todas as regiões vitícolas, em particular aqueles que se recusam a recorrer à colagem e à filtração. Mas é preciso dominar o seu trabalho, a sua ciência e a sua arte. Do contrário, atenção aos acidentes e contrariedades. Todos deveriam aspirar a ser Jules Chauvet. Mas ninguém pode sê-lo.

 Beaujolais 2, Beaujolais 3

# Classificação de 1855

Pode-se imaginar que quando Mirabeau, Sieyès e os outros membros da Assembleia Nacional Constituinte redigiram a Declaração dos Direitos do Homem e do Cidadão, eles tinham a convicção de que davam à luz um texto fundamental que sobreviveria a eles próprios. Igualmente, estavam os juristas napoleônicos que escreveram o Código Civil convencidos da importância e da perenidade de sua empreitada. Nada semelhante passou pela cabeça dos corretores comerciais (*courtiers*) girondinos, redatores de um documento muito célebre: a *Classificação de 1855 dos vinhos de Bordeaux*. Eles fizeram um trabalho de encomenda, quase de rotina, o qual não podiam prever que se tornaria referência por tão longo tempo, com um futuro ainda amplamente em aberto.

Curiosamente, os bordaleses devem um pouco da fortuna de sua classificação aos produtores de Champagne e da Borgonha. Seus confrades dos vinhedos continentais lhes enviaram uma carta para propôr uma associação com eles na apresentação de vinhos franceses, na Exposição Universal de Paris, decretada pelo novo imperador, Napoleão III. Os proprietários girondinos não tinham pensado em participar da apresentação. Deliberaram, hesitaram, até que os membros mais competentes da Câmara de Comércio observaram que não seria sensato deixar que os vinhos de Champagne e da Borgonha ocupassem sozinhos a bodega da exposição. Portanto, estariam lá, mas não qualquer um nem de qualquer maneira. Tinham de ser selecionados os melhores. A imparcialidade e a eficácia bordalesa fizeram então maravilhas.

Como os corretores comerciais tinham havia muito o hábito, desde o final do século XVIII, de estabelecer classificações dos vinhos brancos e tintos da Gironde, recorrer-se-ia aos seus conhecimentos. Com base no que estabeleciam eles sua hierarquia? No mercado! O mercado sempre tem a razão porque está fundado sobre a demanda, a qual dependia essencialmente da qualidade. Não era o gosto dos corretores comerciais que decidia, e sim o gosto dos consumidores. A Classificação de 1855 representa um sucesso muito antigo da economia liberal.

Conscientes da importância do que estava em jogo, mas em grande medida habituados a estabelecer categorias, os corretores comerciais girondinos não fizeram o trabalho de qualquer jeito. Selecionaram sessenta *crus* tintos a partir dos preços registrados no mercado ao longo de quarenta anos e classificaram-nos, segundo seus costumes, em cinco categorias. Assim, recompensavam a qualidade e o sucesso comercial de um longo período. Eles não duvidavam de que seria necessário rever essa hierarquia nos anos seguintes. Nascia assim a Classificação da Exposição Universal de 1855, sem mais nem menos. Esse documento era um balanço provisório. Ninguém imaginava que seria também uma certidão de nascimento. Um texto fundador. Por outro lado, se apareceu de cara como a tabela das leis do Médoc, ela teria feito entrar em desespero todos os proprietários que estavam dela ausentes, que teriam tecido intrigas para fazer parte dela e que teriam se coligado para contestá-la e abatê-la. A Classificação de 1855 – seguiriam-se outras classificações que a história não viria a se lembrar – deve sua força e perenidade ao fato de ser justa, mas também à sua natureza provisória que lhe assegurava paz. Somente o *château cantemerle* foi rapidamente incluído nos *quintos crus* e o *château mouton-rothschild*, mais de cem anos depois, passou do segundo ao primeiro patamar. Duas cláusulas adicionais em um século e meio, é bem pouco para uma matéria tão inconstante como o vinho e para uma coisa tão constante como o desejo por reconhecimento sempre maior dos proprietários.

Ainda que tenham passado por altos e baixos, os sessenta *crus classés* mantêm-se fiéis, há 150 anos, a uma certa exigência, sem a qual teriam desacreditado a Classificação. Entretanto, quase todos os vinhedos não têm mais as mesmas fronteiras; as cepas evoluíram; muitas das famílias proprietárias mudaram ou venderam as propriedades a firmas comerciais; o mercado retificou a hierarquia dos preços, e alguns dos quartos *crus*, por exemplo, têm o valor de segundos, que estão agora mais para terceiros; os *crus bourgeois* são dignos de serem alçados à nobreza. Mas o edifício não será tocado. A Classificação é classificada! E está correto de mantê-la tal qual porque, mesmo que muitos especialistas a julguem um pouco afastada da realidade, modificá-la seria declarar uma guerra entre *châteaux* sem precedentes nem na Idade Média...

"Refazer a Classificação de 1855, constata Jean-Paul Kauffmann, partidário do *status quo*, é um jogo de sociedade que se pratica há cento e cinquenta anos. A crítica desse texto fundador é o esporte favorito dos jornalistas do vinho, dos sommeliers e dos especialistas. No lugar de enfraquecer, a controvérsia torna ainda mais sólida, mais estável, mais atual esta organização. São exasperantes os ataques que, no final das contas, beneficiam os atacados!"

Em um texto admirável, publicado inicialmente em *L'Amateur de bordeaux*, depois reimpresso em *Le Bordeaux retrouvé*, um livro não comercializado – para não ceder a um sistema no qual "a desgraça deve ser imediatamente rentabilizada" –, Jean-Paul Kauffmann conta como a evocação do vinho o ajudou a não esmorecer durante os três anos como prisioneiro no Líbano. Ele treinava a memória recitando a Classificação de 1855 e escrevendo-a nas folhas de papel de infames cigarros. A cada transferência ele perdia ou lhe confiscavam esses pedaços de papel. Ele recomeçava. "No final de 1986, eu empacava em alguns quartos *crus*, esquecendo quase sempre o *pouget* e o *marquis-de-terme*, *châteaux* entretanto muito estimados. Mas isso decorria somente da minha memória. Algumas semanas mais tarde, eu não conseguia mais recitar os da quinta categoria por inteiro. Entremente, tinham tirado o meu lápis. Não mais conhecer de memória a famosa Classificação entristecia-me: tinha eu me transformado em um selvagem, em um bárbaro?"

À legitimidade do comércio, da história e do gosto pessoal, Jean-Paul Kauffmann aportou à Classificação de 1855 uma mais-valia humanista. Não a alteremos.

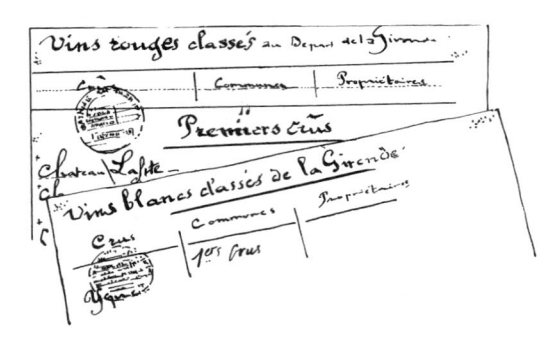

## Glub-glub

Mais que qualquer outro vinhedo, o Bordalês tem e sempre teve a paixão pela classificação de vinhos. O norte-americano Dewey Markham, Jr., valioso historiador de *1855*, teve a boa ideia de publicar todas as classificações que precederam a hierarquia que se fez autoridade. Ele aponta que, *desde 1786* – portanto antes da Revolução –, *margaux*, *lafitte* (que tinha à época dois "t" e não era ainda *rothschild*) e *latour* são classificadas *premiers* do Médoc, e que *pontac-haut-brion*, que será depois *haut-brion*, único representante do *graves*, foi adotado e classificado no mesmo patamar em razão de sua cotação junto à alta sociedade de Londres. Seja sob a monarquia, a Revolução, o Império ou a República, a elite tinta dos *bordeaux* não variou. Os regimes passam, os *premiers crus* ficam. É imperturbável a fidelidade dos franceses quando eles estimam haver evidências e que não se pode brincar com elas.

 Bordalês, Médoc, Pontac (Jean de),
Rothschild (Philippe de), *Yquem*

## Complexidade

"Complexidade" é hoje uma das palavras mais empregadas no vocabulário da degustação. Seu sucesso é recente. Em sua obra *O gosto do vinho* (1980, 1ª edição em francês), Émile Peynaud a cita de passagem. Não a coloca no mesmo nível das numerosas palavras às quais faz referência constante e cujos sentidos ele explica aos enófilos. Pierre-Marie Doutrelant não a inclui em seu glossário (*Les Bons Vins et les autres*, 1976). Também não a encontro sob a pluma de Raymond Dumay. Mas, nas obras sobre degustação lançadas nos últimos dez anos, ela é utilizada em abundância, e ainda mais nas resenhas organolépticas de sommeliers e jornalistas.

A complexidade de um vinho é uma acepção... complexa. O que não quer dizer que essa palavra seja inútil. No fundo, há dois tipos de vinhos: os jovens, frescos frutados, cujos aromas respiramos e saboreamos; e os menos jovens, frequentemente passados pelo carvalho, que desenvolvem ao longo do tempo variáveis buquês. Os primeiros são bons rapazes, que se deixam adivinhar com facilidade; os segundos são donos de uma personalidade rica, imprevisível, secreta, portanto complexa. O adjetivo "complexo", escreve Michel Dovaz, "qualifica um vinho que revela múltiplos caracteres aromáticos. Um grande vinho é necessariamente complexo".

O degustador moderno escreve e enuncia a palavra "complexidade" tão logo seus olhos, seu nariz e sua boca são confrontados com um vinho que se impõe, que apresenta relevo e penumbra, que tem retrogosto, prolongamentos, esconderijos. E agora, bem, será preciso dizer do que é feita essa complexidade! Pois nomeá-la é constatar que ela existe, mas não constitui ainda uma análise, identificação de todos os componentes, não esclarece todos os mistérios. A complexidade da degustação – e seu prazer – começa no momento em que a qualificamos complexa.

## Glub-glub

Mas você pode se satisfazer em dizer, com a face radiante, que esse vinho é superbom, e ponto!

## Condrieu

Durante muito tempo, o *condrieu* teve a reputação de não viajar. Ou de fazê-lo tão mal que rapidamente se estragava. Cinquenta anos atrás, dizia-se que ele não podia subir acima de Lyon. Em Tournus, ele ficava turvo. Em Chalon-sur-Saône, virava o olho. Em Dijon, estava moribundo. Em Avallon, não se podia bebê-lo, porque estava morto. A não ser excepcionalmente, Paris era para ele inacessível. Imagine você a aflição de um artista cuja sorte injusta o impede de se exibir na capital.

É difícil acreditar que o *condrieu* tenha se tornado o mais procurado e mais próspero dos vinhos brancos provenientes da cepa *viognier*. Porque, por volta de 1965, esteve a ponto de desaparecer. Restavam a ele não mais que uma dezena de hectares. Sobre terrenos de declives implacáveis é difícil cultivar a vinha, sobretudo quando não rende ao viticultor mais do que uma linda vista sobre o Ródano. A *viognier* era considerada uma cepa de terceira ordem, enquanto hoje apreciamos, principalmente sobre o granito e os xistos friáveis da área de denominação do *condrieu* (110 hectares), seus aromas de violeta, damasco e pêssego. Enfim, ela não viajava.

Mas aprendeu a fazê-lo. Graças a um vinhateiro obstinado e inspirado, Georges Vernay. Graças a uma vinificação moderna. Sem deixar de ressaltar seus aromas, fornece a ele a acidez que lhe faltava e o equilíbrio sem o qual não se recomenda que percorra o mundo.

## Glub-glub

Mais raro e evidentemente mais custoso que o *condrieu*, seu vizinho, situado no interior de suas terras, e irmão de *viognier*: o *château-grillet*[*] (menos de 4 hectares). É o solo e o subsolo que fazem dele um branco excepcional e, além disso, de guarda. Não o tendo bebido mais que duas vezes, e há muito tempo, sou incapaz de explicar por que ele é considerado pelos especialistas como superior aos melhores *condrieux*.[†] Esse tesouro pertence, desde 1820, à mesma família, os Neyret-Gachet. Uma família, igualmente, de guarda.

 Châteauneuf-du-pape, *Côtes e coteaux*, Hermitage

---

[*]    Este é o único caso, na França, no qual um vinho é ao mesmo tempo uma denominação de origem e pertence a só uma propriedade de mesmo nome. (N.T.)

[†]    Jean-Claude Simoën, diretor da coleção *Dictionnaire Amoureux* encomendou uma garrafa de *château-grillet* 2002 (rótulo reproduzido acima) para dar início ao almoço durante o qual lhe entreguei o manuscrito deste livro e Alain Bouldouyre, suas ilustrações. (N.A.)

# Côtes e coteaux

*"Côte"* designa um declive, mais ou menos íngreme, de uma montanha ou colina, enquanto *"coteau"* nomeia a colina por inteiro, geralmente pouco elevada e arredondada. Na lógica estrita, o acento circunflexo, com suas duas vertentes, teria sido mais apropriado a *coteau* que a *côte*.

O vinhedo francês é uma litania de *côtes* e de *coteaux*, sem que uma distinção precisa os diferencie e classifique. Em geral, quando a inclinação é forte, é uma *côte*; quando a inclinação é mais suave, é um *coteau*. Mas a radicalidade da *côte* – mais vertical frente ao sol, mais exigente para a cepa e o vinhateiro, portanto de mais mérito – tem prevalecido sobre a doçura do *coteau*. Autoridade e prestígio da *côte* ou das *côtes*. Também, mesmo quando no conjunto o declive fica indulgente, prefere-se falar em *côte*. Felizmente, há vinhedos modestos, de caráter: nos *coteaux* do Tricastin, de Aubance, Layon, Languedoc, Lyonnais, Cabo Corse, l'Ardeche, Auxois... É sobretudo nas margens do rio Loire que não se exagera: por lá adoram os *coteaux*, que dão uma imagem exata da doce França.

Estão no vale do Ródano as inclinações maiores, em particular sobre uma encosta queimada pelo sol, cozida, que foi lindamente nomeada como Côte-Rôtie (com dois chapeuzinhos para lembrar aos vinhateiros que é melhor usarem um).

A inclinação é comparável aos declives abruptos do vale do rio Moselle. Terraços elevados, delimitados por muros de pedras secas, vinhedos em plataformas, em estratos, em faixas, levantam-se cada vez mais alto na margem direita do Ródano, em uma espécie de verticalidade, de desafio ao equilíbrio tanto das cepas como dos homens. Os vinhateiros de Ampuis e arredores (como aqueles de Condrieu) não são agricultores que se contentem com o que é fácil. Mas a *syrah* recompensa largamente seus esforços por seu esplendor e preço. Você prefere a Côte Brune ou a Côte Blonde? Que seja *turque*, *landonne* (Côte Brune) ou *mouline* (Côte Blonde), todas garrafas excepcionais, seja você amigo íntimo do seu proprietário-vindimador, Marcel Guigal, ou um norte-americano, e nos dois casos se aceder ao favor de obter algumas garrafas, será por uma queda tão abrupta e vertiginosa de seu cartão de crédito quanto a própria Côte-Rôtie.

Descer o Ródano é recitar nomes de denominações célebres: *hermitage, crozes-hermitage, saint-joseph, cornas, saint-péray*. Mas é também, de Vienne a Avignon, viajar nos *côtes-du-rhône* (e os *côtes-du-rhône-villages*), vinhedo imenso que por vezes estende-se longe do rio, sobre terrenos tão inclinados como campos de futebol! São mesmo as *"côtes"*, essas simpáticas e muito desiguais *"petites côtes"*, que demanda o público acotovelado no bar.

*Côtes da Borgonha.* Na Borgonha, a *Côte* designa um conjunto de *coteaux*, de flancos de colinas que se sucedem ao longo do departamento da... Côte-d'Or. Ao norte, a Côte de Nuits; ao sul, a Côte de Beaune. Somente a Côte d'Azur e a *côte* (costela) de boi para desbancá-las em notoriedade universal. As vinhas dos planaltos que dominam uma e outra Côtes beneficiam-se das denominações *hautes-côtes--de-nuits* e *hautes-côtes-de-beaune*.

Um pouco mais ao sul, no departamento de Saône-et-Loire, a terceira e última Côte da Borgonha: a Côte *chalonnaise*. Menos abrigada do vento que suas irmãs, não mais inclinada, sua posição é menos favorável, mas é em Mercurey, Rully, Montagny, Givry, Bouzeron que são feitos os melhores negócios, na relação custo--benefício.

*Outras Côtes.* Por ordem de notoriedade na França (classificação pessoal totalmente passível de contestação):

Côtes de Provence
Côtes du Roussillon
Côtes de Castillon
Côtes de Bourg
Côtes du Jura
Côte de Brouilly
Côtes du Luberon
Côtes de Bergerac
Côtes du Ventoux
Côtes de Duras
Côtes de Blaye
Côtes du Buzet
Côtes de Bordeaux-Saint-Macaire
Côtes du Forez
Côtes du Vivarais
Côtes *roannaises*
Côtes de Toul
Côtes de Francs
Côtes de Gascogne

E depois as Côtes de Saint-Mont, Côtes du Brulhois, Côtes du Marmandais, Côtes de Canon-Fronsac, Côtes de la Malepère, etc.

Antigamente, dizia-se de um vinho de mistura (*coupage*) que era um *côte* ou um *coteau-de-bercy*!

*Algumas variantes.* As Costières de Nîmes que substituíram as Costières du Gard... Château cos d'estournel (*saint-estèphe*, segundo *cru* do Médoc): *cos* é a pronúncia no Médoc de *caux*, vocábulo gascão que designa uma colina de seixos... A *cot* ou *côt*: cepa tinta do Vale do Loire que se chama *malbec* em Gironde, *auxerrois* em Quercy depois de ter transitado pelo rio Yonne... Balzac escreve *co*, simplesmente, e o põe em itálico: "Comer nas vinhas os grossos *co* de Touraine parecia algo tão delicioso... " (*Le Lys dans la vallée*).

 CONDRIEU

# Courier (Paul-Louis)

Existe um outro escritor no mundo que, na primeira página de seus livros, assine seu nome seguido de "vinhateiro"? Às vezes ele detalha: "vinhateiro da Chavonnière". Ele assina um de seus folhetos: "P.-L. Courier, vinhateiro, membro da Legião de Honra, anteriormente artilheiro da cavalaria". Porque ele foi oficial dos exércitos de Napoleão, embora preferisse brigar com a tradução dos textos gregos, mais duros que os inimigos do Império.

Mas, com a pluma na mão, ele era um bravo. Voltando ao seu lar, na Touraine, ele escreveu contra a Monarquia restaurada, contra a Corte, contra o espírito cortesão, contra os prefeitos, contra os funcionários da justiça, contra o clero alegrado pelo retorno dos Bourbons. Todos os seus libelos são obras-primas de ferocidade, de comicidade e de estilo. Isso valeu-lhe uma temporada na prisão e, 150 anos depois, o ingresso na coleção *"Pléiade"*.

Sua propriedade, situada perto de Tours, na margem esquerda do Cher, era composta de vinhas, terras e florestas. Confiava os trabalhos mais pesados a seus trabalhadores, mas era um autêntico homem do campo, um verdadeiro *gentleman-farmer* (a expressão é dessa época) que sabia manejar as ferramentas e mesmo gostava de fazê-lo. Ele não exagera quando escreve: "Paul-Louis Courier, vinhateiro da Chavonnière, lenhador da floresta Larçay, trabalhador da Filonnière, da Houssière e de outros lugares mais". A seus olhos, no entanto, nada iguala o prestígio do vinhateiro. Não lhe desagradava, diz ele, que o chamassem de Paul-Louis Vigneron.

O Chavonnière, seu vinhedo, não era imenso: uma dúzia de *arpents*\* no alto da comuna de Véretz, o que equivale a 3 a 5 hectares. Ele acusa os negociantes de Paris de fazer passar como vinho da Borgonha seu vinho tinto de Touraine. Há coisas muito piores: todas as taxas a serem pagas quando o vinho chega na capital: "direito de entrada, direito de trasfega, direito de patente, direito de polícia, direito direto, direitos indiretos, vários direitos reunidos, direito de transformação". Ele calculou que um *arpent* deixava ao vinhateiro 150 francos por ano e "1.300 francos aos inúteis da Corte".

Paul-Louis Courier tem um conhecimento técnico profundo acerca dos trabalhos da vinha, no que se assemelha a Montesquieu. Por exemplo, em sua *Gazette du village* (1823), ele conta em detalhes que tipo de terra – a palavra "composto" ainda era rara – confeccionara para corrigir sua vinha e como ele a introduzira entre as fileiras das cepas.

Ele anota: "Ficamos a salvo de Santo Aniceto, momento crítico para nossas gemas. Se a vinha florescer sem problemas, não saberemos onde pôr o vinho neste ano. Jamais se viu tanta *lame* na cepa, nem tão bem preparada". O 17 de abril, noite e dia de Santo Aniceto, devia ser muito temido pelos vinhateiros de Touraine. Será que ainda o é? A palavra *lame* designava antigamente, em Touraine, o racimo de uvas que começa a se formar, o seu esboço. A geada é implacável com as *lames*.

Paul-Louis Courier não tinha o vinho alegre. O antigo artilheiro da cavalaria era taciturno, de aspecto mais sério, de nenhuma maneira dado às concessões ou ao esquecimento, duro nos negócios. Ele seria mais tarde assassinado pelo seu guarda-caça. Seu caráter afastou-lhe da simpatia dos vinhateiros de Touraine, enquanto seus escritos renderam-lhe popularidade em toda a região de Indre-et--Loire. Daí sua cáustica *Petição em favor dos aldeões impedidos de dançar* (1822). Esses aldeões eram aqueles de Azai – hoje Azay-sur-Cher –, meia légua distante de Véretz. Enquanto aqui um velho e afável padre, que passou pela Revolução e pelo Império, não encontra nada o que censurar nas festas dominicais da juventude, lá um sacerdote "apenas saído do seminário, recruta da Igreja militante", fez com que o prefeito proibisse a dança na praça do vilarejo. Os jovens já tinham sido repreendidos por terem cantado e rido enquanto bebiam o vinho de Touraine. Então, Paul-Louis Courier ironiza, zomba, protesta, ataca. A sátira é impiedosa. Esse mal-humorado, esse helenista, esse vinhateiro, era um liberal que defendia com vigor e dentes rangidos o direito do povo de amar a vida.

 LOIRE (VALE DO), MONTESQUIEU

---

\*     Medida antiga equivalente a 58,47 m de comprimento. (N.T.)

## Degustação

A degustação é como o futebol, todos podem jogar. Os franceses não têm o monopólio dela, nem os profissionais do vinho, nem os clubes de amadores reunidos para grandes missas de degustação vertical (diferentes safras de um mesmo vinho) ou horizontal (diferentes vinhos de um mesmo ano), ou mesmo vertical-horizontal. A degustação presta-se a infinitas variantes. Desde "Deguste este *petite côte*, conte-me o que acha", do dono do café, ao recolhimento que precede o serviço de um vinho raro de um ano lendário nas taças de alguns privilegiados. A não ser que seja para degustar um vinho e elaborar um julgamento. Questioná-lo com os olhos, o nariz e a boca, para considerá-lo, julgá-lo, cotá-lo e, sobretudo, para falar dele.

"Na língua, o vinho fala", escrevia o borgonhês Pierre Poupon. Ocorre a ele até mesmo, às vezes, de falar demais. Ele enumera seus aromas como um general de Napoleão faz com suas batalhas. De seus buquês, ele faz poesia; de seus veludos, tafetás e cetins, vestidos; da idade, um gesto ou uma filosofia. Os vinhos franceses, na boca dos franceses são incontestavelmente os mais falantes do mundo. Mesmo depois de tê-los bebido, eles continuam a tagarelar. Ou a sussurrar ao degustador uma revelação como esta: "Eu conheço melhores que não valem tanto quanto este!".

Em degustações pletóricas, é aconselhado cuspir. É nesse difícil exercício que se distinguem os profissionais, cujo jato de cuspe é reto, longo e vigoroso, dos amadores, que, com a cabeça próxima ao receptáculo, deixam cair o antiestético gotejamento vinoso sobre a camisa e a calça.

"Expectorar ou perecer!", proclama Peter Mayle a seu amigo Michael Sadler, depois de uma noitada bem irrigada em Beaune, antes dos dois últimos dias dos Três Gloriosos, que se anunciaram ainda mais intensos que o primeiro em trabalhos de degustação. Eles percorreram as ruas da cidade à procura de uma cuspideira borgonhesa. Imaginavam, talvez, que existissem diferentes modelos certificados pela Confraria dos Cavaleiros do Tastevin e que poderiam comprar um cada um, amarrando-os no cinto da calça como um porta-bebê? Eles estavam mesmo dispostos a investir muito dinheiro em um balde elegante, gravado com as armas de Beaune. Desiludidos, mas corajosos, constataram que na Borgonha, como em outras regiões vitícolas, tudo é feito para beber, não para cuspir.

Se antigamente o teatro tinha seus três golpes, a degustação tem quatro: o golpe da mão, do olho, do nariz e da língua. Segurando a haste da taça entre o polegar e o indicador, é com uma hábil rotação do punho, um movimento circular da mão, que o vinho é agitado para estimular os ardores e os aromas. Entre dois tsunamis – perde o moral o desajeitado cuja brusca agitação provoca a passagem de algumas gotas pelas bordas! –, a taça é inclinada ou erguida à luz, para que o olho reconheça as cores, e levada ao nariz para se respirar os aromas e o buquê (*"Odeurs, furets de la mémoire"*, Daniel Boulanger). Então, depois de muitas observações, reflexões e palavras, o vinho é enfim introduzido na boca, quando se transforma tanto em refém como em invasor do paladar. Novamente, antes da sua descida *urbi* ou *orbi*, ele é remexido, arremessado, aspirado, removido pelos movimentos das bochechas e da língua, inunda os dentes, cobre as papilas, debelando sua natureza, liberando sua intimidade, confessando qualidades e defeitos, revelando sua alma.

Degustar é gozar duas vezes. Gozar de ter à disposição os meios de explorar um vinho; gozar das virtudes desse vinho. Raramente solitária entre os amantes do vinho, a degustação é um prazer compartilhado. Toda a ciência, todos os trabalhos, todos os cuidados, todas as fadigas preparam e anunciam a hora da degustação, auge do encontro epifânico do homem com o vinho.

Não é difícil, então, perceber por que se perde imediatamente o prazer quando a degustação é chamada de *exame organoléptico*!

## Glub-glub

Lamentamos que, em francês, o belo verbo *degustar*, sinônimo de saborear, também queira dizer: tomar golpes, suportar a infelicidade. "Quanto ele tem degustado!" significa "Quanto ele tem suportado!". Os verbos *brindar* e *vindimar* (ver esses verbetes) também são vítimas desses perturbadores deslizamentos de sentido.

 Aromas, Degustação às cegas, Sommeliers

# Degustação às cegas

Quando é retirado o revestimento sob o qual a garrafa esconde sua identidade, os degustadores muitas vezes exclamam "oh!", de surpresa, e "ah!", de decepção. Os pequenos gritos de orgulho são raros. Costuma-se dizer que uma degustação às cegas é uma escola de modéstia. Pior que isso: uma sessão de humilhação.

Há de se excluir, certamente, os especialistas — como os sommeliers que concorrem no campeonato mundial de sua profissão —, cuja memória acerca dos numerosos vinhos que degustaram costuma ser espantosa. Como eles fazem, Senhor, para distinguir um *merlot* do Chile de um *merlot* da Grécia, da África do Sul, dos Estados Unidos ou da Austrália? Afora um Alain Senderens, um Jean-Claude Vrinat, um Jean Troisgros, que ano após ano ganhavam o concurso às cegas dos *côtes-de-nuits* na casa de madame Bise-Leroy, coproprietária do Domaine de la Romanée-Conti, quantos outros *chefs*, excelentes degustadores às claras, ficam perdidos no baile mascarado das garrafas? Vê-se mesmo proprietários e viticultores não reconhecendo o próprio vinho!

É evidente que existem superdotados, fenômenos cujos narizes são o radar e as bocas o painel de comando de um avião. Pode-se encontrá-los também entre os amadores. Eles investiram muito tempo e dinheiro no conhecimento e na memorização dos vinhos. Por exemplo, o comitê de degustação do Clube dos Cem é composto de alguns bebedores que, se não fossem médicos, industriais ou banqueiros, poderiam converter-se imediatamente em sommeliers ou negociantes.

Contudo, a maioria dos apaixonados pelo vinho, se capaz de explicar o que sente, de analisar o que degusta, não é um Pif de la Mirandole apto a identificar sem erros os nomes e as safras de vinhos misteriosos. Às vezes, com um pouco de sorte, pode acontecer de nos defrontarmos com uma garrafa similar a uma que tenhamos bebido recentemente, ou de uma região que produz vinhos que já tenham acariciado nossas papilas, e, por comparação entre muitas denominações, conseguirmos distinguir com um pouco mais de segurança. O problema é ter de identificar os vinhos únicos, as garrafas solitárias, sem preparo, sem aviso prévio e, portanto, sem comparação possível. Há de se recusar sempre esse tipo de acrobacia, a não ser que se tenha um olfato excepcional.

Uma noite, em "Apostrophes", acabei constrangendo Émile Peynaud, o grande enólogo bordalês que acabava de publicar seu melhor livro, *O gosto do vinho*.

Para deixar o programa mais animado, eu havia proposto que os meus convidados adivinhassem a identidade oculta de um vinho. Longe de mim querer prejudicar Émile Peynaud, ridicularizá-lo escolhendo uma denominação raríssima, exótica ou extravagante. Eu havia retirado da minha adega um *haut-brion* 1970, imaginando que não haveria dificuldade alguma para reconhecerem o ilustríssimo *premier cru des graves*. No entanto, eu me esqueci da emoção, próxima do pânico, que toma conta de um homem que subitamente entende que não pode se equivocar, com o risco de abalar sua reputação. A pressão de um programa ao vivo, a multidão de olhares que aguardam a resposta do mestre, na cruel expectativa de que ele se confunda, o calor dos projetores, o desconforto do platô. Émile Peynaud degustou o vinho, julgou-o ruim, com gosto de madeira, e o decretou desprezível – o que provocou o espanto de Christine de Rivoyre e de suas duas irmãs de Landes, que disseram timidamente que ele, em sua humilde opinião, era delicioso e que se tratava de um *haut-brion*.

De volta ao Bordelais, Émile Peynaud sofreu um bom tempo com essa desventura – conta-se que ele fazia longos desvios para não ter que passar pelo *château* Haut-Brion. A minha iniciativa, tomada para que ele brilhasse mais, por desconhecimento dos riscos relacionados com o bloqueio nervoso de ficar frente do público, havia provocado sua confusão. A minha própria confusão, de outra natureza, não era menor.

A degustação às cegas é útil se for coletiva e quando tem por objetivo seja conceder um rótulo para comercialização de vinhos declarados conforme a sua denominação de origem, seja conferir um selo de qualidade a vinhos que, na mesma denominação, foram julgados superiores a outros (como se faz na degustação anual de vinhos da Borgonha, na primavera para os tintos e no outono para os brancos, com um júri selecionado pela Confraria de Cavaleiros do Tastevin), seja para atribuir medalhas, copas, troféus ou diplomas a vinhos em competição (a feira anual de vinhos de Mâcon – 2 mil degustadores para 10 mil amostras! – recompensa com fartura os produtores de todos os vinhedos franceses).

Outra utilidade da degustação às cegas é informar e guiar o consumidor em suas compras por meio de uma seleção que pode ser generalista e considerável (32 mil vinhos degustados e 10 mil escolhidos, anunciava o *Guia Hachette dos Vinhos de 2005*), mutante e precisa (como ocorre com os suplementos dedicados ao vinho pelos semanários em cada retorno das férias em setembro, desde que o *Le Point* e Jacques Dupont lançaram a moda em 1999), muito restrita (como o "guia de compras" publicado a cada número de *Bourgogne Aujourd'hui*, cujos júris reúnem negociantes, enólogos, vinhateiros, sommeliers, jornalistas especializados, etc., e amadores).

Essas degustações são muito divertidas quando realizadas em pequenas mesas, sobretudo se, depois de cada vinho, forem feitos comentários e observações anotadas em uma austera folha de avaliação. Entre quatro, cinco, seis degustadores, como entre os hipopótamos e os perus, sempre existe um dominante. Não necessariamente um macho. É um(a) profissional ou um bebedor corado pelo ofício cujas mímicas são observadas pelos seus companheiros de mesa, que prestam atenção às onomatopeias e remetem-se às palavras que ele deixa cair tanto mais à vontade, quanto mais conhece sua influência. Se ele aspira, hesita, degusta e cospe o vinho muitas vezes, a mesa também hesita e volta a aspirá-lo. Isso é um bom sinal para o vinho. Se ele contenta-se com um único e breve exame, seguido de um julgamento escrito de uma só vez, a mesa fica desconcertada: ela aposta em uma execução. No entanto, como justificá-la? O vocabulário enológico é de tal riqueza que somente os falantes que o utilizam com frequência são capazes de, muito rapidamente, na forma oral ou escrita, empregar as palavras ou expressões que traduzem melhor as suas impressões. Como em outros domínios da cultura, das ciências e das técnicas, existem os iniciados, os sacerdotes, os gurus e depois os catecúmenos, que se exercitam a vida toda no jargão da transcendência. Eu pertenço a este último grupo, mesmo que ganhe destaque com algumas denominações que pratico desde a mamadeira. No entanto, é preciso ser prudente, não esquecendo jamais que um vinho que pareça o mais familiar pode esconder um traidor; ou que um vinho que parece vir de longe talvez não passe de um vizinho com um falso aroma. Outra questão é que se deve estar mais ou menos em forma para degustar; devemos nos preparar mental e fisicamente por meio de ensaios de degustação, "para pôr a máquina para funcionar", como dizia Jules Chauvet. Nove em cada dez degustações improvisadas são uma armadilha, porque o medo de errar perverte toda a análise e o julgamento.

Sempre me pareceu que a persistência na boca – que os especialistas medem em *caudalies* – é um nada melhor depois que o vinho é bebido em vez de cuspido. Como se ele desejasse recompensar o degustador por tê-lo poupado da infâmia da expulsão. Quando é bom, confesso que me esqueço da terrível cuspideira. Eu não sei mais quem foi que disse: "Quando é do bom, eu o cuspo para dentro".

### Glub-glub

"É conhecida a história de dois toneleiros-*gourmets* convocados a dar sua opinião sobre um vinho de autor. O primeiro diz, depois de tê-lo degustado: 'Esse vinho é bom, mas tem aroma de couro'.

Em seguida, o segundo degusta e corrige: 'Eu não compartilho da opinião do meu colega. Esse vinho é bom, mas tem aroma de ferro'.

Grande surpresa do proprietário, que jurava que seu vinho jamais tivera contato nem com couro, nem com ferro.

No entanto, quando o tonel foi esvaziado, encontrou-se caída por descuido em seu fundo uma pequena chave na qual havia sido amarrada uma tirinha de couro. E assim foi demonstrada a ciência sutil de dois degustadores" (André Theuriet, citado por René Mazenot, *Le Tastevin à travers les âges*).

 Aromas, Degustação, Sommeliers

## Os deuses e o vinho

*Os deuses têm sede.* Senhor, quanto terão podido encher a cara todos os deuses mesopotâmicos, egípcios, gregos, romanos! Não tenho certeza se o beberam todo, de tão abundantemente que corria o vinho que lhes foi ofertado. Durante muito tempo, eles contentaram-se com o hidromel. No entanto, desde que se expandiu a cultura do vinho e que eles o julgaram digno de suas goelas celestiais, fizeram com que soubessem que essa seria a única bebida aceita dali em diante. Como o vinho não teria passado a ser honrado na mesa dos deuses se estava na mesa dos homens?

A mesa dos deuses é uma metáfora. Trata-se, mais precisamente, desde o Oriente Próximo antigo até o mundo greco-romano-celta, de cavar no solo buracos, fossas e poços impermeáveis onde o vinho era vertido no decurso de uma cerimônia de libação (não foi nessas circunstâncias que nasceu a noção de vinho de *terroir*...). Os deuses, como se sabe, estavam frequentemente flutuando nos ares, e é possível que degustassem sem taça, sem cálice, sem *tastevin*. A administração litúrgica havia previsto, para seu uso exclusivo, luxuosos recipientes para beber, que embriagaram de felicidade os arqueoenólogos quando foram descobertos tanto tempo depois.

Em Roma, exceto por Baco, o profissional do vinho, a maioria dos aromas e dos buquês ascendia para o nariz de Júpiter, o patrão dos deuses. Eu nunca descobri se à hierarquia do Olimpo correspondia uma hierarquia dos *crus* ofertados.

Roma festejava a cada ano os Bacanais, Saturnais, Meditrinais em homenagem à deusa Meditrina (ela aceitava todos os vinhos, jovens ou velhos: os primeiros para prevenir as doenças, os segundos para curá-las), as Robigalias (Robigo e Robiga eram deuses muito lembrados no dia 25 de abril de cada ano, porque impediam que as vinhas gelassem). Finalmente, depois de ter consultado os deuses, eram os sacerdotes que fixavam a data de início das vindimas e a data em que os romanos estavam autorizados a beber o vinho novo (quase escrevi o *beaujolais nouveau*).

*Os heróis eram os que mais bebiam*. No entanto, os deuses não têm o monopólio das libações. Na Antiguidade, quando os homens morriam, se tivessem sido poderosos ou valentes, deviam ser excluídos do regime de secura. Soberanos, príncipes, ministros, generais, administradores, etc. recebiam, no decurso do funeral, vasilhas de vinhos sacralizados para levar para o além. Dá-se de beber aos heróis de maneira especial. Um sistema de canalização permite continuar dando-lhes vinho, e do bom, muito tempo depois de sua morte! Quem ousaria subtrair o vinho a um defunto herói e guardar para si o néctar?

Extraordinária prova do caráter sagrado, litúrgico e propiciatório do vinho, desde a mais alta Antiguidade, em toda a bacia mediterrânea: as setecentas jarras, equivalentes a cerca de 4,5 mil litros, descobertas na sepultura do rei Escorpião, em Abidos, no Alto Egito (3150 a.C.). Como a vinha ainda era pouco desenvolvida no delta do Nilo, essa enorme quantidade teria sido trazida da Palestina, segundo o arqueólogo Guillaume Colet.

Teria o faraó pressentido que a viagem até Osíris seria longa e que ele necessitaria de muito vinho bom para ter forças, coragem e – já que a viagem era obrigatória – prazer?

*A Terra Prometida*. Embora, desde o *Gênese* até os *Evangelhos*, o vinho corra em abundância – especialmente no *Cântico dos cânticos* –, não achamos necessária uma nota aconselhando a leitura com moderação. Seja como culpado de embriagar os homens ou de prometer sabedoria, riqueza e felicidade, o vinho é um componente intrínseco da condição humana. Extravia os homens ou os mantêm na linha reta. Ele os amolece ou os fortalece. Ele os arruína ou os salva. Deus pôs o vinho à disposição dos homens para que escolhessem, com liberdade, usá-lo para o melhor ou para o pior.

Será que foi bem percebida a natureza metafísica da primazia historicista do vinho no *Gênese*? Depois da dura prova do Dilúvio, Noé e sua família, confinados na arca há um ano, um mês e sete dias, estavam cansados de aguardar, dar voltas, brigar, cheirar a estrume, a estábulo, a chiqueiro, a zoológico. Eles tinham necessidade de ser reconfortados, estimulados e, certamente, recompensados. Deus envia-lhes um arco-íris. Muito bonito, encantador, poético. Obrigado. No entanto,

Ele pode fazer melhor! Embora a terra ainda não estivesse muito seca, Deus dá a Noé a vinha. Deus não dá a Noé o lúpulo, a cevada, o centeio, o agave ou qualquer outra planta da qual o seis vezes centenário tivesse podido extrair álcool. A vinha foi o seu presente divino. Assim, o Criador manifestava a prevalência do vinho sobre todos os outros futuros álcoois. Assim, ele fazia entrar a vinha e o vinho na Bíblia (ele é evocado 441 vezes!) e na parte sagrada da memória dos homens.

Essa é uma das razões pelas quais é inaceitável que o vinho seja tratado pelos higienistas sem um olhar especial, como se fosse um álcool entre tantos outros.

Descobrindo o vinho, é normal que Noé tenha sido a sua primeira vítima. Haveria outras. A embriaguez dá vergonha, enquanto um amor justo e natural ao vinho dá força e alegria. A embriaguez é reprovável, sobretudo entre os reis. Os "redatores" do *Livro dos profetas* admitem que o vinho possa consolar "aqueles que padecem a amargura do coração". O *Antigo Testamento* é o primeiro tratado moral sobre o vinho.

De sua leitura vitícola, a mais espetacular é provavelmente esta: a terra prometida é comparada a uma vinha que, um dia, dará os seus frutos e seu vinho ao povo de Deus. Os hebreus têm a esperança de um transplante de cepas do Egito para a terra de Israel. É isso que está representado na pintura *O outono ou o cacho da terra prometida* (Museu do Louvre), de Nicolas Poussin. Dois homens atravessam um vale, um atrás do outro, com as duas extremidades de uma vara repousando sobre as suas costas. No centro desse suporte, um gigantesco cacho de uvas tintas. Ele simboliza a promessa da liberdade, da prosperidade e da paz.

*"Porque este é o meu sangue."* É nos *Evangelhos* que o vinho converteu-se na bebida mística por excelência. Não que a aproximação do sangue ao suco da uva seja uma novidade. A comparação é clara e evidente. E não havia escapado a Osíris, que viu nisso uma maneira de impressionar seus adoradores.

No entanto, Jesus identifica-se diretamente com a vinha. "Eu sou a verdadeira cepa e meu Pai é o vinhateiro [...]. Eu sou a cepa e vocês são os sarmentos [...]. Se alguém não permanece em Mim, é lançado fora, como os sarmentos, e secará; e homens os recolhem, jogam no fogo e os queimam" (*São João*, capítulo XV). De 24 parábolas do *Evangelho*, quatro têm como assunto a vinha e o vinho, sem contar o famoso milagre das bodas de Caná. Ao longo de toda a sua vida pública, Jesus refere-se ao vinho e o bebe. Por isso, não é um sacrilégio que *châteaux* bordaleses levem o nome de *évangite* e *angélus* ou que um vinho da Campanha chame-se *lacryma-christi*.

Naquela época, havia muita vinha na Palestina, mas sua cultura não era a dominante. A constância com que Jesus a evocava é, por isso, ainda mais impressionante. Percebe-se bem o que ela proporciona ao simbolismo cristão e como a hermenêutica evangélica a interpretou: cada homem é uma cepa cujas raízes devem, apesar do solo rochoso, hostil, afundar-se profundamente, com coragem e perseverança, para encontrar a água e as substâncias que alimentam o corpo. Sem esse esforço, sem essa busca exigente, não haverá uvas, ou haverá bem poucas, raquíticas – e o vinho não alegrará o coração do homem. Bem-aventurados os solos pobres: eles dão os melhores vinhos!

Antes de morrer, quando da última ceia com os apóstolos, Jesus faz do pão e do vinho o alimento e a bebida mais importantes e mais populares do mundo ocidental. Dois milênios depois, continuam o sendo. Há também a água. Ela batiza, lava, purifica, sacia a sede. No entanto, não pertence à transcendência. Ela não encarna o corpo sólido ou líquido de Cristo. Ela não participa do mistério e do sacramento. É verdade que algumas gotas de água são adicionadas ao cálice, mas o pão e o vinho são, depois de Jesus, os dois convidados mais importantes da ceia. E, muito rapidamente, os três não serão mais do que um.

Segundo Matias e Marcos, o pão foi consagrado antes do vinho; segundo Lucas, o vinho antes do pão. (João fica mudo quanto a isso.) Teria Lucas o hábito de começar as suas refeições bebendo? É Mateus que conta melhor: "Durante a refeição, Jesus pegou o pão e, depois de pronunciar a bênção, partiu-o e o deu aos seus discípulos dizendo: 'Tomem, comam, este é o meu corpo'. Depois, pega um cálice e, tendo dado as graças, oferece-o dizendo: 'Bebam todos, porque este é o meu sangue, o sangue da aliança, derramado em favor de vocês para o perdão dos pecados. Eu lhes digo que, desde agora, não beberei o fruto da videira até que possa bebê-lo novamente com vocês no reino de meu Pai'.

A última frase merece algumas explicações dos exegetas do evangelho ou dos responsáveis pela adega do Vaticano. Jesus diz que não beberá mais vinho até o dia em que seus discípulos e Ele estiverem reunidos no reino celeste. Faz quase 2 mil anos que eles estão lá. No entanto, não os imaginamos festejando, brindando um reencontro como antigos alunos de um colégio. Não é o seu estilo. Deveríamos entender que, depois do julgamento final, Deus oferecerá a Jesus e a todos os seus eleitos uma rodada geral?

## Glub-glub

Existem vinhas no além? O Islã promete vinhos que os muçulmanos são proibidos de ter na terra.

Todavia, e o paraíso cristão? Um vinhateiro de Vézelay, a menos que seja de Saint-Nicolas-de-Bourgueil, atormentado pela pergunta, abre-se com o padre. "Eu não sei", responde o padre, "vou me informar."

Alguns dias depois, ele vai à adega de seu paroquiano, faz com que lhe ofertem uma taça e anuncia ter a resposta. Ela apresenta-se na forma de uma boa e de uma má notícia.

A boa notícia, diz o padre, é que as terras do Paraíso estão cobertas de vinhedos extraordinários. Médocs a perder de vista, Alsácias vastas como dez Alemanhas, Borgonhas sem fronteiras, Touraines nos 5 mil quilômetros do Loire... Nada de geada, nada de granizo. Somente grandes safras. O Paraíso, oras!

"E a má notícia?", perguntou inquieto o viticultor.

"É que amanhã de manhã você começa a podar as vinhas."

 BACO, ÁGUA, MISSA (VINHO DE), SÃO VICENTE

# Dom Pérignon

O Dom Pérignon é particularmente indicado como *champagne* de Natal e das grandes festas. Soma-se assim a doçura do pecado à excelência do vinho, a santificação à degustação. Somos absolvidos do beber ao mesmo tempo que bebemos.

Por ter inventado o método *champenoise* e trazido à nossa terra de dores um prazer delicioso, dom Pérignon deveria ter sido canonizado há muito tempo. Enquanto se sucedem incessantes processos de beatificação, a sua nem mesmo é cogitada. Roma exalta os cristãos que padecem sofrimentos ou que aliviam os sofrimentos dos outros, mas jamais os cristãos que conseguiram tornar a vida mais agradável. Dom Pérignon acrescentou felicidade à vida e só por isso mereceria ser, senão santo, ao menos bem-aventurado.

Se a Igreja decidir honrar os eclesiásticos que converteram o *champagne* em um dom de Deus (e uma tentação do diabo), além dos beneditinos da abadia de Hautvillers, à qual pertencia o adegueiro Pérignon e onde dom Ruinart também estudou, haveria de contar ainda com os monges de Saint-Basle e de Saint-Thierry. Depois, com o abade Godinot, autor de *Manière de cultiver la vigne et de faire le vin en Champagne* [Maneiras de cultivar a vinha e de fazer o vinho na Champagne]. E ainda com dom Oudard, outro beneditino cuja reputação de *"caviste"* era considerável entre o final do século XVII e o início do seguinte. E há muitos outros monges-viticultores-mestres-de-vinícola-negociantes, tal é a ligação entre a história da Champagne e do *champagne* e a história da cristandade.

Não se sabe ao certo se foi dom Pérignon quem inventou as borbulhas. Os seus partidários fundamentam-se em uma passagem de uma carta de 1821 de dom Grossard, procurador da abadia de Hautvillers: "Foi dom Pérignon que descobriu o segredo de fazer vinho branco espumante, porque, antes dele, não se sabia fazer mais do que um vinho cor de palha ou cinzento". Os seus detratores apresentam documentos segundo os quais o vinho de Champagne já borbulhava antes da primeira vindima de dom Pérignon.

No entanto, a maioria dos historiadores está de acordo ao afirmar que foi ele quem teve a ideia revolucionária de misturar os *crus*, abrindo ao *champagne* uma paleta infinita de gostos sutis. Se ele provavelmente não foi o inventor da rolha de cortiça, inventou muitos procedimentos para aumentar a qualidade do vinho espumante, em especial nas operações de colagens, assim como no arrolhamento das garrafas. E isso já é o suficiente para que mereça reconhecimento e vida eternos.

Considerado um dos melhores entre os maiores *champagnes* e dotado de uma garrafa cuja admirável estética o converteu, ao mesmo tempo, em singular e popular, enfeitada há lustros de um rótulo que não sai de moda, o Dom Pérignon está presente tanto nos romances policiais e de espionagem como na literatura tradicional. E ele é sempre associado – mas não é assim com todo *champagne*, por mais medíocre que ele seja? – à celebração de um fato muito agradável, de um sucesso, de uma felicidade inesperada.

O Dom Pérignon está ligado, para Jérôme Garcin, a uma lembrança muito boa de sua juventude (*Théâtre intime*). De férias em Roma, em uma abadia beneditina situada sobre o Aventino, ele ficou íntimo o bastante do lugar e dos monges para ser convidado por eles para compartilhar as garrafas que retiravam de seus armários. Seu amigo e ele haviam colocado apelidos nos seus anfitriões: dom Brandy, dom Chianti, dom Martini. Estava quente e só se podia beber água.

Somente o prior não tocava no álcool. Eles ousaram, no dia de sua partida, perguntar-lhe a razão. Ele respondeu que gostava mais de vinho do que os outros monges do convento, mas que, tendo degustado havia meio século "um néctar que a nada se igualava", desde então todos os outros o deixavam indiferente. Jérôme Garcin conta: "Ele tinha treze anos, em um pequeno vilarejo da Borgonha, quando o seu avô agonizava, fulminado por uma doença incurável. O criador de puros-sangues pedia, ao mesmo tempo, a extrema-unção e suplicava que abrissem uma garrafa de Dom Pérignon. Nesse dia, o rapaz bestificou-se com a descoberta, a um só tempo, da dor da separação e da felicidade da degustação. E sentiu-se tomado por uma verdade – a de que a morte não é triste – e por um aroma confuso mas persistente de especiarias raras, mel líquido, avelãs frescas, cítricos cristalizados e fumo inglês".

Depois, quando entrou para as ordens, escolheu a dos beneditinos, por admiração a Dom Pérignon. Ele guardava uma garrafa do *millésime* 1964 e costumava contemplá-la, mas jurara abri-la apenas em sua última hora.

Em 1987, quando Zino Davidoff ainda tinha as portas abertas em Cuba e trazia os melhores charutos, um acordo havia sido concluído entre o negociante de Genebra e a Moët & Chandon para dar o nome de Dom Pérignon a um excepcional charuto de panatela larga. O lançamento ocorreu durante um almoço na abadia de Hautvillers – é fácil imaginar o que os convidados beberam e fumaram –; Pierre Perret e eu fomos os padrinhos do recém-nascido. Fui com a seguinte *Ode a Dom Pérignon*:

Com a finalidade de publicar no Vaticano as bolhas
Dom Pérignon quis ser um dia papa.
Graças ao diabo ou a Deus, a sua vocação derrapa...
O monge em Épernay e Reims deixa presa a bolha...

Ele a prende tão bem com uma rolha *ad hoc*
Que, concorrendo com Borgonha e Médoc,
Inventa o vinho espumante que faz bum!
*Magnificat anima mea Dominum...*

Fica o mistério: por que Dom Pérignon
Que ao *champagne* da santa tiara fez tributo
Aceita ainda dar o seu nome
– *Spiritus ubi vult spirat* – a um charuto?

Presente na sobremesa e no aperitivo
Escolhido para a mesa como o pontífice sumo,
O monge proclama a sua felicidade, o seu renome
Sobre as adegas com uma baforada de fumo...

Para receber o perdão do monge de Hautvillers por esse duplo atentado (contra ele e contra a poesia) – ainda assim, foi um dia tão alegre quanto delicioso –, eu peço aos céus para intercederem junto ao Vaticano para que o santo homem que se fez garrafa e charuto chegue à dignidade dos calendários dos correios.

 CHAMPAGNE, KRUG, VEUVE CLICQUOT

# Dom Juan

Dom Juan, esfomeado, implora a Sganarelle que jante com ele, quando chamam à porta. Entra a estátua do comendador. Dom Juan é um homem de coragem. Ele não treme. Pede que deem vinho ao importuno arrepiante e propõe, inclusive, que bebam à sua saúde.

Molière não diz, infelizmente, qual vinho foi servido.

Ainda assim, como localizou a sua peça *Dom Juan* ou *O convidado de pedra* na Sicília – por que a Sicília? –, pode-se imaginar que dom Juan tenha feito servirem um *marsala*, um *val di lupo* branco ou um *faro* tinto.

Lorenzo Da Ponte, roteirista de *Dom Giovanni* de Mozart, ao contrário de Molière, fornece o nome do vinho que Leporello serve ao seu senhor: um *marzemino*. Dom Giovanni canta, enquanto seu fim se aproxima: "Viva as mulheres! Viva o bom vinho! Sustento e glória da humanidade!". Ele está muito alegre. Concentra-se para saborear o que está bebendo e depois exclama: "Excelente este *marzemino!*".

Eis o que é estranho: Mozart e Da Ponte apontam que "a ação desenrola-se em uma cidade da Espanha" e não existe vinho espanhol com o nome de *marzemino*. Da Ponte era italiano e escolheu para Dom Giovanni um vinho dos vinhedos de Bassano, muito famosos na época, que se chama realmente *marzemino* e com o qual ele estava bastante familiarizado, por tê-lo consumido durante a sua juventude.

Eu esperava encontrar nas *Memórias* do mais célebre roteirista de óperas a justificativa de sua escolha. No entanto, cada vez que faz o vinho correr, ele não nos diz qual é a sua cor, muito menos a sua denominação. Mesmo quando o vinho está associado à conquista de uma mulher, permanece indefinido. Ele e ela bebem-se com os olhos, é tudo.

Joseph Delteil fez de dom Juan um santo (*Santo Dom Juan*). Antes de ascender à felicidade suprema, ele é descrito como "um macho que faz amor maravilhosamente". Ele também adora vinho. Antes que o comendador faça a sua entrada, duas mulheres, "com seus dedos molhados no vinho, pintavam na toalha da mesa sentenças pouco católicas, figuras lascivas, obscenidades". Esse comendador aceita um copo e bebe "à saúde dos céus". E, como a conversação e a noitada prolongam-se, ele pede que encham novamente a sua taça. Ele bebe com entusiasmo e limpa a barba na manga da camisa.

Joseph Delteil fornece o nome desse vinho que saboreiam com tanto prazer Dom Juan e a estátua do comendador? Sim, é o vinho de Alicante, duas vezes citado no texto. Não é o melhor da Espanha, longe disso, já que estamos em Sevilha, que dom Juan é um sevilhano de nascença e que os grandes xerez da Andaluzia estão na sua porta. Por que não ter escolhido para o maior dos sedutores um atraente *amontillado*? E também existe o Málaga, querido pelos andaluzes. Por que diabos, senão justamente pelo Diabo, Joseph Delteil foi abastecer-se em Alicante? Talvez porque em seu ouvido de narrador lírico soava melhor o nome de Alicante – de fato muito belo – que o de xerez?

E o que nos diz o próprio criador de dom Juan, Tirso de Molina (ainda que não exista até hoje uma prova de que fora mesmo ele quem escreveu *Dom Juan ou o burlador de Sevilha*)? Ele situou a peça fundamentalmente em Sevilha, mas, em matéria de vinhos, ficamos sedentos. Gaseno, o crédulo pai da bela Aminta, que Dom Juan vai seduzir na noite de suas bodas, promete para o jantar "'Guadalquivires' [rios] de vinhos escolhidos nos melhores *crus*", mas sem nenhuma outra precisão. Gaseno é um camponês, e os vinhos que oferece são, portanto, os da Andaluzia.

Finalmente, no jantar do comendador, Catalinon, empregado de dom Juan, pergunta ao sinistro anfitrião: "Que vinho o senhor bebe em sua casa?". O comendador lhe oferece: "Beba-o para sentir o seu gosto". E é o que faz Catalinon, exclamando: "Céus! É um vinagre condimentado com fel!". O comendador arremata: "É o vinho que sai de nossas regiões". O que devemos entender? Que esse pretenso vinho é, na verdade, uma horrível mistura dos infernos, assimilado pelo comendador com desprezo e ironia aos *crus* de sua terra? Ou que se trata de um deles, um xerez ou um *málaga*, mas que o empregado de dom Juan, aterrorizado e fora de si, julga ter um gosto abominável?

Ficaremos com o fato de que, em todas as versões do drama, serve-se vinho na ceia final de Dom Juan. É a última taça de um condenado à morte. O último prazer que o destino lhe oferece antes de ser esmagado pela mão de gelo e fogo do comendador, representante de Deus.

 HAMLET, QUAL VINHO?

# Dubœuf (Georges)

O seu nariz aparentemente não tem nada de excepcional. Ele é grande, mas não muito, e harmoniza-se com a sua face fina e triangular. Somos tentados a procurar um detalhe, algo estranho, que não se veja em outros narizes grandes e que poderia ser a marca de um nariz raro, de um superdotado do olfato, de um eleito das narinas. E, contudo, não há nada – nenhum sinal distingue o fabuloso nariz de Georges Dubœuf de nossos pobres narizes, minguados, de nossos *narizofitas*, de nossos *narizecitados,* de nossos *congestionarizes.*

Com um nariz como os outros, Georges Dubœuf jamais teria alcançado tanto sucesso. O seu irmão, Roger, descreveu assim esse apêndice e sua associada, a boca: "O seu nariz abriga um formidável maquinário para descascar os aromas, prolongado por uma boca, cinturão preto, coberto por uma bateria de papilas gustativas de velocidade alucinante".

Armado assim naturalmente, o rapazinho da região de Mâcon, nascido no *pouilly-fuissé*, subia em sua bicicleta e carregado de amostras para vender o vinho de seu irmão – onze anos mais velho – e também seu, porque era ele quem o engarrafava. Georges Dubœuf foi inicialmente engarrafador, depois comerciante de vinhos e, finalmente, negociante, aconselhado e encorajado por Jules Chauvet, figura lendária do Beaujolais, e por dois grandes chefs, Paul Blanc e Paul Bocuse. Ele se estabeleceu em Romaneche-Thorins em 1962 e converteu-se, em alguns anos, no homem mais importante e representativo do Beaujolais. Além de universalmente conhecido, porque não é raro encontrar as suas garrafas nas prateleiras das lojas e dos supermercados do Texas ou da Finlândia, de Bangcoc ou de Nairóbi.

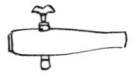

Ele deve seu sucesso ao nariz e à boca, como dito anteriormente; à simpatia que suscita de imediato em seu interlocutor, e quando lida com um vinhateiro, ao dom de falar-lhe cordialmente, mas sempre de maneira justa, sincera e profissional, sem tentar impressionar ou falsear uma fraternidade de *terroir*; à sua fidelidade a honrar os viticultores, ao mesmo tempo que seus vinhos premiados, servido ao som do orgão de Paul Bocuse; ao seu gosto atrevido e seguro que lhe permitiu revolucionar os rótulos (a alegria aromática de suas flores, violeta para o *chiroubles*, papoulas para o *beaujolais-villages*, madressilva para o *pouilly-fuissé*, etc.); aos seus dons, há dúvidas, de compra e venda; a uma estratégia precoce e inovadora de dono que se ocupa ele mesmo da publicidade e das relações com a imprensa; finalmente, à qualidade de seus brancos de Mâcon e de seus tintos do Beaujolais, dos ilustríssimos *pouilly-fuissé* e *moulin-à-vent* ao simples *beaujolais*, de apetência inigualável, sem dúvida, dependendo da colheita.

Dir-se-ia, com razão, que essas são as virtudes de todo bom negociante e que não se teria por que destacar Georges Dubœuf entre tantos outros igualmente meritórios. É que ele, cuja instrução não vai além da escolar, investiu tanto seus esforços como o seu dinheiro na pedagogia da vinha e do vinho. O museu que instalou, em 1993, na estação de trens de Romanèche-Thorins – adquire-se um bilhete para uma viagem à história e ao universo do vinho – é um sucesso. Primeiramente, porque tudo ali é belo, apresentado com um instinto muito seguro da estética das formas e da iluminação. Depois, porque da geologia à ampelografia, da grande prensa do século XVIII às sulfatadoras das costas, das marionetes que imitam os trabalhos nas quatro estações a uma das mais completas coleções de cartazes sobre o mundo da viticultura, "A aldeia do vinho" é uma iniciação sem equivalentes da arte de fazer e de amar os vinhos.

Georges Dubœuf é um homem íntegro, mais discreto sobre o que pensa do que sobre o que bebe ou contenta-se em degustar. Ele é tão misterioso quanto uma garrafa de reserva. Esse é o motivo pelo qual explico a criação de seu museu, cujas ambições e obrigações são as mesmas de um museu público, pelo desejo, evidente, de atrair visitantes-compradores a Romanèche, mas também por uma preocupação de equilíbrio, quase de higiene mental: instalar algo sólido e durável em um mundo de garrafas em trânsito, de denominações e de *crus* consumidos imediatamente, e de *millésimes* surpresas.

Depois de meu irmão, Georges Dubœuf é um dos homens que mais admiro no mundo dos vinhos. O outro é o viticultor Henri Jayer. Foi precisamente Dubœuf quem nos apresentou.

 JAYER (HENRI)

# Dulac (Julien)

Eu o chamava, nós o chamávamos de "tio Julien". Ele era da nossa família, nós éramos da dele. O meu avô materno tinha o contratado para ocupar-se de seus cinco hectares enquanto ele se dedicava ao banco e ao social (Claude Dumas foi um dos fundadores do Crédit Agricole do Rhône, de reputação laica e de esquerda, enquanto o Crédit Agricole do Sudoeste era classificado como católico e de direita). Julien Dulac tinha somente uma religião, um só partido, um único engajamento: o vinho, e do bom, amém!

Nascido em 1893, em Beaujeu, sobreviveu à Primeira Guerra Mundial, mas nunca falava dela. Talvez fosse em memória desses anos em que se lutava junto e morria-se só que ele ironizava usando gírias as pequenas dores físicas dos citadinos no campo: cortes, queimaduras, picadas, congelamentos... Àqueles que cortavam a mão com a faca de enxerto durante as sessões coletivas de enxertia, ele recomendava que saíssem da mesa de trabalho sem dizer nada, para que os outros não se assustassem e também se ferissem por um falso movimento da ferramenta cortante.

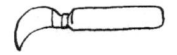

Os olhos claros, o bigode ruivo, descolorido pela fumaça dos cigarros que ele mesmo enrolava e acendia com um isqueiro lança-chamas, os cabelos ruivos sob o boné que ele tirava às vezes para coçar a cabeça, sobretudo quando estava perplexo ou incomodado, com os rins apertados por um cinto de flanela, Julien Dulac era um vinhateiro reflexivo, metódico, lento, secreto, meticuloso. Excelente vinificador – ainda que, nos seus últimos anos, tenha produzido vinhos um pouco demasiadamente duros (teria o seu palato ficado couraçado com a idade?) –, ele gostava de servir, durante as partidas de baralho nas noites de inverno, um vinho branco adocicado *"vin de grisemotte"*, feito com as uvas esquecidas durante a primeira vindima ou deixadas nas cepas para que acabassem de amadurecer.

Como a maioria dos vinhateiros da época, ele obtinha uma pequena renda complementar do leite de duas vacas – que eu levava frequentemente às pradarias nas margens do rio dos Sansons –, do bando de galinhas e coelhos, da colheita das árvores frutíferas e da horta de onde trazia carrinhos transbordantes de alface, alho-poró e cardo. São esses tesouros da policultura – o homem não vive tão somente de vinho – que alimentaram, entre outros, a minha mãe e seus dois filhos durante a Segunda Guerra Mundial.

Em resumo, Julien Dulac era um camponês à moda antiga, exceto pelo fato de que, adepto da noção de progresso, foi um dos primeiros viticultores a abandonar a sulfatadora de costas pelo primeiro chassi de pernas altas puxado a cavalo. A força do cavalo acionava uma rampa que rociava as fileiras de plantas com um líquido pulverizável semelhante à calda bordalesa.

Como todas as mulheres do vinhedo, sua esposa Marguerite Dulac participava dos trabalhos da vinha (ela era "tia Marguerite" para o meu irmão, a minha irmã e eu; frequentemente nos fartávamos em sua casa de uma mesa recheada de folhados, de grossas panquecas e de batatas ao leite feitas numa grande marmita que devorávamos com queijo branco). Seu poder atingia o ápice no período das vindimas, quando ela reinava sobre os fogões, as mesas extensíveis, as cestas de merendas e os celeiros transformados em dormitórios.

Durante a guerra, quando faltavam homens, os Dulac davam uma mão.

Eles sempre se organizavam para encontrar tempo para os outros no momento da poda, da aragem, da sulfatagem, das vindimas. Em nossa vila, eles não eram os únicos a participar no que era chamado de "a ajuda mútua do solo". E nisso eles estavam, com discrição, entre os braços mais ativos.

Teria sido injusto que Julien Dulac estivesse ausente em um livro sobre o amor ao vinho quando foi em suas vinhas (eu, ignorante ainda da implacável lógica do capitalismo, pensava que ainda que pertencessem à minha mãe, eram dele), frequentemente ao seu lado ou em companhia de seu empregado, Fernand Lavenir – com quem não pude estar por muito tempo, infelizmente! –, que eu virei amigo das cepas e adorador das uvas. Foi ainda em sua fermentadora e em sua adega que peguei gosto pelo vinho e o vinho pegou gosto por mim. O seu *tastevin* e a sua pipeta – quando não era apenas um tubo de borracha no qual ele aspirava por uma das pontas para fazer subir do tonel o precioso líquido –, foram os instrumentos de uma iniciação da qual fui durante muito tempo o espectador abismado, antes de transformar-me no participante atento, divertindo-me ao conseguir mover e bater a língua como faziam os grandes (os adolescentes criados no vinhedo são muito mais hábeis em seus primeiros beijos na boca do que os adolescentes dos trigais, das pastagens ou das cidades).

Com uma forma de distanciamento zombeteiro que algumas palavras da gíria tornavam cômico, Julien Dulac foi, a contragosto, um pedagogo eficaz. Sobre o meu irmão, a sua influência foi tão grande que lhe deu vontade de sucedê-lo.

Uma vez, somente uma vez, eu o vi chorando. E fiquei comovido porque, para mim, criança, era inimaginável que aquele homem calejado, impávido como uma velha cepa nascida de um solo cascalhento, pudesse ter alguma fraqueza. Nós estávamos embaixo de uma cobertura que separava a habitação do empregado da entrada da adega. O céu escuro produzia estrondos infernais. Subitamente, milhares e milhares de pedras de gelo bateram no chão. Durante os minutos que se seguiram, quantos desses pérfidos pequenos cascalhos brancos caíram sobre o vinhedo que nos circundava? Faltando algumas semanas para a vindima, a colheita fora arruinada. Tio Julien secou as lágrimas com o seu grande lenço de mão quadriculado, depois me fez prometer que eu não diria a ninguém que o havia visto chorar.

Quando criei no *Figaro* a rubrica da crítica dos restaurantes, escolhi como pseudônimo o nome Dulac.

## Glub-glub

Por intermédio de Julien Dulac – mas também de Henri Jayer e Jean-Charles Pivot –, quero endereçar uma saudação de reconhecimento a todos os vinhateiros, célebres ou desconhecidos, do *château* de renome ou da adega cooperativa, de *magnums* ou de *bag-in-box*, de menu três estrelas ou de quadro negro de boteco. Qualquer que seja a qualidade do vinho, eu admiro o seu orgulho em declarar-se o seu autor. Já vimos autores renegarem suas obras; nunca vinhateiros renegarem seus vinhos.

## Elogios ao vinho

De Jim Harrison

"O ato físico elementar que consiste em abrir uma garrafa de vinho aportou mais felicidade à humanidade que todos os governos da história do planeta."

(*Aventuras de um glutão vagabundo*)

De Paul Cézanne

"Um certo tédio acompanha-me por todos os lados, e somente em alguns momentos eu esqueço o meu desgosto: quando bebo uma taça. Por isso, eu gostava do vinho, e continuo gostando ainda mais."

(*De uma carta a Émile Zola*)

De Charles Baudelaire

"O vinho é como o homem: não se saberá nunca até que ponto podemos estimá-lo ou desprezá-lo, amá-lo ou odiá-lo, nem de quantos atos sublimes ou perversidades monstruosas ele é capaz. Não sejamos então mais cruéis com ele do que com nós mesmos e tratemo-lo como o nosso igual."*

(*Os paraísos artificiais*)

De Rabelais

"E assim, não menos que rir, beber é próprio do homem. Não digo beber simples e absolutamente, pois assim também bebem os animais; digo beber vinho bom e fresco."†

(*Pantagruel*)

---

\*    Tradução de Alexandre Ribondi. (N.T.)
†    Tradução David Jardim Junior. (N.T.)

De Pierre Veilletet

"Enquanto for possível entrar em um bar desconhecido e beber ali um vinho de procedência misteriosa, que no lugar de deixar um remorso no estômago, devolve-nos o juízo, não devemos perder as esperanças no gênero humano."

(*Le Vin, leçon des choses*)

De Louis Orizet

"Tudo o que o homem tem de bom, ele o transmite ao vinho: coragem, alegria, fé, perseverança, amor, otimismo.

Tudo o que a natureza tem de belo, ela o comunica ao vinho: calor, força, luz, cor, mistério."

(*À travers le cristal*)

De Robert Giraud

"Como chama-se o teu vinho?

– Ele não é chamado, ele é assobiado."

(*Les Lumières du zinc*)

De Bossuet

"O vinho tem o poder de encher a alma de toda a verdade, de todo o saber e filosofia."

(Citação na epígrafe da carta de vinhos do "Restaurante dos deputados" da Comunidade Europeia em Bruxelas)

De Robert Sabatier

"É preciso esforçar-se para ser jovem como um *beaujolais* e envelhecer como um *bourgogne*."

(*Le Livre de la déraison souriante*)

De Varron, pseudônimo de Marcus Terentius Varro, enciclopedista romano, fundador das bibliotecas públicas:

"Nada é mais agradável de se beber do que o vinho: ele foi criado para curar as penas, ele é a fonte deliciosa do bom humor, ele assegura a coesão dos banquetes."

(*Satires Ménippées*)

De Marcel Jullian

"A amizade, o frio, a noite, a fadiga, o café com gotas de vinho, o sanduíche de pepinos e o *beaujolpif* formam, sem dúvida nenhuma, um modo de civilização."

(*Délit de vagabondage*)

De Paul Claudel

"O vinho é um professor de gosto, e formando-nos na prática da atenção interior, ele é o libertador do espírito e a iluminação da inteligência."

De Alain Schifres

"Nós temos a sorte de viver em uma época na qual, segundo os melhores estudos, o vinho previne todo tipo de doença. Eu bebo uma taça para o coração. Uma segunda contra o câncer. A terceira à minha saúde. As outras para desfrutá-lo."

(*Dictionnaire amoureux des menus plaisirs*)

De Gérard Depardieu

"Não há nada como o vinho para me provocar uma ereção!"

(*L'Express,* 26 de janeiro de 2004)

De Roland Barthes

"O vinho é sentido pela nação francesa como um bem que lhe é próprio, com o mesmo direito que seus 360 tipos de queijo e a sua cultura. É uma bebida totem, correspondente ao leite da vaca holandesa ou ao chá sorvido cerimoniosamente pela família real inglesa."

(Citado pela revista *3 étoiles,* janeiro de 2005)

De Bernard Frank

"Malraux pensava que um jovem feito e direito deveria ler Platão na sua língua original e pular de paraquedas. Eu me permitiria acrescentar: saber distinguir um *château lafite* de um *chambertin clos-de-bèze*."

(*Vingt ans avant*)

"Muito tempo o amor me teve acorrentado nas suas redes;
A minha amada agora é a Diva Garrafa;
E, com uma taça na mão, sobre esta verde parreira,
Eu aguardarei da sorte os supremos desígnios."

(Composto por um descendente do marechal Bessières que, depois de ter passado trinta anos em um escritório, foi transferido para uma casa perto de Agen. Este quarteto estava gravado acima da sua porta de entrada. *Le Scapin,* novembro de 1886).

# Embriaguez

Não me encontrarão entre os zeladores, nem mesmo entre os defensores, da embriaguez. Muitos crimes, acidentes, brutalidades, horrores em atos e palavras, loucura, irracionalidades, embrutecimento, ausência de si mesmo, como se um outro, violento, baboso, titubeante e idiota tivesse deslizado para dentro de um corpo abandonado, disposto a ser ocupado. "A pior das condições humanas, escreve Montaigne, é aquela em que o homem não tem mais consciência de si."[*]

Diderot: "A embriaguez tira todo o brilho da razão, ela apaga absolutamente essa partícula, essa faísca da divindade que nos distingue das bestas; ela destrói toda a satisfação e a doçura que cada um deve dar e receber na sociedade humana".

*Lembrança humilhante de uma bebedeira.* Embriaguei-me somente uma vez. Na idade de quatorze ou quinze anos. Eu devo essa bebedeira brutal a vindimadores que tinham se proposto a embebedar o filho mais velho do patrão e que o conseguiram com bastante facilidade, primeiro durante o jantar, em que o vinho provoca a sensação agradável de recompor as forças gastas depois de um dia de trabalho, e então, depois da refeição, durante uma conversa distraída e regada a bom humor.

Eu sucumbi por causa do orgulho diante do desafio e por soberba. "Eu tenho certeza de que tu não és capaz de beber... Quem de nós dois acabará primeiro com a taça?... Eu pensava que tu suportavas melhor a garrafa!... Para um rapaz do Beaujolais, tu és bastante sóbrio... Vamos, mais uma taça e vamos dormir..."

Primeiro estupefato, depois revoltado pela quantidade de vinho que durante mais de duas horas eu verti nele, o meu corpo de adolescente somente conseguiu, sob os olhares risonhos de meus carrascos, me conduzir até o banheiro, pobre coisa cambaleante e em vômitos. De lá devem ter me levado à minha cama, que eu sujei a noite toda, estômago vulcânico, vísceras em fogo. No dia seguinte, de ressaca, envergonhado, repouso forçado. E raiva por ter sido enrolado como um novato. Eu era um novato.

Essa desventura teve um efeito feliz: ela vacinou-me contra a bebedeira. Daí em diante, não foram raras as ocasiões de beber até a embriaguez. Mas, a cada vez, depois de um número variável de taças — pode-se estar mais ou menos em forma para "segurar a garrafa" —, uma espécie de alarme colado em alguma parte de meu cérebro adverte-me dos perigos que eu afrontarei se continuar bebendo, enquanto meu corpo bloqueia qualquer vontade, todo desejo de continuar bebendo, como se, por si só ele fixasse o limite acima do qual ele recusaria-se a sentir prazer.

[*]    Tradução de Sergio Milliet. (N.T.)

*Vocabulário.* O ébrio, bêbado, embriagado, saturado, ensopado, chapado, acabado, rematado, beberrão, biriteiro, cara cheia, bebum, grogue, alcoolizado, chumbado, triscado, trancudo, bicudo, emborrachado, inebriado, pé inchado, etc. Excesso e embriaguez de palavras para nomear o bêbado!

Mas há outras que designam o estado do bebedor bem antes da ebriedade, já levemente embriagado, e que ainda têm o seu charme. Como a *griserie*, espécie de felicidade passageira ou de exaltação íntima que sentimos depois de um sucesso ou durante um excesso. A exaltação da velocidade, a exaltação do dinheiro. De todos os vinhos o *champagne* é o mais *grisant* (exaltante), aquele que "sobe à cabeça" mais rapidamente.

Eu gosto também da expressão *un peu pompette* (um pouquinho alegre ou um tanto tocado). É encontrada nos textos de Barbey d'Aurevilly. *"Pompette"* no sentido estrito é divertido, mas segundo o dicionário *Le Petit Robert*, um sujeito *pompette* está já "um pouco ébrio". Enquanto que se ele está um *peu pompette*, está não mais do que um pouco bêbado... Portanto, ainda lúcido o bastante para parar.

*Taxas de embriaguez.* No Museu da Vinha e do Vinho do *Château d'Aigle*, na Suíça, está exposto um "termômetro de diversos graus de embriaguez e o preço que lhe corresponde". É uma taxa que deveriam cobrar os donos de bar segundo o estado etílico de seu clientes. Eis aqui a tabela de preços:

| | |
|---|---|
| ligeiramente comovido (*légèrement ému*) | 1,95 francos |
| um ponto (*une pointe*) | 2,35 francos |
| sarcástico (*une flèche*) | 2,80 francos |
| um pouco ébrio (*pompette*) | 3,35 francos |
| exaltado (*gris*) | 3,90 francos |
| dopado (*une charge*) | 4,45 francos |
| redondo (*rond*) | 4,70 francos |
| embriagado (*une cuite*) | 5,40 francos |
| duro (*raide*) | 5,85 francos |
| ébrio morto (*ivre mort*) | 7,25 francos |

O humorista do cantão de Vaud autor desse "termômetro" acrescentou: "Está expressamente proibido aos alberguistas, donos de bar e de cervejarias de notarem mais do que essa taxa acima indicada".

*Literatura.* "Nathanaël, eu te falarei da embriaguez" diz André Gide em *Os alimentos terrestres*. Através de Ménalque, o mestre imaginário, Gide confessa a seguir: "Conheci a embriaguez que faz com que nos acreditemos melhores, maiores, mais respeitáveis, mais virtuosos, mais ricos, etc. – do que somos.*

---

*    Tradução de Sergio Milliet. (N.T.)

Baudelaire: "Conheci um indivíduo cuja vista enfraquecida encontrava novamente na embriaguez toda a sua penetrante força primitiva. O vinho transformava a toupeira em águia". (*Os paraísos artificiais*)*

Novamente Baudelaire, o maior poeta do vinho, insuperável nas quimeras, fugas e luzes prodigiosas: "Deve-se estar sempre embriagado. Nada mais conta. Para não sentir o horrível fardo do tempo que esmaga vossos ombros e o faz pender para a terra, deveis embriagar-vos sem tréguas.

"Mas de quê? De vinho, de poesia ou de virtude, à vossa escolha. Mas embriagai-vos." (*O Spleen de Paris*)[†]

Observe-se que é mais fácil embriagar-se de vinho do que de poesia e mais ainda do que de virtude.

De Verlaine: "Ah! Se eu bebo, é para me embriagar e não para beber..." (*Jadis et naguère*).

Apollinaire fecha *Alcoóis* com um longo poema, "Vendimiário", no qual ele exalta uma sede insaciável de dimensão primeiro francesa, depois europeia, finalmente universal.

*Eu estou bêbado de ter bebido todo o universo*
*Sobre o cais de onde eu via o fluxo das ondas e dormirem as embarcações*
*Escutem-me, eu sou a garganta de Paris*
*E eu ainda beberei o universo se quiser*

*Escutem os meus cantos de universal embriaguez*
*(Alcoóis)*

É necessário distinguir os escritores que têm contado nas suas obras tremendas bebedeiras, ebriedades históricas — como Rabelais, Balzac, Alexandre Dumas, Zola — e os inumeráveis escritores franceses e estrangeiros — cale a boca, Bukowski! —, assinantes do álcool, bebedores recorrentes, profissionais da embriaguez. Destes diz-se o que se diz dos bebedores que não escrevem: que eles bebem porque estão desesperados ou muito seguros de si mesmos, porque são miseráveis ou ricos, submissos ou dominadores, pusilânimes ou cínicos, marginais ou enfastiados. Ou porque, bem, simplesmente eles gostam disso (vinho, cerveja, *whisky*, vodka, etc.). Porque eles aguardam a embriaguez que decorre, e da qual o seu corpo e seu espírito não podem prescindir.

No entanto, além dessas razões muito conhecidas, convém reconhecer uma ligação misteriosa entre a escrita e o álcool, uma especificidade de sua relação. Guy Debord: "A escrita deve ficar rara, porque antes de encontrar a excelência é necessá-

* Tradução de Alexandre Ribondi. (N.T.)
† Tradução de Oleg Almeida. (N.T.)

rio ter bebido durante muito tempo". Como se a escrita derivasse do álcool e o texto da garrafa. Ou como se, para certos escritores, uma pluma seca, friccionada na temperança, pudesse juntar apenas palavras inodoras, sem sabor, planas e insossas.

A escrita é uma viagem; a embriaguez também. Nenhuma das duas está livre de perigos. Uma e outra levam a arriscar tudo em países sem fronteiras, sobre montanhas que não se encontram nos mapas, em vales insuspeitos, em épocas que já não são mais as suas, entre pessoas conhecidas por ele que ele não conhecia e pessoas desconhecidas por ele que ele conhecia muito bem. A literatura e a embriaguez são *linhas de fuga*. *Contrassenhas*. Dias a degustar e *muids** de sonhos. Você já notou com quanta frequência *estão em outro lugar* tanto o escritor, mesmo muito sóbrio, como o bêbado?

Pode-se acreditar também que, atestada, entre outros, pelos poetas báquicos persas e árabes, exista uma metafísica da embriaguez. Mas uma taça, senhor escansão, e eu decifrarei finalmente esse eterno enigma atrás do qual correm as plumas de todos os escritores dignos do nome: o Enigma do Tempo. Sempre é no fundo do último copo que se esconde Deus...

Eu nunca o procurei, provavelmente porque eu não sou um escritor. Por isso não tenho cedido à embriaguez.

*Desdobramento.* "[...] O príncipe de Conti divertirá muito os poloneses quando estes o virem embriagado, porque ele é bem divertido quando bebe. Ele imagina então que não é ele que está ébrio, mas um outro. O ano passado [...], o encontrei bebum. Ele veio a mim e disse: 'Eu acabei de conversar com o núncio, ele fede a vinho e está completamente embriagado [...]'. Ele me fez rir muito. 'Mas, meu primo, disse-lhe, não será você que por acaso *terrás beeebido*. Porque vejo você bem loquaz'. Ele respondeu rindo: 'Ah! Você incorre no mesmo *Ero* do Monsenhor, da senhora de Chartres e a senhorita a princesa de Conti. Porque todos eles acreditam que eu estou embriagado e *não querrem* entender que é o núncio que o está'. Se o meu filho e eu não o tivéssemos pego, teria perguntado ao núncio onde ele tinha se embebedado..."

(*Cartas da princesa Palatina*, 3 nov. 1697)

*Os bêbados simpáticos.* Se muitos bêbados são azedos, chatos ou sinistros, há também aqueles que a bebida torna simpáticos. Bebuns dos quais o excesso da garrafa não tirou uma certa filosofia alegre e descontraída da existência. O vinho mergulha-os em uma euforia que eles querem compartilhar com seus companheiros de farra e mesmo com as pessoas que encontram ao acaso. Eles cantam aos berros refrões sobre bebida ou obscenos. Às vezes a voz falha, mesmo assim eles cantam. São um pouco carinhosos demais, mas as suas mãos ainda reconhecem os bons lugares.

---

*  Tonéis de 268 litros. Trocadilho com a palavra *nuit*, noite. (N.T.)

Também interessantes – os conheci em Lyon – são os longos, magros, pálidos e austeros, vestidos de preto e engravatados, que glosavam sobre Platão, Teócrito, Pascal, Anatole France, frente a cadáveres de garrafas, depois desmoronavam enquanto recitavam *"A jovem parca"* de Paul Valéry.

Há rostos avermelhados de bêbados que merecem a nossa admiração, o vinho tendo habilmente os esculpido e colorido por dentro. A propulsão sedimentária parece ter sido proporcional à vinhometria. No centro, um grande apêndice, avermelhado ao meio-dia, roxo à meia-noite, uma baliza carnuda, disforme, fosforescente, *urbi* uma luminária de taverna, *orbi* o farol de Ouessant, o narigão como um alambique, um emblema, um desafio, uma moral. Esses homens não têm nunca o nariz fechado: às vezes arrolhado, e nada mais.

A fragilidade de certos viciados na bebida provoca também a benevolência. As razões misteriosas de seu úmido desamparo. A sua elegância em sua desordem. O estilo, a verve com uma impressão patética. Assim eram os inesquecíveis amigos Quentin e Fouquet em seu frenesi etílico e tauromáquico na costa normanda (*Um macaco no inverno*, de Antoine Blondin). Assim, também, Nick Molise, alcoólatra de um velho café italiano da Califórnia, que causa bastante aborrecimentos a toda a sua família, um sujeito a quem se abomina ou se ama, e que, depois de tudo, morre com a compaixão e a simpatia do leitor (*Os companheiros da uva*, de John Fante).

*É Montaigne que conta.* "[...] uma viúva da aldeia, de uma castidade a toda prova, sentindo alguns sintomas estranhos, dizia a sua vizinha que, se fosse casada, acreditaria estar grávida. Os sintomas, dia a dia mais precisos, tornaram-se afinal evidentes, levando-a a declarar ao pároco do lugar que quem se confessasse culpado de tê-la posto naquele estado, não somente ela perdoaria como o desposaria se concordasse. Um de seus lacaios, encorajado pela proclamação, confessou então que de uma feita, ao vê-la bêbada e profundamente adormecida e em posição indecorosa, dela abusara sem a acordar. Casaram e continuam casados".

(Montaigne, *Ensaios*, livro 11, capítulo 2, "Da ebriedade", tradução de Sérgio Milliet)

## Glub-glub

"O comércio de Dubreuil tinha um balcão que se localizava, parece, nos limites entre Bagnolet e Lilas, o que fazia dizer finamente ao patrão, enquanto bebia na sala:

– Eu, me embebedo em Lilas e curo a ressaca em Bagnolet."

(Robert Giraud, *As luzes dos balcões*)

 BLONDIN (ANTOINE), BUKOWSKI (CHARLES), PAF

## Enólogos

São os técnicos aos quais os proprietários confiam a vinificação e o amadurecimento de seus vinhos. Os enólogos mais exigentes, os melhores, não se satisfazem em desembarcar alguns dias antes das vindimas. É durante o ano todo que dão conselhos, desde as perícias do solo do vinhedo até à última degustação antes do engarrafamento. Os enólogos – do grego *oinos*, vinho, e *logos,* ciência – são até mesmo cientistas quando estendem o seu trabalho às pesquisas, experiências sobre a fisiologia vegetal, à bioquímica da vinha, à microbiologia, à análise química dos vinhos, etc.

Os enólogos são pessoas muito sérias que têm contribuído amplamente para melhorar a qualidade dos vinhos quando se recorre ao seu saber. Com eles, os diplomas entraram nas cubas e nas adegas. Eles espantaram o folclore e a improvisação. A sua reputação somou-se à dos vinhos e à sua cotação.

No filme de Jonathan Nossiter, *Mondovino,* pela sua desenvoltura, a sua autossuficiência, o enólogo bordalês Michel Rolland apresenta uma imagem detestável da profissão. Ao contrário de seu predecessor, Émile Peynaud, não menos convencido da autoridade que lhe conferia a sua ciência e sua rica experiência, mas muito atento, reflexivo, paciente e pedagógico. Surpreendia-me, eu disse a ele, o fato de que pudesse ser ele enólogo de uma impressionante listagem de *châteaux,* ainda que aqui e acolá, fosse consultado somente quanto a problemas pontuais. Por um acaso o seu gosto não o induzia a reproduzir, em parte sem sabê-lo, o tipo de vinho que gostava, mesmo se as variações e as particularidades fossem inexpugnáveis, e a uniformizar o sabor de "seus" vinhos? Existiria um "gosto Peynaud" como há hoje um "gosto Rolland", que é o "gosto Parker" (algo que *Mondovino* demonstrou)?

Émile Peynaud respondeu-me que, claro, de um *château* a outro ele não mudava nem de ideias nem de métodos, e que degustadores muito perspicazes, de paladares muito refinados, poderiam reconhecer em "seus" vinhos uma "estrutura idêntica", mas que respeitava demasiadamente a especificidade de cada vinho para, ao contrário, dar-lhe os meios de se afirmar. Ele resumiu a sua filosofia em uma fórmula: "Eu sempre tentei misturar nas minhas cubas o suficiente do espírito de refinamento com o indispensável espírito de geometria" (*O vinho e os dias*).

 Degustação às cegas, Terroir

# *Etiquette*

Existe uma etiqueta, um cerimonial para apresentar e servir os vinhos ao longo de um jantar principesco, aristocrático ou esnobe. Os *escanceadores*\* – palavra muito bonita – tinham um cargo e função específicos nos serviços da casa. Eles tinham aprendido a arte e a maneira de verter nas taças dos convidados o néctar de seus amos. Eles não o faziam sobre a mesa, mas sobre um aparador, sobre uma mesa lateral da sala de jantar, a maioria das vezes no início e no fim da refeição.

Os *sommeliers* são os escanceadores republicanos. Menos responsáveis pelas etiquetas sociais e mais preocupados com as etiquetas (os rótulos), as verdadeiras, as indispensáveis, coladas nas garrafas. Além do mais, em alguns casos, com os colarinhos e com os contrarrótulos cheios seja de informações sobre o vinho e a propriedade, seja de um blá-blá-blá em que o negociante, às vezes demasiadamente, canta elogios sobre o seu vinhozinho. Em resumo, o seu documento de identidade. Cartões de visita regulamentados. Nos quais é obrigatório fornecer informações sobre o vinho, a sua denominação regional, o seu teor alcoólico, o nome e o endereço do produtor, etc. Uma etiqueta sobre uma garrafa cheia é promissora como um visto de viagem; sobre uma garrafa vazia, patética como uma inscrição comemorativa.

O rótulo (*etiquette*, em francês) testemunha o gosto artístico do proprietário ou do negociante. É sobre ele que o homem e o seu vinho, colados no vidro, estão mais estreitamente unidos, solidários desde a compra da garrafa até a ingestão da última gota. Eu aprendi a amar os *bordeaux* através de seus rótulos. Naqueles tempos, os *bourgognes* e os *beaujolais* tinham, muito frequentemente, rótulos com letras góticas. Eram pesados e pretensiosos. Comparativamente, os bordaleses eram todos elegantes. Não é somente pela forma alongada que a garrafa de *bordeaux* valoriza mais o rótulo que a sua prima borgonhesa, mais baixinha, e sim porque a maioria dos proprietários dos *château* da Gironde têm dedicado, desde sempre, um cuidado maior à estética de suas etiquetas, e portanto à sedução do comprador, preocupação menos frequentemente encontrada entre os proprietários da Côte--d'Or. Em Bordeaux, a obrigação de agradar os ingleses devia, também, ser lida nas garrafas. Do bordalês Pierre Veilletet: "O rótulo, para um vinho, é a obrigação de passar pela avaliação escrita antes de ser recebido para a avaliação oral".

Um vinho pode esconder a sua mediocridade atrás de um rótulo esplêndido? Sim, da mesma forma como sabemos dissimular a escuridão de nossa alma embaixo de roupas chiques. Essas imposturas, parece-me, são mais raras nas garrafas do que nos homens. Normalmente há uma adequação entre o estilo do vinho e

---

\* Do francês, *échanson*; o termo não existe em português mas, em Portugal, aceita-se o verbo escancear, o ato de repartir o vinho entre convidados e comensais. (N.T.)

o estilo de seu rótulo. A franca vulgaridade dos rótulos dos vinhos chamados "de mesa" é tão manifesta quanto a elegância dos rótulos dos *grands crus*. Os artistas gráficos e os diagramadores — palavras que não existiam nas remotas épocas em que foram concebidas as etiquetas das grandes marcas de *champagne*, dos *crus* prestigiosos de *bordeaux* e *bourgogne* — parecem ter sido inspirados, para o bem e para o mal, por aquilo que eles beberam.

A elegante simplicidade gráfica do rótulo do *château d'yquem* é insuperável (tanto que os Lur Saluces obtiveram, em 1975, o privilégio de transferir para uma faixa localizada abaixo do rótulo as menções legais obrigatórias). Desde 1945, *mouton rothschild* convida, a cada safra, um artista renomado. Assim nasceram obras-primas.

O rótulo mais procurado pelos colecionadores, o de 1924, assinado por Carlu, é engenhoso, mas muito carregado. Pela sobriedade do seu desenho e de seu grafismo, os seus antecessores foram admiráveis.

O meu amigo Maurice Chapelan afirmava que os grandes escritores e os grandes artistas "vão da distorção à retitude e da ornamentação à nudez". Os rótulos dos vinhos de Bordeaux não seguiram todos por esse caminho, a julgar pelos antigos e magníficos rótulos dos *châteaux léoville*, *pichon-longueville*, *lafite*, *brane-cantenac*, *palmer*, *léoville-poyferré*, da coleção de Philippe Parès. Na verdade, rótulos de negociantes, que precederam em muito a coercitiva legislação sobre as menções que devem aparecer.

Os atuais rótulos dos *châteaux haut-brion*, *ausone*, *lafite-rothschild*, *margaux*, mesmo assim, não são tão ruins. O do *pétrus*, mais feio (isso que acabo de escrever vai parecer tão imperdoável). Mas todos são como monumentos históricos. Como as fachadas protegidas, elas não devem ser tocadas.

Ainda que nos últimos trinta anos outros vinhedos franceses tenham melhorado consideravelmente a estética de seus rótulos, alterando tradições como fizeram os criativos italianos, os de Bourgogne e de Champagne continuam sendo os melhores nesse quesito.

 ROTHSCHILD (PHILIPPE DE)

# Folha

A folha é uma promessa, seja ela de vinha ou de papel. Para uma, a promessa da uva e do vinho, para a outra, a promessa de palavras e do texto. Ambas exigem do homem muito trabalho. As duas anunciam prazeres: beber e ler. Da folha da vinha nascem as adegas e as enotecas; da folha de papel, as livrarias e as bibliotecas. As duas encontram-se nos livros de adega. Ou nos livros sobre a vinha e sobre o vinho. Para este livro, quantas folhas terei coberto de tinta? Uma amiga que dirigia uma gráfica em Belleville-sur-Saône, e cuja residência de Juliénas está rodeada de vinhedos, tinha me pedido que sugerisse um nome para uma cachorrinha da raça labrador. Não tive dúvidas: Folha.

Existe um formato de papel (50 × 64 cm) chamado "uva" porque os papeleiros que a criaram tinham reproduzido um cacho de uvas na sua filigrana. Não deveria escrever sobre ela para assim trabalhar realmente o tema?

Não se faz sempre um bom uso das folhas de papel. Folhas de jornalecos, de propaganda, libelos, textos medíocres... Na Itália depois do Concílio de Trento as folhas de vinha foram encarregadas de executar uma tarefa vil: recobrir nos quadros e estátuas o sexo dos homens e das mulheres. Quantos Adões e Evas com uma folha de *delizia di vaprio*, de *lambrusco grasparossa* ou de *chingo bianco* colada, por um golpe de vento milagroso, em suas partes íntimas? Os pintores que fizeram os retoques foram nomeados de "braguilheiros". Durante muito tempo, a folha da vinha foi o símbolo do pudor, da hipocrisia, da censura, enquanto a sua função verdadeira é proteger a uva, sendo um prelúdio das vindimas e suas alegrias, algumas lascivas, que delas derivam.

Um quadro de Francis Picabia, pendurado na Tate Gallery de Londres, tem como título *A folha da vinha*. Como uma sombra chinesa, um homem nu, preto da cabeça aos pés, com o pé direito apoiado sobre um tipo de mapa-múndi, também opaco. A entreperna é escondida por uma folha de vinha gigantesca. O braguilheiro dadaísta Picabia ironiza e se diverte.

## Gaillac e Cahors

O vinhedo de Gaillac orgulha-se de ser um dos mais antigos da França. Isso está atestado pelos arqueoenólogos. E pode ser que tenha sido lá, próximo da floresta de Grésigne, fornecedora de aduelas de tonéis, onde pela primeira vez compreendeu-se o benefício que o vinho extraía de uma convivência racional com a madeira. Além disso, também em Gaillac foi lançada a ideia muito romanesca de que o vinho beneficia-se com o envelhecimento.

Os vinhos de Gaillac e de Cahors eram tão apreciados, a sua concorrência tão temida, que os bordaleses, com a força dos privilégios concedidos pelos reis da Inglaterra e depois pelos da França, não autorizavam o seu acesso ao mar a não ser durante períodos muito curtos e sob certas condições. Os vinhateiros e os comerciantes protestavam, falavam palavrões, publicavam reclamações, libelos e súplicas, declaravam que os vinhateiros e comerciantes de Bordeaux queriam a sua morte. Isso durou cinco séculos! Finalmente, em 1776, Turgot aboliu os privilégios.

Mas, em 1803, os bordaleses pediram a restituição do que consideravam que era o seu direito. Furor justificado do Parlamento de Cahors. A demanda foi rejeitada. "O argumento empregado pelos vinhateiros de Bordeaux", escreve Raymond Dumay, "merece ser lembrado: eles reclamavam para os seus vinhos proteções especiais porque os de Cahors eram muito favorecidos... pelo clima! Havia muita névoa sobre o rio Garonne. Esse humor, que nós elogiamos nos ingleses, será que não foram os bordaleses que o inventaram?"

Encontra-se o esplendor e o vigor do temperamento de Quercy no *cahors*, taninos ricos lhe garantem uma longa vida com aromas de especiarias. Clément Marot, nascido à beira do rio Lot, cantou o *cahors*. Mas os *gaillacs*, com as suas velhas cepas: a *ondenc, mauzac, len de l'el* (longe do olho), *duras*, às quais foram se adicionando as modernas *merlot, sauvignon, cabernet franc*, e as vizinhas *négrette* e *muscadelle*, não são mais inesperados, mais loucos, mais poéticos?

## Gaulês

Embora alguns tenham tido a oportunidade de beber os vinhos gregos, o vinho que os gauleses mais apreciavam era os dos invasores romanos. Rapidamente ob-

tiveram reputação de grandes bebedores. Os guerreiros bebiam grandes quantidades para ter força e coragem, e não era raro que combatessem ébrios. A reputação de bárbaros vinha especialmente da recusa a beber com moderação e de seu
gosto pelo vinho puro. Os gregos e os romanos bebiam o vinho cortado com água
fria ou quente. Assim podiam bebê-lo durante os banquetes sem cair rapidamente na embriaguez. Mas os celtas recusavam essas regras de mesa um tanto afemi-
nadas. Parecia-lhes bem melhor beber o vinho sem água, tal qual saía da ânfora
vertia-se na taça ou na jarra. Preferindo os vinhos francos, honestos, às misturas,
os ancestrais gauleses fizeram avançar o gosto e a exigência do sabor. Olhando
para o passado, quem são os bárbaros?

O balanço de pagamentos da Gália acusava um considerável déficit devido à
importação massiva de vinhos gregos e principalmente italianos. "Por que não
produzi-lo nós mesmos?", perguntaram-se os economistas mais sábios, que ainda
não eram conhecidos como "funcionários do planejamento". Partindo de Massalia (Marselha), fazia tempo que a vinha tinha se instalado na região de Narbonne.
Somente faltava difundi-la, levá-la para o norte e para o oeste. Ela subiu o vale do
rio Ródano, estabeleceu-se na região do Dauphiné, em Auvergne, na Borgonha,
ao longo das margens do rio Loire, finalmente em Paris, até Épernay, Normandia,
enquanto, via Gaillac, ela invadiu a Aquitaine e outras terras atlânticas. A progres-
são foi lenta, por impulsos, mas inevitável. Lugdunum (Lyon) converteu-se em
um grande porto fluvial pelo qual transitavam a importação e exportação de vinhos.
As docas asseguraram a Massalia uma parte de sua prosperidade. As fábricas de
ânforas multiplicaram-se. São elas, às vezes intactas ou quase, os seus pedaços
amontoados nas profundidades marinhas, que contam aos arqueoenólogos a
história da vinha e do vinho.

O vinho dos Allobroges, proveniente dos vinhedos espalhados de Vienne ao
Dauphiné e à Savoie, conquistaram Roma. As técnicas de viticultura e de vinificação progrediram sem parar. Produzia-se cada vez mais em áreas cada vez maiores e mais setentrionais. Os tonéis e as cubas de madeira triunfaram sobre as ânforas. A Gália converteu-se em um grande país viticultor.

O que aconteceu na Antiguidade tardia (séculos III e IV d.C)?

Aconteceu aquilo que nós bem conhecemos: a superprodução! A crise! Especialmente na região de Narbonne (hoje o Languedoc). Diminuição de vendas.
Queda dos preços. Erradicação de vinhedos. Reconversão das terras em lavouras
de cereais. Recurso à ajuda protecionista: os viticultores borgonheses pediram
diminuição de impostos para arrancar os vinhedos velhos e plantar novos!

O subsídio é uma planta trepadeira de origem celta que aclimatou-se muito
bem sobre todo o território francês e que prosperou em toda a Europa.

## Glub-glub

"Glub-glub" é uma onomatopeia que reproduz o ruído de um líquido vertido generosamente de um recipiente a outro. "Ele [Gaudissart] sorri à servente, a toma pela cintura ou pelos sentimentos; imita à mesa o glub-glub de uma garrafa dando-se pequenos golpes com o dedo sobre uma bochecha esticada [...]" (Balzac, *L'Ilustre Gaudissart*).

Enquanto o suplicante bebe o vinho contido em um enorme *tastevin* que lhe estendeu o Grande Condestável ou o Grande Escansão da confraria báquica, o público salmodia " ... glub, e glub, e glub!" para o encorajar. No fim, ele vira para baixo o *tastevin* para mostrar à multidão que bebeu até a última gota e que merece bem ser "dos nossos, ele bebeu o seu copo como nós..." (provérbio popular).

Glub-glub não quer dizer que se esteja degustando, saboreando. Trata-se antes de uma grande vazão. Raramente é a minha maneira de beber. Mas glub-glub é uma onomatopeia que remete a sede, a alegria e as boas companhias, por isso a escolhi em detrimento dos acadêmicos *post-scriptum* ou *nota bene* para prolongar e fechar as entradas deste *Dicionário dos apaixonados pelo vinho*.

### Glub-glub

> Como eles são doces,
> Bela garrafa,
> Como eles são doces
> Seus pequenos glub-glubs;
> Mas a minha sorte deixaria alguns ciumentos,
> Se sempre estivesses cheia.
> Ah! garrafa, minha amiga
> Por que te esvazias?
> (Canção de Sganarelle, Molière, *Le Médecin malgré lui*)

## Gnafron

Não é verdade que Gnafron é para o Guignol o mesmo que o capitão Haddock é para Tintin. Porque este nunca se deixa cair na bebida pelo seu amigo alcoólatra, enquanto Guignol não hesita nem um pouco em brindar com o seu camarada Gnafron, cujo *roncador* (nariz) é a prova avermelhada de sua queda pela bebida.

Criados no início do século XIX pelo artista de marionetes Laurent Mourguet, Guignol, Gnafron e seus comparsas encarnam o espírito popular e libertário lionês.

O bom senso e a insolência dos tecedores de seda de Lyon. Falam mal da polícia porque ela faz maldades com as pessoas humildes da Croix-Rousse. É sobretudo Guignol o que bate. Embora tenha o sotaque arrastado dos moleques das ruas de Lyon, tem sempre uma réplica pronta, irônica, por vezes letal. É um operário tecedor que dá o seu fio retorcido aos poderosos, confundindo-os, e que sabe fazer rir as crianças que se identificam com as suas traquinagens e brincadeiras.

Eu preferia Gnafron, talvez por sua linguagem ser menos polida que a de Guignol e porque ele não hesita em dizer *gognadises* (molecagens, piadas fáceis, pouco respeitosas; a minha mãe os classificava de *grands gognants* – adolescentes grandes, desajeitados, bobos – rapazes que ela não apreciava muito). É provável que o amor insensato de Gnafron pelo *beaujolais* acrescentasse-lhe prestígio aos meus olhos. A esposa de Guignol, a Madelon, a língua mais pérfida da Croix--Rousse, detesta Gnafron porque ele bebe abundantemente e porque exerce uma má influência sobre o seu marido. "Pelo nome de um *cenpote!*" é o palavrão favorito de Gnafron (a *cenpote*, contração de cent-pots, é um barril de 105 litros). Sapateiro é sua profissão. É um *regrolleur*, aquele que conserta os *grolles*, os sapatos velhos dos pobres. Diz-se também, na fala lionesa, um *gnafre*, un *gniaf*, de onde saiu o simpático nome do bebedor (Gnafron).

O mínimo que Beaujeu, capital histórica do Beaujolais, poderia fazer era construir uma estátua a Gnafron. A primeira foi inaugurada no fim de semana do 14 de julho de 1931. Ele foi representado no ato de prensar as uvas no alto de uma cuba. Lembremos que, naquela ocasião, Guignol, depois de ter sugerido a Gnafron abandonar a profissão de sapateiro pela de comerciante de vinho, obteve protestos de seu camarada. "Comerciante de vinhos? Nunca! O vinho vende-se? Se eu o tivesse, o venderia? – O que tu farias então? pergunta-lhe Guignol. – Eu o beberia, replicou Gnafron. O vinho bebe-se, presenteia-se os amigos, mas vendê-lo, abominação!"

 HADDOCK (CAPITÃO)

## Gosto de rolha

No restaurante, a garrafa é devolvida. Na casa de amigos, sugere-se, discretamente, a desagradável surpresa. Em casa tomamos a precaução de experimentar o vinho e retirá-lo do serviço se ele apresenta "gosto de rolha".

O abominável, o detestável, o implacável gosto de rolha. Ou melhor, os gostos de rolha. Eles diferem segundo a natureza da cortiça, a antiguidade do mal, a natureza dos vinhos, a evolução do câncer ao ar livre. Pode acontecer de um odor "de cortiça", como diz o especialista Jacques Puisais, perceptível assim que tirada a rolha, desapareça em poucos minutos. Mas o milagre nem sempre acontece. Então, como não contrariar o anfitrião cujo paladar é menos aguçado e o orgulho muito sensível?

Entre o código de cortesia e o vinho *bouchonné* (com gosto de rolha), é necessário, às vezes, escolher o primeiro, o que implica beber (um pouco) do segundo. Tal desventura ocorreu-me com o ex-chanceler Helmut Kohl. Eu tinha convidado a sua esposa, Hannelore Kohl, para um programa sobre "a cozinha dos amadores", no Salão Internacional do Livro Gastronômico de Périgueux. A sua presença, ao vivo, se justificava pela publicação na França de sua obra *Un voyage gourmand à travers l'Allemagne* [Uma viagem gastronômica através da Alemanha]. Magra, pequena, ela era menos representativa do gosto pela comida do que o corpulento chanceler. Ao qual pedi uma entrevista. Combinado. Viagem a Bonn com uma equipe de TV da France 2. Muito simpático, enorme, Helmut Kohl tomou o seu tempo para falar, diante da câmera, da cozinha e vinhos alemães. Ele os preferia no lugar da cerveja. Depois, ele convida toda a equipe a beber um *riesling* no seu escritório.

O *maître* verte primeiro o vinho na taça do chanceler, ele o degusta, depois faz um sinal com a cabeça dando seu aval a um serviço geral. No entanto, o *riesling* não estava um pouco *bouchonné*. Estava completamente — eu lembro-me de ter guardado para mim uma expressão inapropriada, mas forte — até os ossos! Se tivessem me fornecido o vinho para degustá-lo, eu não teria duvidado em dizer, com diplomacia, que ele tinha sido vítima inocente do pentaclorofenol ou de outras porcarias que não se importam com as fronteiras. Mas como anunciar que o *riesling* estava intragável sem desmentir, nem embarassar, nem humilhar Helmut Kohl?

Partindo da hipótese de que era impossível não detectar o gosto de rolha, as explicações de sua atitude são pouco numerosas. Tendo degustado uma primeira vez muito rapidamente, ele descobriu a peste somente depois que seus convidados começaram a beber e considerou então que era muito tarde para voltar atrás? Por acaso sabia que não havia outra garrafa de vinho na geladeira de seu imenso escritório? Ou então, teria ele contado com a nossa ausência de gosto ou a nossa falta de coragem?

A França poderia, depois do despacho de Ems, arriscar outra guerra com a Alemanha por causa da rolha de Bonn?

## Granizo

Repentinamente, vemos chegar pelo oeste nuvens cinzas e pretas. Empurradas por um vento cada vez mais violento, elas logo ocuparão o céu, como por acaso, sobre nossas cabeças. E ali elas ficam. Relâmpagos, trovões... Esperamos que não seja mais do que chuva. Um grande silêncio. O que é que retém o seu sopro? O céu ou a terra? Os demônios ou os homens? Por que os pássaros procuraram abrigo? Por que esse frio brutal? O ruído das primeiras gotas sobre os telhados. Gotas grossas, pelo ruído que elas fazem. Bolas brancas rebatem na terra. Há muito pouca água. Sobretudo granizo. Eles caem agora aos milhares. Quanta confusão! O solo fica coberto rapidamente. Amanhã será possível ler no *Le Progrès*: pedaços de gelo grossos como ovos de pombas, como bolas de pingue-pongue. Quantos minutos são necessários para arruinar toda uma planta, uma vinha inteira, todo um vilarejo, uma parte do vinhedo?

Os antigos falavam das chuvas de granizo do século como os médicos coloniais das epidemias. Em julho de 1931 o céu tinha golpeado muito forte; a plantação tinha sido atacada, afetada e corrompida até a madeira, alguns viticultores tiveram que arrancar as plantas.

Como lutar contra os obscuros desígnios do céu, contra os caprichos assassinos da meteorologia?

Durante séculos, monges e padres têm soado os sinos rapidamente. Era mais um estrondo. Alguma vez se viu mesmo uma pequena nuvem se assustar com o badalo dos sinos?

No século XVIII, disparavam-se tiros de canhão sobre os invasores. A região do Macôn era reputada por sua potência bélica. Mas as nuvens de granizo não desviavam de sua rota. À sua malvadez somava-se a arrogância.

Nos anos de 1950, as principais montanhas do Beaujolais estavam equipadas de canhões contra o granizo. Durante a guerra, o trem blindado dos alemães atirava da planície sobre os *maquis* (guerrilheiros da resistência) que ocupavam as florestas. Agora, era dos topos dos montes que partiam foguetes e obuses em direção ao céu. Os foguetes serviam como barragem. Carregados de iodeto de prata, esperava-se que os obuses transformassem em água os cúmulos-nimbos de gelo e morte. Era necessário ainda apontar bem e que não houvesse muitos. Os artilheiros foram acusados de, no lugar de dissolver as nuvens malvadas, empurrá-las sobre os vizinhos. Como isso custava caro, as montanhas foram desarmadas.

Para adotar uma outra técnica: a dispersão de iodeto de prata no coração dos cúmulos-nimbos por pequenos aviões corajosos. Quanto mais a região fosse atravessada por relâmpagos, maior era a tempestade, mais admirava-nos a bravura dos pilotos. Em tecos-tecos rápidos e agressivos como vespões, eles desafiavam fisicamente o céu com fogos de artifício. Nós aplaudíamos o espectáculo.

Resultados e custos foram contestados de novo. Os primeiros seguros contra granizo eram muito atraentes. Por fim, o aumento dos rendimentos permitia, e permite aos azarados cujas vinhas foram afetadas pelo granizo comprar a vindima excedente dos proprietários poupadas pelas tempestades. Os aviões foram voar em outros lugares. Não há em nenhuma parte da França uma proteção técnica contra o granizo.

 DULAC (JULIEN)

## A guerra e o vinho

Depois de Waterloo, os alemães tomaram o hábito de esvaziar as adegas francesas. Sobretudo em Champagne. Assim como nós, gostavam muito de fazer explodir as rolhas para irrigar as suas vitórias. Fosse brindando no local, fosse levando para as suas casas milhares das garrafas mais apreciadas. Quando a paz chegava, eram consideradas como pilhagens de guerra. Em 1814 e 1815, 600 mil garrafas de Moët et Chandon partiram para a outra margem do Reno e até para Moscou. Os russos, eles também, eram vencedores e amantes das borbulhas.

Durante a Segunda Guerra Mundial, de todas as regiões vitícolas, a Champagne foi a mais pilhada. Todas as adegas das grandes marcas foram visitadas. No caso improvável de alguma não ter sido visitada, ela não saberia, no entanto, tirar vantagem desse esquecimento ou desdém. O ministro das Relações Exteriores de Hitler, Joachim von Ribbentrop, apreciava tanto o *champagne* francês que se casou com a filha do proprietário do famoso − entenda-se: célebre − vinho espumante alemão Henkell.

Com exceção de Hitler − bebedor medíocre −, a maioria dos dignitários do Reich eram colecionadores de vinhos e bebedores vigorosos. O gordo marechal Goering era mais pelo *bordeaux*, com uma preferência marcada pelo *lafite*, cujo segundo nome não ocultaremos, como fez o governo de Pétain: Rothschild. Goebbels, a grande garganta, era mais *bourgogne*, essencialmente *côtes-de-nuits*, com alguma queda para o *corton-charlemagne*, o *chambertin* e, naturalmente, os *grands crus* de Vosne-Romanée. De quantas garrafas apropriaram-se e beberam esses dois monstros? É insuportável a ideia de que tiranos, criminosos, possam enfileirar garrafas esplêndidas e, ainda pior, delas obter o mesmo prazer que finos bebedores e homens honestos. As obras-primas da literatura, da pintura, da música, não são diminuídas por terem sido lidas, vistas ou escutadas por bandidos. Que estes tenham bebido *carbonnieux* 1928, *chambertin* 1913, *richebourg* 1929, *latour* 1928, *yquem* 1913, Bollinger 1911, não tira nada à sublime qualidade desses vinhos, exceto que faltam centenas, milhares de garrafas do que poderíamos chamar de, semelhante ao Tesouro Nacional, Adega da Humanidade e que foram abertas por esses filhos da mãe. Houve uma captura, degustação e deglutição de um bem cultural nacional por consumidores indignos. Sempre fica a esperança de recuperar os quadros roubados pelo invasor, mas quanto ao vinho, ainda mais se tiver sido bebido, nada a fazer!*

Por Baco, que trabalho seria necessário fazer para inventariar todos os esconderijos nos quais, quando da última guerra, proprietários-viticultores, castelões, donos de restaurantes, particulares, subtraíram os melhores *crus* da sede dos inimigos! Cada um tinha escolhido, com a maior discrição possível, o refúgio mais seguro: fundos de adegas corretamente cobertos com alvenaria, buracos no subsolo, passagens fechadas, poços sem uso. Garrafas enterradas no parque ou na horta, entre a palha, o feno, a lenha, postas em segurança em grutas cuja entrada foi escondida pela vegetação... Cada um tinha o seu truque, embora o melhor seria ter a sorte de possuir várias adegas, ou uma fileira delas, e condenar a mais distante. Foi assim que André Terrail, proprietário do restaurante La Tour d'Argent, salvou milhares de garrafas, únicas e raríssimas, de vinho do porto, de *cognac*, de *armagnac*, de *bordeaux*, etc., com um muro habilmente feito de alvenaria, quando os alemães estavam entrando em Paris.

Apesar de tudo, não podemos nos sentir orgulhosos ao assinalar que houve mais denúncias de judeus, comunistas, resistentes, do que de adegas.

## Glub-glub

Antes, não era raro escutar no bar ou no restaurante os consumidores exclamarem, levantando as taças de vinho: "Uma pequena vitória sobre o inimigo!". Ou: "Mais uma que não terão!". Dessa maneira faziam referência, patrioticamente, ao hábito das tropas estrangeiras de beberem o vinho e à ameaça de rever os "bárbaros" nas adegas.

---

*   Com algumas exceções: o sargento da segunda divisão do general Leclerc, Bernard de Nonancourt, presidente do Conselho de Vigilância do grupo Laurent Perrier, teve o privilégio de ser o primeiro a entrar na fabulosa adega de Adolf Hitler, em Berchtesgaden, e de dirigir o recolhimento e a repatriação das garrafas (segundo Don e Petie Kladstrup, *A guerra e o vinho*).

A expressão remonta à derrota de Waterloo. Então eram dirigidas ao inimigo: "Mais uma que os prussianos (ou os russos, ou os austríacos, ou os ingleses) não beberão!".

Ao assegurar-lhe a primazia do gosto e o domínio do mercado, a guerra teve também felizes consequências para o vinho do país vencedor. "Os *terroirs* não são feitos com a picareta, mas com a ponta da espada", escreveu Raymond Dumay, lembrando o que os vinhos persas, gregos e romanos deviam à habilidade dos generais, sóbrios ou não. É indiscutível que os vinhos franceses beneficiaram-se, durante muitos séculos, da potência militar, econômica e cultural da França. A decadência de um país não deixa de ter consequências sobre a imagem de seus vinhedos, a reputação de seus *crus* e a autoridade sobre o negócio. No apogeu de sua dominação sobre o mundo, é natural que os Estados Unidos produzam, eles também, grandes vinhos, e logicamente que seja imposto um "gosto americano". Ao qual temos todo o direito de não nos submetermos.

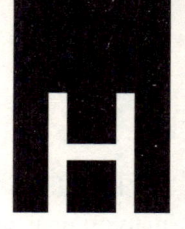

# Haddock (capitão)

Sempre reprovei o capitão Haddock, não por se embriagar, mas por fazê-lo com *whisky*. Hergé provavelmente devia considerar que essa aguardente de nome inglês agregava exotismo ao navegador barbado e, na sua época, originalidade. O *whisky* é como a Coca-Cola: podemos encontrá-lo em qualquer lugar do mundo. E quando, pela necessidade da história, o melancólico capitão deveria ficar ébrio em alguns minutos, era mais fácil fazê-lo esvaziar uma garrafa de *whisky* do que muitas garrafas de vinho.

No entanto, em algumas ocasiões, muito raramente, aconteceu de ele beber vinho porque, como todos os bêbados, ele lançava-se sobre tudo que era alcoólico. Chegou a beber vinho do porto e *champagne*, mas porque lhe faltava o seu querido *whisky*.

Por qual mágica Hergé conseguiu tornar simpático um marinheiro alcoólatra e fazer dele uma das principais personagens das aventuras de Tintin sem provocar a indignação, ou ao menos o repúdio, dos educadores e das famílias? Naqueles tempos acreditava-se que as crianças tomariam consciência dos perigos do álcool constatando os efeitos funestos sobre o capitão Haddock? Transtornos da linguagem, da memória, da visão, comportamento irracional e colérico, atitudes e palavras provocadoras...

Os xingamentos e insultos do capitão Haddock contribuíram em muito para o seu renome, já que Hergé escolhia palavras simples (*bandidos, vermes*...) ou rebuscadas (*anacoluto, sacripanta*...), ou expressões bizarras (*emplastro de ouriço*), mas sempre engraçadas e, sobretudo, nunca verdadeiramente injuriosas.

Na boca do capitão Haddock, água é a palavra mais ofensiva. *Marinheiro de água doce* e *pirata de água doce* eram particularmente ofensivas. Como a maioria dos bebedores imoderados, Haddock trata os outros de *bêbados*, de *beberrões* e, mais original, de *bebedor sem sede*.

No entanto, o melhor de todos é *filoxera*!

## Glub-glub

Quando o pai Grandet, antigo toneleiro que se tornou o proprietário mais rico de Saumur, descobre que a sua filha Eugénie não tinha mais o ouro que ele tinha lhe dado, porque o tinha doado ao seu belo primo, ele esperneia e pragueja. Depois, conta Balzac, ele grita: "Pela podadeira de meu pai, eu não posso te deserdar, to- néis! Mas eu amaldiçoo a ti, teu primo, e teus filhos!" (*Eugénie Grandet*). O "tonel!" não teria ficado mal na boca do capitão Haddock, ao mesmo tempo marinheiro e bebum.

 ÁGUA, EMBRIAGUEZ, PAF

## Hamlet

"Ponham as jarras de vinho sobre esta mesa", diz o rei Cláudio na grande cena fa- tal do ato V. Hamlet não tem nenhuma chance de escapar à morte.

A ponta da espada de Laerte está envenenada. E, caso o seu adversário não conseguisse lhe tocar — e de fato ele consegue ganhar os primeiros assaltos —, para matar a sede ele beberá o vinho. Em uma caneca na qual Cláudio "jogará uma pérola mais rica que aquela que quatro reis seguidos levaram em sua coroa do reino da Dinamarca". Na verdade, a pérola é falsa e enganosa, recheada ou recoberta de veneno. "O rei bebe à Hamlet", diz o traidor e assassino, convidando o jovem homem a fazer o mesmo. Este deixa o prazer para mais tarde. A espada será então mais rápida. Não é indiferente lembrar que o querido Hamlet não morre envenenado pelo sangue da vinha.

De que vinho tratava-se? Estamos na Dinamarca, antes do século XIII. Culti- vavam a vinha? Podemos imaginar mais logicamente que o vinho era inglês ou alemão. Alemão, aponta Hamlet, no primeiro ato, quando evoca as festanças e bebedeiras do rei com o vinho do Reno.

No decorrer de um almoço do qual participavam compatriotas de Shakespeare, eu coloquei esta questão: "Se os eventos reportados pela peça acontecessem *hoje em dia*, qual vinho seria, segundo vocês, o melhor adaptado à patética cena do último ato?". Foi decidido por unanimidade que não poderia ser outro que um tinto. O branco respira a comédia, o rosado a opereta, o *champagne* a ópera cômica. Mas qual tinto? Um *bourgogne* da Côte de Nuits parece mais carregado de tragédia do que um *château* do Médoc. Uma língua pérfida provoca-me declarando-se pelo *beaujolais*, porque seria inútil adicionar veneno. Buscavam-se vinhos na Alemanha mais do que na Espanha ou na Itália. Muito rapidamente abandona-se a ideia de que o rei da Dinamarca, já estando condenado pelo assassinato do pai de Hamlet, poderia provocar Deus até encher a taça de sua nova vítima com um *châteauneuf-du-pape*, um *château l'angélus* ou um *château la-grâce-Dieu*.

Um editor inglês propôs o vinho do porto. Toda a mesa uniu-se a ele. Com a condição de escolher um grande *vintage* de uma cor bem intensa, do qual muitas dúzias de anos não poderiam alterar a cor e os aromas, tal como a idade não apaga a melancolia dos sentimentos. O que poderia ser mais propício e sutilmente perverso que a untuosidade açucarada de um velho douro para dissimular a mão amarga do criminoso?

O talentoso e inventivo diretor de ópera Robert Carsen, a quem contei esse debate shakespeariano, reclamou da escolha do vinho do porto: "Vocês esqueceram que o duelo é longo e esgotador. A rainha diz que Hamlet *está suando e sem ar*. Um combatente não sacia a sua sede com um vinho tão alcoólico quanto o vinho do porto. Finalmente, a pérola deve se dissolver em poucos segundos. Um vinho fresco e um pouco ácido faria melhor a tarefa do que um vinho doce".

Argumentos irrefutáveis e de bom senso. Preocupados com a alegoria, nós tínhamos nos esquecido das contingências.

E então, qual vinho, hoje em dia? Um branco ou um rosado seco, de sede, e além do mais alemão, porque o rei gostava dos vinhos desse país. (Um rosado da Provença não seria muito shakespeariano!)

Eu sugerirei a Robert Carsen ou um *elbling*, um vinho branco simples muito seco, bastante ácido e áspero, da Moselle; ou mais refinado embora também bastante ríspido, um *riesling* ou um *müller-thurgau*, nascido nas vinhas de Saale-Unstrut, na Alemanha oriental.

E nós levantaremos a nossa taça ao "nobre coração" de Hamlet...

## Glub-glub

Na peça *Lucrécia Borgia,* de Victor Hugo, dom Alfonso, marido ciumento, deixa que dona Lucrécia escolha a morte do jovem e belo Gennaro: ou os seus homens o matam com a espada ou ela lhe serve vinho envenenado. Vinho de Siracusa. Ela escolhe o veneno, pois levará também o antídoto. No terceiro e último ato, no palácio Negroni de Ferrara, os jovens senhores festejam na companhia de mulheres alegres e atraentes. Entra um pajem negro com duas jarras na mão. "Monsenhores, pergunto-lhes, vinho de Chipre ou de Siracusa? — Vinho de Siracusa. É o melhor", responde Maffio. Má escolha. Nele dona Lucrécia colocou veneno. E não fornecerá o antídoto.

 Don Juan, Qual vinho?

## Harrison (Jim)

O escritor norte-americano Jim Harrison é um glutão de primeira. Seja na sua fazenda de Michigan ou no Morvan, na casa de seu amigo, o escritor Gérard Oberlé, seja em Los Angeles, Nova York, Paris, ele empanturra-se. Provido de um caderno de bons endereços, sempre pronto a adicionar outros, ele tem o dom de unir em seu prato o consistente com o sublime.

Antigo crítico gastronômico, cozinheiro que sabe usar o seu tempo, "louco pela comida" (é ele próprio que se classifica dessa maneira), adora a cozinha francesa e a celebra em relatos épicos de "comilanças" nos bistrôs e restaurantes três estrelas. Para esse incansável caçador de pássaros, não há nada melhor do que procurar onde se escondem os ensopados de *bécasse* (tipo de perdiz grande), os frangos de Bresse com molho branco de trufas negras *(demi-deuil)*, os patos confitados, os faisões na panela. Em seu menu não faltam, igualmente, os legumes recheados de Nice *(farcis noçois)*, preparados pela esposa de seu editor francês Christian Bourgois), os cozidos provençais *"daubes irréfutables"*, a expressão é de Jean-François Revel, os *cassoulets*, os *foies gras* frescos, as bochechas de boi, os pernis de cabrito, etc.

Jim Harrison é um diletante de vinhos, como são normalmente os americanos gastrônomos e cultos: abertos aos bons produtos de todos os vinhedos. "O gosto é um mistério", escreve, "que encontra inegavelmente a sua melhor expressão no vinho." Quando uma tempestade transforma o lago Superior em uma marmita do diabo, ele abre uma garrafa de *lirac* que o ajuda a suportar e estrondo. Depois de ter acreditado que o seu fim havia chegado a bordo de um turbo-hélice cujo piloto enfiara-se no coração de um violento vendaval sobre o lago Michigan, ele voltou para casa tremendo e irado. "Fui buscar duas garrafas de vinho na adega, um *migoua* e um *bandol* Tourtine du Domaine Tempier de Lulu Peyraud. Bebi lentamente o conteúdo dessas ótimas garrafas meditando sobre o caráter essencialmente criminal da aviação civil e sobre o fato de que mesmo os pássaros têm a sensatez de não voar na tempestade."

Quando o céu está calmo, Jim Harrison esvazia também garrafas de *bordeaux*, de *bourgogne* e, descobertas mais recentemente, de *côtes-du-rhône*. Um dia, ele teve a sorte de apropriar-se por uma modesta soma de uma coleção privada de garrafas excepcionais, entre outras, *château latour* 1967, *richebourg* 1953 e *grands-échézeaux* de muitas safras. Evidentemente, nada restou.

Um dia, em Paris, furioso com as entrevistas que se encadeavam, abandonou o hotel para ir ao café Le Sélect, em Montparnasse, onde é cliente habitual. "Eu bebi uma simples e deliciosa garrafa de *brouilly* (Jim Harrison, sozinho, não pede nunca uma taça, mas uma garrafa). A minha ira desapareceu quando o gato da casa permitiu-me acariciá-lo, e depois, ao inclinar a cabeça, eu tive uma visão impressionante das pernas de uma mulher instalada em um ângulo da sala. Agora, sempre que beber *brouilly*, pensarei nas coxas das mulheres."

## Glub-glub

Jim Harrison não poderia eleger melhor guia para escolher seus restaurantes, bistrôs, vinhos, que o escritor, erudito, colecionador de livros antigos, editor, especialista em paraliteratura, em poetas esquecidos, em ciências inexatas, etc., gastrônomo e cozinheiro, Gérard Oberlé. Esse enciclopedista do não convencional, do raro, do autêntico, do saboroso, que escreve em um francês alegre e de sensualidade brilhante, é autor de um livro único no mundo: *Les Fastes de Bacchus et de Comus ou Histoire du boire et du manger en Europe, de l'Antiquité à nos jours, à travers les livres* [As festas de Baco e de Comus ou História do beber e do comer na Europa, da Antiguidade aos nossos dias, através dos livros]. Em textos curtos e detalhados, trata-se do recenseamento de 1.181 livros gastronômicos de uma coleção particular, com apresentação dos principais autores, sobretudo da Antiguidade (Gérard Oberlé foi professor de Grego e de Latim). Quatro anos depois, ele retomou o trabalho com *Une bibliothèque bachique* [Uma biblioteca báquica]. Como lamento não ter convidado este alsaciano de Morvan a nenhum dos meus programas de televisão. Não deve ser um homem chato, já que leu todos os livros e bebeu todos os vinhos. Gérard Oberlé publicou em setembro de 2006 as suas memórias de bebericador: *Itinéraire Spiritueux* [Itinerário espirituoso].

# Hermitage

Alguns historiadores afirmam que não foi na Narbonne, mas em Tain-l'Hermitage, na margem esquerda do Ródano, que se situa o vinhedo francês mais antigo. Uns seiscentos anos antes do nascimento do Pequeno Jesus e das calças de veludo! É verdade que, se os foceanos procuravam uma colina bem exposta para plantar a vinha, eles não poderiam encontrar lugar melhor que a colina do Hermitage, a qual oferece sol em um voluptuoso isolamento.

A sua filha, a uva *syrah*, herdou de seus genitores a potência aromática e uma sensualidade já meridional. Deixemos que ela envelheça, nós a casaremos com os pretendentes de plumas e de pelos: faisão, lebre, cabrito...

O *hermitage* branco, pelo qual eu confesso uma fraqueza entre ou durante as refeições, é surpreendente sobre a trufa (ah! o risoto com trufas, brancas ou pretas, pouco importa, eu aceito!). Eis aqui uma coisa mais singular: o *hermitage* branco não tem medo do alho! É o renomado Philippe Bourguignon, melhor *sommelier* da França em 1978, diretor do restaurante Laurent, quem afirma: "Ele [o *hermitage* branco] pode orgulhar-se de sua capacidade de acompanhar o alho, porque esse privilégio não pode ser dado a qualquer outro vinho. [...] O aroma de feno e de íris do *hermitage* jovem faz admiravelmente eco àquele condimento estrela da cozinha mediterrânea, associado ou não às ervas perfumadas da Provença e ao *pistou*" (*L'Accord parfait*). E sugere experimentá-lo com as massas ao alho.

Nós o experimentaremos. Depois de ter aberto uma garrafa, resfriada em um balde de gelo, em uma tarde de verão, escutando as canções do vizinho do outro lado do Ródano, Jean Ferrat dos Ardèches.

*Não se tirará mais vinho*
*Era um vinhozinho horrível*
*Mas ele fazia centenários*
*A não saber mais o que fazer*
*Se ele não te deixasse tonto.*
Jean Ferrat, *A Montanha*

 CHÂTEAUNEUF-DU-PAPE, CONDRIEU, CÔTES E COTEAUX

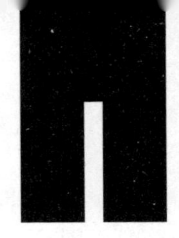

# O islã e o vinho

O profeta Maomé foi muito claro: "Deus amaldiçoou o vinho, aquele que o bebe, aquele que o serve, aquele que o vende, aquele que o prensa, aquele para o qual ele prensa, aquele que o transporta e aquele que goza do dinheiro que é tirado dele". Maomé esqueceu — não se pode suspeitar que tenha bebido em demasia — o pior de todos: aquele que o canta. Os poetas muçulmanos que celebraram o vinho e a embriaguez são, no entanto, numerosos, como testemunha uma antologia de Malek Chebel, autor, entre outros, de um *Dicionário amoroso do islã*.

Foi na Pérsia, país de longa tradição enológica, onde o amor pelo vinho, em todas as épocas, foi o mais forte ou o menos dissimulado do mundo muçulmano. Foi também na Pérsia que surgiram os melhores poetas da bebida proibida. Ao passo que o vinho e a transgressão estimulam a imaginação, a água e a submissão dissolvem o talento. O mais conhecido na França desses poetas dissolutos, insolentes e reprimidos, é sem dúvida o autor do *rubaïyat* ou *robaï* ou *roba'iyyat* (quartetos): Omar Khayyam, nascido em Nichapour, na Pérsia, em 1048 da era cristã. Poeta, mas também, e sobretudo, matemático, algebrista, astrônomo, esse ilustre sábio não hesitava na hora de desafiar o Corão e o poder religioso com o vinho de Chiraz, o seu preferido, e a cantar os prazeres e as virtudes em quartetos tão epicúreos quanto libertários.

Se o islã condena o vinho, ele glorifica a água, o leite e o mel. O islã é uma religião do café da manhã. Omar Khayyam recomendava acrescentar o vinho porque — incrível audácia do provocador! — "os bebedores da madrugada não se preocupam mais com a mesquita". Não que ele não acreditasse em Deus, mas ele não imaginava Alá sob a forma de um tirano doméstico que proibia o melhor daquilo que tinha criado e obrigava os bebedores de água e leite a prostrar-se frente a ele cinco vezes por dia. Omar Khayyam era mesmo um desses filósofos persas e árabes que não descartavam a ideia de uma mística do vinho e da embriaguez.

Um de seus mais célebres *rubaïyat* é este:

*Você diz que o Paraíso é cheio de beldades sem defeito?*
*E que lá o mel e o vinho abundam.*
*Porque então banir todos os bens deste mundo*
*Se nosso último fim é gozá-los lá no alto?*

Lógica maliciosa de um espírito científico. Prudentes ou ignorantes de informação, os evangelistas não dizem em que consistirá a felicidade eterna cristã. O Corão, por sua parte, promete de mãos cheias os prazeres da terra, em especial *houris* (virgens) condenavelmente belas, mas que não condenarão ninguém porque elas estarão à disposição dos muçulmanos eleitos. Um ponto de vista que não é considerado pelos eleitos: por que proibir totalmente o vinho na terra para o homem dócil e piedoso, quando a ele não é proibido colocar uma ou muitas virgens em seu leito? Quem pode dizer que o consumo poligâmico de mulheres é menos perigoso para a saúde da alma do que um consumo moderado de vinho?

O Corão promete vinhos em abundância, tão deliciosos — menciona inclusive "vinhos raros" — que o paraíso de Maomé deve estar coberto de vinhedos. Fé de descrente, fé de Grande Oficial da Confraria borgonhesa, no caso de provarem-me que Alá mantêm lá no alto as promessas enológicas de seus profetas aqui embaixo, eu gostaria muito de adentrar à mesquita...

## Glub-glub

> *Oh, meus amigos, vertais na taça onde eu bebo,*
> *espalhai rubis no âmbar de meu rosto.*
> *Morte, lava-me de vinho e, cepa suprema,*
> *a madeira de vinha comporá dignamente o meu caixão!*
> Omar Khayyam

  OS DEUSES E O VINHO

# Jayer (Henri)

Uma assinatura e uma lenda. Pode-se mesmo dizer que ele nunca foi tão admirado como depois da sua aposentadoria; a sua última safra foi a de 1995. E nunca os seus vinhos foram cotados com valores tão altos. Nas vendas em leilões, os *échézeaux* e sobretudo os raros *cros parantoux* de Henri Jayer disputam com preços equivalentes aos dos *romanée-conti* e dos *pétrus*. Uma revista inglesa de enologia o elegeu como o melhor produtor de vinho do mundo. Um livro foi consagrado a ele (*Ode aux grands vins de Bourgogne*, de Jacky Rigaux). Um japonês veio de Tóquio com uma garrafa na mala de *richebourg* 1971 (assinado H.J.) que deve ter comprado em um leilão, já que Jayer nunca mandou esses vinhos para o Japão. O japonês compartilhou com ele o prazer de abrir essa garrafa pela admiração que sentia por ele... Mesmo na Côte de Nuits, onde ele poderia ser vítima de ciúmes ou contestação, Henri Jayer goza de uma reputação de empalidecer as telhas vitrificadas dos Hospices de Beaune.

Imaginamos esse patriarca e a sua esposa Marcelle em uma velha mansão burguesa, com uma grande alameda, pátio, chão de cascalho e um pombal do lado de um vinhedo rodeado de muros centenários. Nada disso: na periferia de Vosne-Romanée, na entrada que leva à cidade, eles moram em uma casa que remete mais ao expansionismo urbano do que ao patrimônio da Borgonha, ao lado de outros casarões que são apenas percebidos. A adega é também modesta. Não foi construída para deslumbrar os clientes, mas para guardar — sempre em tonéis novos construídos com os carvalhos da floresta de Tronçais — os vinhos de uma pequena propriedade aos quais adicionam-se outros de vinhedos arrendados, entre os quais, um pouco de *richebourg*; os *brûlées*, os *beaux monts*, os *échézeaux*, etc. No entanto, é um outro *climat*, classificado de *premier cru*, o *cros parantoux*, do qual ele possui 72 ares — e que representa três quartos da área! —, que formam as suas obras-primas. Situada acima de *richebourg*, essa produção tinha sido abandonada quando apareceu a praga da filoxera, e durante a Segunda Guerra Mundial foi cultivada com girassóis batateiros (*toupinambours*). Henri Jayer comprou o terreno, o limpou e resgatou o gosto da vinha e do trabalho. O solo, um mosaico de calcários, era muito resistente, e foi necessária a utilização de explosivos para fazer os buracos destinados às plantas. O vinhateiro-bombardeador testemunhou 400 explosões!

O mérito de Henri Jayer é o de ter estado, ao mesmo tempo, na contracorrente e na vanguarda.

Na contracorrente, pela recusa em utilizar o hidróxido de potássio, pelo repúdio aos fertilizantes, recorrendo aos pesticidas somente quando era necessário, pelo respeito ao solo e à vida biológica subterrânea, e sobretudo, por uma vontade inflexível de limitar os rendimentos. Os bons vinhos fazem-se primeiro na vinha. O bom vinificador é primeiro um bom viticultor.

Na vanguarda, pela utilização de uma mesa de triagem onde ele eliminava implacavelmente os bagos não suficientemente maduros ou afetados pela podridão. Isso porque eles não apressavam nem desnaturavam a fermentação e a vinificação (rejeitando as leveduras industriais, evidentemente), obtendo assim vinhos de um rubi brilhante, de aromas complexos, com taninos bem presentes, mas discretos, persistentes na boca, de sabor longo. Ele não fazia a colagem de seus vinhos, também não os filtrava, rituais de passagem tornados inúteis devido ao equilíbrio e à pureza da matéria.

Henri Jayer teve a sabedoria de escolher entre os progressos da ciência somente os que lhe convinham. Ele sempre considerou que a vinificação tinha mais a ver com a filosofia do que com a ciência, mais a ver com a sensibilidade do que com a enologia. Princípios que devem ser seguidos com moderação quando se começa, porque a filosofia nunca esfriou uma cuba nem favoreceu as fermentações malolácticas. Michel Platini diz que, uma vez a técnica perfeitamente dominada, pode-se jogar futebol levado pela inspiração. Henri Jayer tem o mesmo raciocínio com relação à uva e ao vinho.

Poucos hectares, pouco rendimento, poucas garrafas: os vinhos de Henri Jayer eram caros, mas não proporcionalmente à sua raridade, o seu renome e a sua excelência. Se ele quisesse, ele poderia ter dobrado os preços dos *échézeaux* e dos *cros parantoux* e vender todos aos norte-americanos. Para cada restaurante e para cada comprador particular ele limitava o número de garrafas. Mesmo isso não era suficiente: era preciso ser um dos escolhidos. Eu estive entre eles durante quinze anos, sem passar pela lista de espera, graças à recomendação explícita de Georges Duboeuf e implícita da televisão. Um erro que não podia ser cometido: pular uma safra sob um pretexto falacioso, mas na verdade era porque a safra não tinha a reputação da do ano anterior. Era exatamente nos anos difíceis que Henri Jayer mais surpreendia. Ele dizia que eram os "anos do vinhateiro", aqueles em que a competência fazia a diferença.

Também não era recomendável discutir os preços. Uma vez que elas chegavam a mim eu considerava o pequeno papel em que ele tinha escrito com uma letra bem miúda o número de garrafas, a sua denominação e seus preços — três caixas de doze garrafas, às vezes, sorte grande, quatro! — como um privilégio que estimulava ao mesmo tempo as minhas papilas e meu talão de cheques. Eu conheci amadores que não eram clientes de Henri Jayer e que estavam dispostos a tudo para serem. Esse fato inspirou-me um conto com o título de "A lista de espera" (*Lire*, dezembro de 1986). Três assassinatos em três cidades diferentes. O delegado Guerpillon percebe que as vítimas tinham um ponto em comum: garrafas de Henri Jayer nas suas adegas. Ele vai a Vosne-Romanée, onde conhece um vinhateiro um pouco surpreso pela morte violenta de três de seus clientes. Ao ser interrogado ele entrega ao delegado um nome da lista de espera, que no dia seguinte de cada assassinato havia telefonado para ter garantia de conseguir adquirir as garrafas dos defuntos...

No restaurante "Lameloise", em Chagny, no almoço oferecido a Henri Jayer pelos seus amigos no seu aniversário de 84 anos, Pierre Troisgros dizia que os grandes vinhateiros pareciam-se com seus vinhos. É particularmente verdade no caso do artesão-estrela do *cros parantoux* : um corpo bem robusto, um rosto redondo e jovial, um sotaque borgonhês no qual ressoam os três "r" da palavra *terroir*, uma conversa em que o bom senso do vinhateiro casa-se naturalmente com a tecnicidade do antigo enólogo formado na Universidade de Dijon.

 DUBOEUF (GEORGES), DULAC (JULIEN), *PINOT NOIR*

## Jura e Savoie

Chegou o momento de confessar uma doença, uma desgraça: eu não gosto do *vin jaune*. De tempos em tempos, eu tentei recebê-lo bem, para também poder ser bem recebido por ele. Com os anos o nosso gosto muda, a nossa curiosidade agudiza-se. Será que o gosto dele também se modificou? Mas todos os nossos encontros fracassaram. Nunca tive prazer ao degustar um *château chalon*, mesmo pertencendo a uma safra memorável da região de Franc-Comté. A agressividade butirácea, a mistura esquisita de aromas violentos de nozes, de uvas supermaturadas, de *curry*, de *champignons*... mas não vou falar mal, em um dicionário de apaixonados, de um vinho sobre o qual, admito, sou culpado de fazer uma generalização cruel, apreciá-lo apenas dentro de um molho de galinha caipira ou de um frango com fungos *morilles*...

O *vin jaune* é o vinho francês que chama mais a atenção porque nenhum outro gera tanta controvérsia. Ou é detestado ou é adorado. E aqueles que têm a sorte de gostar, ficam tão conquistados que se convertem em devotos e missionários. O *vin jaune* suscita a fé, o proselitismo. Haverá alguma dimensão metafísica que me foge? Ou talvez poética, e Jean-Claude Pirotte o seu "cronista-escanceador". Citemo-lo, leiamo-lo, vale a pena:

"Nada no universo fértil dos *climats*, nada inspira tanto como o *château chalon* o sentimento deslumbrante do prodígio e da perfeição. Que dessa *savagnin* rebelde e frágil, pendurada nas vertentes de cascalhos calcários, e nos declives de marga azul do Revermont, sucessivamente queimada pelo sol e pela geada, às vezes vindimada com esforço com guindastes, sob a neve, que dessa cepa única cujo suco não se importará, na adega mais escura, com as prescrições ortodoxas da enologia, nasce, não saberemos nunca como, esse vinho potente que ao lado de todos os demais os enfraquece ou os anula, eis que faz o amador exclamar:

"Decididamente a vida merece ser vivida, porque ela, às vezes tem o gosto do *vin jaune!*" (*Os contos azuis do vinho*).

O *vin jaune* é produzido com somente uma cepa: a *savagnin*. Não é o meu amigo, mas eu reconheço nele uma personalidade potente, atípica. É um tribuno, forte na garganta, e aqueles que o conhecem bem acrescentam que depois dos seis anos e três meses passados no tonel meditando, sem nenhuma adição de vinho para compensar a evaporação, o seu suco desenvolve um discurso cheio de nuances... Não é porque eu não o capto que eu não incluo o gosto do *jaune* entre os prazeres gastronômicos do bebedor sincero.

Como Jean-Jacques Rousseau, como Pasteur, o gênio do lugar, eu acho bem agradáveis os vinhos de Arbois. Proveniente das cepas regionais, a *trousseau* e a *poulsard*, que os habitantes de Jura chamam de *ploussard*, o tinto deixa-se beber com uma traidora facilidade. Eu não sou inimigo do *vin de paille**, com a condição, no entanto, de que a *poulsard* domine largamente a *savagnin*!

Graças a um amigo de meu pai, fui muito cedo iniciado na bela *roussette* de Savoie e a todos esses brancos e tintos, nascidos e amadurecidos na altitude, cujos nomes são como promessas de caminhadas com mochila nas costas: *apremont*, *chignin*, *chignin bergeron* (produzido, como o vinho *hermitage*, da uva *roussanne*), *abymes*, *ayze*, *charpignat*... As cepas regionais são tão numerosas como no passado? Os habitantes de Savoie eram loucos pela uva *mondeuse*, que raspava a língua e a goela. Imagino que os vinhateiros ensinaram-lhe a mostrar-se menos áspera na sociedade, sem perder as suas notas de framboesa. O que é mais revigorante e prazeroso voltando de uma caminhada do que um tinto de *mondeuse*, tirado de um balde de água fresca? Ou então um branco de Bugey? Ou, se formos audazes, um pequeno *côte du Cerdon*?

---

\* Vinho de palha; leva este nome por ser feito com uvas que perdem parte da água (passificam) sobre uma cama de palha. (N.T.)

## Glub-glub

Numa novela entitulada *Le vin de Paris* [O vinho de Paris], Marcel Aymé imagina um viticultor de Arbois, Félicien Guérillot, filho e neto de vinhateiros, que não gosta de vinho, incluindo o seu *arbois* que lhe arranca caretas e sofrimentos. Somente a sua mulher sabe do segredo desonroso e inconfessável. Personagem inverossímil em uma situação absurda: como pode a sua aversão pelo vinho não ser conhecida pelos seus amigos e vizinhos, em um povoado vitícola, onde as ocasiões para beber são permanentes?

 Qual vinho?

# Jurançon

Foi na escola municipal de meu povoado que eu escutei falar pela primeira vez de outro vinho diferente do *beaujolais*. O professor, o senhor Cazenave, apelidado "o tio Cazenave", ou "Pétrus" (meu colega de infância Paul Geoffray e eu esquecemos o motivo, mas não tem nenhuma relação com o vinho do Pomerol, desconhecido dele e de nós), ou "Do cachecol" (ele vestia um em todas as estações do ano), evocando o bom rei Henrique IV, nos contou sobre o seu batizado laico: um dente de alho esfregado nos lábios e uma gota de *jurançon* na língua. Ele deve ter acrescentado, suponho, que o *jurançon* é um vinho branco do Sudoeste da França. Mas é pouco provável que ele tenha especificado que o vinhedo situa-se perto de Pau e que ele é vizinho de outras denominações de nomes cantantes: *iroule-guy, côtes-de-béarn, madiran, pacherenc du Vic-Bilh, côtes-de-saint-mont*. Nós tínhamos oito ou nove anos e ignorávamos ainda os nomes dos *crus* do Beaujolais. Ah, eu ia esquecendo o *tursan* – o melhor é o branco – do qual Michel Guérard, em Eugénie-les-Bains, tornou-se cozinheiro-hoteleiro-vinhateiro.

Ao *jurançon* seco, proveniente principalmente de uma cepa chamada *gros manseng*, eu prefiro, e muito!, o *jurançon* suave que produz, entre outros, a variedade *petit manseng*. Esta tem a pele tão grossa como a de um vinhateiro de Béarn. Na sua sólida cobertura, a uva pode continuar amadurecendo e o seu suco concentrando-se até alcançar uma sobre maturação chamada *passificação*. Os bagos não envelhecem no mesmo ritmo, por isso é necessário fazer a vindima muitas vezes. Tantas triagens quanto passagens pela vinha.

Antes de fixar-se em Béarn, as variedades *gros* e *petit mansengs* não teriam se aventurado pelos trópicos, de onde teriam trazido os aromas de frutas exóticas?

Com o seu cedilha, o *jurançon* é um vinho que carrega o saca-rolhas no próprio nome. O *mâcon* é menos prático.

## Glub-glub

"[...] Quando era adolescente, encontrei um príncipe ardente, imperioso, traidor como todos os sedutores: o *jurançon*. Essas seis garrafas incitaram a minha curiosidade sobre a sua região de origem mais do que o teria feito um professor" (Colette, *A parreira de moscatel*).

 QUINCIÉ-EN-BEAUJOLAIS

## Krug

Como os "citroenistas" que não dirigem nenhum outro carro que não seja Citroën, os "krugistas" consideram que nenhum outro *champagne,* a não ser o Krug, seja digno de sua mesa e de seu paladar. Não chegam a recusar, fora de casa, um Pol Roger, um Ruinart ou um Roederer, e inclusive terão a cortesia de julgá-los excelentes. Da mesma forma os "citroenistas" aceitam entrar em um Renault ou em um Opel quando lhes convém. Mas uns são aficionados pelo Krug com o mesmo entusiasmo e a mesma intolerância que os outros pelo Citroën – ou pela Ferrari!

Segundo o padre Bernard Bro, nunca lhe serviram, na residência de Julien Green, outro *champagne* que não fosse o Krug. O escritor franco-americano era, portanto, um krugista. Como Hemingway e Paul Morand, limitando-nos somente aos autores que esvaziavam suas taças *flûte.* Mesmo sendo o Krug o mais caro de todos os *champagnes,* junto com o *Salon,* o círculo de seus adoradores, célebres ou desconhecidos, cresceu consideravelmente, chegando até o Japão.

Do ancestral Joseph Krug (1800-1866) até Henri, o viticultor, dono de adega, artesão, e Rémi, o seu irmão, negociante, embaixador, os Krug sempre ficaram um pouco à parte, considerando que a qualidade excepcional de seu *champagne* e a sua produção limitada mereciam uma atenção e um preço que, aliás, lhe concediam os próprios consumidores. Industriais do *champagne*? Certamente, não. Artesãos? Eles reivindicam o método e o espírito. Artistas? Eles não chegam a tanto. Contudo, Henri publicou um pequeno livro chamado *L'Art d'être Krug* [A Arte de ser Krug]. Ele compara a Grande Cuvée a uma sinfonia e o Clos du Mesnil – uma pequena e admirável produção safrada de uma cepa – a uma sonata. Os artistas contemporâneos, notadamente Jan Voss, pintaram quadros nos quais o "K" de Krug é celebrado em uma exuberante modernidade. Para comemorar os quarenta anos de assemblagem, de colheitas, de criação, Rémi ofereceu ao seu irmão e à elite cultural de Paris um suntuoso jantar (Krug 1988, Krug Rosé, Krug Collection 1979) na Cité de la Musique. O jantar foi precedido de um recital do violinista Laurent Korcia e uma distribuição de refrescos, criados para a ocasião, a artistas como Rostropovitch e Jeanne Moreau, cujos talentos Krug homenageava e associava estreitamente aos seus.

Dessa forma, toda a estratégia de representação e comercialização dos irmãos está focalizada na criação, nas artes e na raridade cultural. Isso atraiu para eles ciúmes e perfídias. Eles não estão nem aí para isso. O "culto Krug", fundado na excelência de garrafas atípicas, é um negócio que borbulha.

 CHAMPAGNE, DOM PÉRIGNON, VEUVE CLICQUOT

# Lamartine (Alphonse de)

Mais voltado para Lyon do que para Dijon, Lamartine é um borgonhês do Sul. O seu nome e a sua obra poética (especialmente "Milly ou a terra natal", "A vinha e a mansão") estão intimamente ligados ao *terroir* de Mâcon, onde ele ambicionava ser um proprietário responsável e próspero. Tornou-se dono de três *châteaux* e outras propriedades graças a uma herança. Essas propriedades transformaram-se no objetivo de uma peregrinação lamartiniana que começa em Mâcon, onde ele nasceu, em 1790. François Mitterrand converteu-se em guia dessa peregrinação.

Havia Milly – que se transformou na cidade de Milly-Lamartine – e Monceau, seus dois locais preferidos, talvez devido às dezenas de hectares de vinhas que constituíam a sua riqueza. A terceira, Saint-Point, estava fundamentalmente rodeada de terras, de pradarias e de florestas, de vinhas de menor qualidade que rendiam menos. Uns trinta cultivos de vinhas, uma generosidade natural que lhe fazia distribuir luíses de ouro e um modo de vida dispendioso podiam fazer acreditar que Lamartine era um aristocrata opulento do interior. Não era nada disso. A propriedade de seus domínios era acompanhada por contribuições consideráveis às suas irmãs e cunhados, de pensões vitalícias àqueles que tinham direito e de empréstimos contratados para pagar novas aquisições. Esse senhor queria sempre mais e melhor. Ele amava tão apaixonadamente a terra que se endividou pelo resto da vida, e suas vinhas sugavam o que ganhava com direitos autorais. Nos anos ruins, ele novamente precisava tomar empréstimos, normalmente com altos juros. Ele não aceitava vender as terras, a não ser forçado e quando era inevitável, como em 1860 – ele tinha setenta anos –, na extrema falta de recursos, desesperado como nunca, teve que ceder a sua querida propriedade Milly a um rico habitante de Cluny.

Na maioria dos anos, Lamartine não conseguia vender a totalidade de seus brancos e tintos de Mâcon a preços que teriam lhe permitido rentabilizar a manutenção das suas vinhas e a plantação das novas. Ele confiava que o seu prestígio de escritor e de político dariam ao seu vinho uma mais-valia que a clientela não hesitaria em pagar, como acontece hoje com os atores, os donos de empresa, os *chefs* cheios de estrelas, etc.? Se ele contava com isso, o mercado o decepcionou. Do mesmo modo, ele teve de reconhecer que a sua tentativa de exportar os seus vinhos para a América – junto com alguns outros –, por intermédio de uma sociedade mercantil que ele tinha criado e financiado, foi um desastre que lhe custou muito caro.

Ainda assim, era preciso mais para desanimá-lo. Com grande obstinação, mesmo em Paris, mesmo durante uma viagem, ele preocupava-se com o estado de suas vinhas e com a venda de seus vinhos. Como testemunham as suas cartas, bilhetes e notas endereçadas ao seu "querido Révillon", responsável por seus domínios vitícolas. "Vigie rigorosamente as obras dos vinhateiros de Milly e de Monceau, passe pelas vinhas pelo menos duas vezes por semana para supervisionar os trabalhos com a terra a remover, a retirada das ervas, etc." À sua irmã Cécile e às suas sobrinhas: "Esta é uma carta de vinhateiro. Cuidem e prensem as minhas vindimas nos três vinhedos. Adiantem aos vinhateiros o que necessitam para que tenham alimento no inverno. Se vocês puderem, coloquem em cubas um total de 1.800 a 2 mil tonéis".

Percebe-se que Lamartine estava sempre mais preocupado com o rendimento de suas vinhas do que com a qualidade de seus vinhos.

A quem estava endereçado este bilhete que eu emoldurei? Ele tem a data de 25 de fevereiro, sem especificar qual ano.

"Se o sr. Galichon quer pegar 650 tonéis de vinhos velhos de todas as idades pela soma redonda de 60.000 francos à vista em abril, que ele faça o favor de me dizer".

"Sai por um pouco mais de 85 francos o tonel. Agora, não aceito mais venda a crédito.

"Meus cumprimentos, Lamartine

"A gripe deteve-me ao lado do fogo da lareira."

Essas poucas linhas pedem algumas observações. Erro de cálculo, o tonel custaria um pouco mais de 92 francos ao sr. Galichon. Lamartine ficaria feliz de encontrar comprador para o seu estoque de "vinhos velhos de todas as idades" porque não tinha conseguido se desfazer deles quando jovens. A sua contínua necessidade de dinheiro em espécie o forçava a vender com bastante frequência e prejuízo.

"As minhas vinhas prometem-me 2 mil tonéis de vinho, escreveu o poeta-vinhateiro à sra. de Girardin, se o bom Deus, de que tanto necessito, detiver os seus raios e granizos."

## Glub-glub

Curiosamente, se a vinha apaixonou o proprietário, ela inspirou pouco o poeta. Em "Milly ou a terra natal", ela é um elemento decorativo, nada mais. Em "A vinha e a mansão", num diálogo de Lamartine com sua alma, ela está mais presente.

*Escuta o grito das vindimas*
*Que se eleva da prensa vizinha,*
*Veja as trilhas rochosas das granjas*
*Avermelhadas pelo sangue da uva.*

*Olha ao pé do teto que se afunda:*
*Está ali, perto da figueira seca,*
*A cepa perene que se enrola.*
*No ângulo da rachadura no muro!*

Somos obrigados a reconhecer que foi a água ("O lago") que inspirou o viticultor de Mâcon em sua obra-prima. O vinho não é um líquido romântico.

 CHARDONNAY, MONTESQUIEU

# Languedoc-Roussillon

Os vinhedos e seus vinhos ficam na moda durante um tempo, e depois deixam de estar. Durante os anos de 1970, foi a vez do Beaujolais. Os tintos do Loire (Touraine, Anjou, Saumur) tomaram o seu posto. Depois dos anos de 1990, veio à moda o Languedoc.

Qual *sommelier*, qual dono de loja de vinhos não oferece, de cara, ao cliente aberto às aventuras, a descoberta de um vinho tinto do Languedoc? Por exemplo: foi no L'Atelier de Robuchon que degustei pela primeira vez um Domaine de la Colombette, um atleta que cantava com o sotaque da região. O meu convidado o tinha em sua adega. Ele não o reconheceu, o que é totalmente perdoável na febre gastronômica de um restaurante tomado de assalto. Esse *vin de pays*, proveniente dos Coteaux du Libron, tendo recebido a consagração de Robuchon, adquiriu de repente uma mais-valia sagrada na estima e na adega de meu camarada.

O que os *sommeliers* parisienses promovem, aconselham e recomendam, sem cessar, é todo o Languedoc. Com merecimento. Porque o maior e mais antigo vinhedo da França (o de Narbonne) – apesar de ele continuar produzindo, aos montes, vinhos de consumo cada vez menos consumíveis, isto porque os clientes estão cada vez mais conhecedores e exigentes – tornou-se concorrente dos melhores. Não sem um esnobismo de carvalho novo, de enólogo chique e de preços que, aqui e acolá, não são mais razoáveis. Com a abundância de produtores e denominações, o preço pedido ao cliente não é por acaso uma forma de distinguir-se e de consolidar a sua supremacia? Sem esquecer que o retorno sobre o investimento existe nas empresas agrícolas assim como nas outras.

Houve e continua havendo uma corrida do ouro sobre os *terroirs* do Languedoc, assim como houve uma corrida sobre as ribeiras do rio Colorado. É preciso reconhecer que a maioria dos garimpeiros de qualquer nacionalidade e de qualquer índole que se lançaram, às vezes com grandes gastos, na procura pela originalidade (*vins de pays* de uma ou muitas cepas) e pela qualidade, conseguiram ser bem-sucedidos. Igualmente os viticultores que voltaram a se concentrar nos vinhos com as cepas do *pays d'oc*.

Languedoc, "terra de contrastes" (chavão proibido por todas as escolas de jornalismo): por um lado, apoia-se nas tradições, no antigo e na abundância; por outro lado, vive-se cada vez melhor da transgressão, da inovação, da seleção e da audácia.

Suntuoso *maury*, suave *banyuls*: vinhos da uva *grenache* fortificados. O *frontignan*, querido por Colette, o *rivesaltes*, o *saint-jean-de-minervois*: vinhos doces naturais de *moscatel*. As papilas da minha juventude lembram-se deles. Trata-se da versão *Roussillon* da *madelaine* de Proust? Outro chavão proibido pelas escolas de jornalismo.

## Loire (Vale do)

De todos os vinhedos franceses é o mais extenso, o mais diversificado, o mais original. Como o rio Loire no período de cheia, é difícil de ser controlado; como a região do Loire, nos dias de bom clima, é sereno, majestoso, serpenteante e calmo. O rio é uma longa via tranquila, e as vinhas que se sucedem, agrupadas em ducados e principados, levam a marca da doce e velha França.

As propriedades levam os nomes dos castelos: de Fesles, de Suronde, de Vaugaudry, da Turmelière, des Noyers, etc., mas os luxuosos e históricos castelos do rio Loire e de seus afluentes: Amboise, Chambord, Chenonceaux, Blois, etc., não deram nenhum título de nobreza a nenhum denominação de origem.* Ah, não são como os bordaleses, alguns chamam de castelos a cabanas, que teriam deixado sem etiqueta tais monumentos, glória do turismo e do comércio!

Outra originalidade do Vale do Loire: nenhuma cidade é a capital. A exemplo do Ródano e das Côtes que levam o seu nome, o Loire reúne e encarna todas as denominações de origem — 61 disseminadas ao longo de seu curso. Mas, contrariamente ao Ródano onde grandes cidades — Vienne, Valence, Montélimar, Avignon — não emprestam a sua notoriedade aos vinhedos próximos delas, abandonando a glória a municípios modestos; o Loire está delimitado por algumas metrópoles que se identificam com seu desenvolvimento vinícola: Nantes, Angers, Saumur, Tours.

Também podemos percorrer, indo pelo Loire, de Nantes a Roanne, as cepas que foram instaladas sobre as margens como se fossem tribos: *melon de Bourgogne*, com nome local de *muscadet, gros plant, chenin blanc, cabernet franc, cabernet sauvignon, groslot, chardonnay, sauvignon, malbec, pinot noir, pinot gris, chasselas, gamay...* É lógico que a província escolhida pelos reis da França para desfrutar da doçura de viver tenha sido incentivada, imitando a monarquia, a multiplicar as denominações de origens, os títulos, os feudos e as propriedades e a preferir, segundo os seus interesses, a assemblagem ou a família única de cepas. Os vinhedos do Vale do Loire são uma imagem dos Valois e dos Bourbons: a estirpe, o ramo familiar, a descendência, a etiqueta, o emaranhado, o prestígio, a excelência, fidalgos e senhores misturados.

Eu aprecio especialmente os senhores suaves, doces, surgidos da podridão... nobre. Os bagos da uva *chenin blanc* expostos ao sol de Anjou e a névoa formada na confluência dos rios Layon e Loire produzem voluptuosidades que recebem o nome de *quarts-de-chaume* e *bonnezeaux* (parece que a safra de 1921 transportava o homem mais contido de todos fosse à transcendência, fosse à morte depois de um orgasmo). Com os *coteaux-du-layon*, quando ocorre um veranico, também podem experimentar-se esses choques emocionais.

O *vouvray*, o branco preferido por Balzac, é o senhor da Touraine. Sempre com a *chenin*, cepa cuja complacência resvala para o milagre, o *vouvray* veste-se de seco, *demi-sec*, suave, licoroso e mesmo de espumante. Dependendo do solo, a exposição, o ano, o vinhateiro, o mercado. *Demi-sec* — dispenso, senhor! —, eu o acho um tanto bastardo, frisante, algo como um bobo da corte. Eu prefiro você na sua juventude, seco, elegante e orgulhoso, ou, melhor ainda, nos ouros deslumbrantes, os aromas hedonistas da sua maturidade, tenha nascido, em um ano do Rei Sol, chamado de ano Luís XIV.

---

\* Com a exceção de Cheverny.

A cepa *sauvignon blanc* instalou de uma parte e de outra do Loire oriental e os senhores brancos de Sancerre e de Pouilly, aristocratas populares que puseram a cocarda na rolha e que, longe dos castelos, teriam votado a morte do rei. Pouilly até mesmo cheira não a um aroma queimado, mas defumado, à pedra de isqueiro, o que lhe confere uma singularidade invejável. Quanto ao Sancerre, ele não hesita em anunciar-se com o nome de Chavignol, produtor de suculentos queijos de cabra chamados *crottins*. Sancerre e Pouilly *fumé* adaptaram-se tão bem à partilha democrática que permitiram estabelecer-se com sucesso, entre Bourges e Vierzon, dois gentis-homens campestres, eles também vestidos de branco, Quincy e Reuilly.

Do outro lado do rio Loire, devido ao fato de a região de Nantes respirar o iodo do Atlântico e preferir imaginar os faróis à sua frente do que castelos atrás, o *muscadet* expande as suas notas cítricas sobre uma multidão de frutos do mar.

Mas os melhores brancos secos do Loire provêm das terras de René I, o Bom, duque de Bar, duque da Lorraine, conde da Provença, rei de Nápoles e, sobretudo, duque de Anjou que foi o último a reinar, com refinamento, sobre um ducado, ainda separado da França. Aos suaves de Layon ele podia acrescentar, ainda mais próximos ao seu castelo, sobre a margem direita do Loire, os secos de Savennières. É pouco provável que a carta de vinhos ao redor de Angers fosse parecida com a dos tempos atuais. Mas ninguém pode discutir a antiquíssima celebridade de dois *grands crus exceptionnels* de Savennières: a *roche-aux-moines* e, sobretudo, a *coulée-de-serrant*, que agradava tanto a Curnonsky que ele o classificava entre os cinco melhores vinhos brancos da França (junto com *château-chalon*, *château-grillet*, *montrachet* e *yquem*).

Não é estranho que o monarquista Vale do Loire tenha doado à França mais senhores brancos do que senhores tintos?

Esses escolheram como domicílio sobretudo Touraine, Chinon, Bourgueil e Saint-Nicolas-de-Bourgueil, a um disparo de flecha dos castelos de Azay-le-Rideau e de Langeais. Saché está ao lado. Encontramo-nos nas terras de Balzac. Encontramo-nos nas terras de Rabelais. O vinho de Touraine não pode ser afastado da lembrança desses dois imensos escritores.

## Glub-glub

*Vouvray no verão*
*Sábio fulgor*
*Poeira do tempo*
*Lenta avalanche de tufos calcários sobre o rio espumando em amarelo*

*Vouvray no outono*
*Música vermelha*
*Fogos de bruxas sob os troncos*
*Onde canta e ronrona nosso futuro*
*O ouro do caminho entra em fusão [...]*
(Jean-Marie Laclavetine, *Vouvray*)

## Glub-glub

O vinho de Anjou corre em abundância em *Os três mosqueteiros* e em *Vinte anos depois*. É o vinho preferido de D'Artagnan. Milady sabe disso. Ela envia-lhe algumas garrafas no cerco de La Rochelle. Ela aguarda uma vingança rápida, já que o vinho está envenenado. Um criado que bebeu um grande gole morre na hora e salva a vida de nossos quatro heróis. Será que eu li muito rápido? Acho que Alexandre Dumas nunca especificou se o *anjou* dos mosqueteiros era seco ou suave.

  Courier (Paul-Louis)

## Mauriac (François)

Foi com a idade de quarenta anos que François Mauriac, depois de acordos com a sua família, acabou tornando-se o proprietário de Malagar (antigamente grafado Malagarre, depois Malagare). Uma robusta e muito bela mansão da região da Garonne, que não é um castelo mas que, como é admitido para os vinhos de Bordeaux, converte-se em *château* nos rótulos. A propriedade, situada a três quilômetros de Langon, na encruzilhada dos *graves*, dos *sauternes*, dos *côtes-de-bordeaux saint-macaire* e dos *sainte-croix-du-mont*, produz os primeiros *côtes-de-bordeaux*: um tinto, um branco seco, um rosado e, sobretudo, um branco licoroso. O *château malagar* evidentemente não tem a reputação de um de seus ilustres vizinhos, o *château d'yquem*. Mas como explicar que estando vivo François Mauriac, eu nunca escutei ninguém elogiar os seus méritos, em particular seus colegas jornalistas do *L'Express* e do *Figaro* que visitaram a propriedade ou lhe fizeram encomendas? Estaria o seu julgamento deles falseado pela glória do escritor (não se quer que um homem ganhe todos jogos)?

Em sua coluna semanal *Bloc-notes*, Mauriac celebra bastante o charme de Malagar, em especial o terraço que domina uma vasta e impressionante visão sobre as vinhas. Ali ele está bem, ele gosta de visitar o lugar, sobretudo na Páscoa e no outono. Ele aprecia a paz, o silêncio, ainda que ele pragueje contra os estrondos dos aviões supersônicos. Como todo proprietário de vinhedos, ele teme o granizo e o excesso de chuva antes das vindimas. "A verdade é que eu me sinto na minha casa só em Malagar." Ah! O aroma dos galhos que ardem na lareira, o canto do rouxinol, a bruma matutina, o nevoeiro sobre as vinhas...

Mas ele não fala do trabalho do viticultor. Raramente das uvas e das vindimas. Mesmo assim diz: "As vindimas foram curtas este ano. O vinho será excelente: 23° antes de ontem. Mas haverá pouco. Os vindimadores ofereceram-me o seu aroma. Eu fui agradecer-lhes na cozinha penumbrosa onde eles comiam o peru" (domingo 11 de outubro de 1959). Em outubro de 1963, ele anota ter escutado através das paredes "a prensa nova". É tudo. A vinha de Langon inspirou menos o escritor girondino que os pinheiros da Landes da sua infância, cujas altas silhuetas e barulhenta companhia pareciam-lhe bem mais romanescas. No entanto, o vinho de Bordeaux não está ausente de seus romances. Aqui, um magnífico exemplo: "Os verões de outrora ardem nas garrafas de *yquem* e os crepúsculos dos anos acabados avermelham o *gruaud-larose*" (*Le Baiser au lépreux*; O beijo do leproso).

Aliás, François Mauriac gostava do vinho? Apreciava o exercício da degustação? Ele o evoca tão pouco que nos perguntamos se a sua temperança muito cristã não era uma ausência do prazer de bebê-lo. No entanto, como todos os proprietários bordaleses, ele tinha orgulho de ter o seu *château* no vinhedo mais célebre do mundo. Daí, a descer à adega, a escolher as garrafas, a comparar os *millésimes*... Foi o seu filho, Claude Mauriac, também ele sem curiosidade para os vinhos, que revelou o segredo: "Tanto meus tios (Pierre, sobretudo) quanto este ou aquele de meus primos Mauriac sempre manifestaram muitos dons, inspiração e conhecimento nessa matéria tão espiritual. Arriscando decepcionar, um pouco menos o meu pai, tenho que confessar aqui". (*De l'esprit des vins, Bordeaux*; Do espírito dos vinhos, Bordeaux)

Quem censuraria ao poeta de *Mains jointes* [Mãos juntas] tê-las separado para sustentar uma pluma, um livro, um jornal, preferindo-os à taça?

 AUSONE *(CHÂTEAU)*, MONTESQUIEU

## Médoc

O leitor pode remeter-se à sua enciclopédia preferida de vinhos franceses para consultar a listagem de vinhos tintos do Médoc classificados em 1855. Ele encontrará, descendo a margem esquerda do estuário do rio Gironde, a denominação *margaux*, 21 *crus classés*, entre os quais um primeiro (*château margaux*); depois *saint-julien*, onze *crus classés*; *pauillac*, a seguir, dezoito *crus classés* com três *crus* primeiros (*château lafite-rothschild, château latour, château mouton rothschild*); finalmente, *saint-estèphe*, cinco *crus classés*, e para trás, o *haut-médoc*, igualmente cinco. Total: sessenta.

Contrariamente ao que acreditam os bordaleses, para um estrangeiro na região, não é fácil de orientar, já que a nomes de comunas prestigiosas acrescentam-se outros que o são menos: Arsac, Cantenac, Saint-Laurent, Moulis, Saint-Seurin, Labarde, Macau... Esses povoados possuem, eles também, alguns dos *crus classés* da famosa lista.

Para um francês que fez a vindima das vinhas de encostas, de colinas e mesmo de montanhas, a quem sempre se disse que, frente ao sol, é da encosta à qual a cepa se agarra e luta que a uva extrai a sua legitimidade e puxa a sua substância, é surpreendente descobrir o Médoc. O quê? Altitude zero? Plano sombrio? Bem, eu exagero: a comuna de Listrac tem o seu cume a 43 metros acima do nível do mar! Vertigem garantida. E aqui e acolá, observamos algumas rotas e caminhos, levando aos *châteaux*, que parecem querer decolar muito ligeiramente "(trepar" seria uma palavra excessiva). E bem, sim, o Médoc não tem nem altitude nem inclinação, e produz vinhos cuja saliente personalidade é inversamente proporcional à planura de sua geografia.

Mas há a água do Gironde. Dizem que "as melhores vinhas olham para o rio", como as do *château beychevelle*, chamado assim porque os barcos abaixavam a sua vela para saudar o duque de Épernon em seu *château*, grande almirante da França. Histórias de famílias e de convidados prestigiosos, anedotas sobre o negócio, cartas de agradecimento de reis, de príncipes, de presidentes, de estrelas, todos os *châteaux* têm a memória cheia, documentos e fotos emoldurados sob vidros. Ou no cofre.

Há também o oceano, as correntes cálidas da corrente do Golfo, e uma meteorologia atlântica nem muito seca, nem muito úmida, à qual o *cabernet sauvignon*, demorado para amadurecer, se acomoda perfeitamente.

Há ainda os cascalhos (*graves*), esses depósitos fluviais que teriam se desprendido dos Pireneus e deslizado para o rio Gironde, o rio Dordogne e o rio Garonne durante algumas dezenas de milhões de anos. Obrigado aos cascalhos por terem vindo, porque são eles, misturados ao calcário, a pequenos seixos, que deixam escoar a água quando o oceano toma a Aquitânia como o seu sumidouro. O Médoc (e alguns outros vinhedos bordaleses) extrai a sua riqueza da pobreza de seu solo terciário.

Há, finalmente, a homogeneidade dos vinhos do Médoc e a singularidade de cada um. Uma mesma família, com ares diferentes, caracteres diversos, comportamentos que variam no envelhecimento segundo a nascença e a educação de cada um. Eis porque os apaixonados pelos vinhos do Médoc debatem infinitamente sobre os méritos dos *margaux* comparados às virtudes dos *pauillacs*, preferem ou não os *saint-juliens* aos *saint-estèphes*, apaixonam-se por um quinto *cru* ou mesmo por um *cru bourgeois*, e querem lhe dar o lugar de um segundo *cru* do qual se afastaram com um ressentimento que somente se iguala ao fervor que sentem pelo novo favorito.

Para além do prazer de degustar e de comparar, como é divertido dar-se a ilusão de inverter a hierarquia social dos *châteaux*!

## Glub-glub

Não existe nenhuma obrigação no Médoc de se beber vinho *"classé"*! A preços não tânicos podem ser encontrados *châteaux* cidadãos, como o *château moulin-de-la-rose* (quem diz melhor?), um *saint-julien* indicado por Guy Renvoisé em um de seus livros. Eu tive a sorte, um dia, de descobrir o seu nome na carta de um restaurante.

 *Bourgeois*, Classificação de 1855

# Mérito Agrícola

De todas as condecorações generosamente distribuídas pela República francesa, a do Mérito Agrícola é a mais desejada. Sobretudo por aqueles que, nunca tendo colocado as mãos nas ancas de um cavalo ou nas nádegas de uma vaca, ou ignorando o significado do verbo *"ouiller"* (encher um tonel até a borda quando ele perde líquido por evaporação) ou do substantivo *"millerandage"* (aborto parcial ou desenvolvimento incompleto dos bagos das uvas), não a merecem. Jovens jornalistas, tínhamos sido convencidos por um professor do CFJ (Centro de Formação dos Jornalistas) que, enquanto estivermos ativos, mesmo que a nossa liberdade de expressão fosse exercida em rubricas muito modestas ou em jornais lidos somente pelos seus redatores e suas famílias, essa liberdade seria melhor aceita com a condecoração da Legião de Honra. Poder-se-ia pretender a outras futilidades com a condição de sermos perfeitamente indignos delas.

No *Figaro Littéraire* dos anos de 1960, lançamo-nos a demonstrar essa ideia desrespeitosa e inofensiva. Eu não tinha trinta anos e meus camaradas me fariam obter o Mérito Agrícola, enquanto eu me dedicaria a enfeitar as abotoaduras do prefeito de Quincié-en-Beaujolais com a fita condecorativa das Artes e Letras. Nós procederíamos a uma entrega comum, na mesma tribuna o viticultor e o jornalista literário, diante de seus amigos, o primeiro recebendo a medalha logicamente destinada ao segundo, e vice-versa.

O meu Mérito Agrícola não passou de uma formalidade. E no entanto achei que a coisa ia mal quando tive que preencher um formulário de pedido que perguntava sobre o número de cabeças de gado que eu possuía e a superfície da minha exploração. Respondi sem vacilar: 1 (um gato) e 250 m² (jardim de periferia). O ministro da Agricultura, Edgar Faure, e seu diretor de gabinete, Jean Pinchon, cultivavam o humor: o meu pedido foi aceito.

Quanto ao ministério do outro cultivo, aquele das Artes e Letras, foi uma outra história. Redigimos um opúsculo para elogiar a ação contínua, enérgica e antiga do sr. Georges Lavarenne, prefeito de Quincié, a favor da biblioteca e da banda municipais, para assinalar quanto esse discreto viticultor gostava dos livros e favorecia os trabalhos dos pesquisadores sobre a história de sua comuna e o cantão de Beaujeu, para finalmente nos alegrarmos das consequências que essa condecoração, inesperada mas tão merecida, não deixaria de ter em um mundo vitícola em que todos aspiravam a se abrir para culturas diferentes daquela do vinho, mas onde o espírito recebia de Paris e da tutela cultural poucos sinais de estímulo. Astucioso, não? Ai de mim! André Malraux, seu diretor e seus chefes de gabinete eram tão sérios quanto as obras de Malebranche na "Pléiade". Abriu-se uma sindicância que concluiu o seguinte: o viticultor Georges Lavarenne estava mais apto a receber o Mérito Agrícola que o de Artes e Letras!

O interessado, eu e meus camaradas do *Figaro Littéraire* ficamos desapontados. Não deixávamos de aproveitar qualquer para festejar, para esvaziar garrafas, e essa dupla entrega de medalhas usurpadas teria sido um grande momento de confraternização amistosa e báquica. Ficamos tão desapontados pelo fracasso de nossa pilantragem que não irrigamos o meu Mérito Agrícola. Ele nunca me foi entregue.

 QUINCIÉ-EN-BEAUJOLAIS. *TASTEVIN* (CONFRARIA DOS CAVALEIROS DO)

## Missa (vinho de)

Mais uma vez, ai de mim! Perguntamo-nos: qual vinho? Qual vinho continha a taça de Jesus na mesa da Última Ceia? Foi um branco ou um tinto que ele transsubstanciou metaforicamente em seu sangue, como transubstanciou o pão em seu corpo? Dos três evangelistas (o quarto, João não evoca a refeição da quinta--feira santa), nenhum especifica a cor do vinho que sofre a transubstanciação. Nenhum! Alguns historiadores e exegetas tentaram decifrar o enigma. Sem sucesso.

Pela sua cor, o vinho tinto tem uma legitimidade evidente como substituto para o sangue. Sangue vermelho, *bordeaux* vermelho... Olhar sanguíneo, laranja sanguínea... A Eucaristia é um belo e opaco mistério cuja lógica profana consiste na identificação do sangue com o vinho tinto. Catapuft! Entre os católicos, o vinho de missa é branco* (tinto nos ortodoxos, a Igreja bizantina é mais... cartesiana?). Mas se o sacerdote adora o vinho tinto, por motivo de conforto, gosto, saúde, ele não comete nem falta, nem pecado.

Curiosamente, o direito canônico não diz nada sobre a cor do vinho, embora expresse que deve ser feito "com uva madura e fermentada" e que "a ebulição não substitui a fermentação". Valorizamos a obrigação do sacerdote de comungar com um vinho correto. "Quando o vinho está acre ou alterado, é matéria inválida; se ele começa a avinagrar ou a estragar, é matéria ilícita." Não é, portanto, proibido, muito pelo contrário, escolher como vinho de missa um AOC, e mesmo um *grand*

---

* No Brasil o vinho de missa é um vinho licoroso de alta graduação alcoólica de uva moscatel e uvas americanas, e rosado! Rosado para manchar menos e grau alcoólico alto (16% vol.) para ser conservado por mais tempo fora da geladeira, já que o seu consumo é baixo. O padre o bebe diluído em água para reduzir o teor alcoólico e esmaecer a cor. (N.T.)

*cru*. O cardeal de Bemis não se privou de fazê-lo. Ao perguntar-lhe por que utilizava um *meursault* muito bom, ele respondeu: "é que não quero que o meu Criador me veja fazendo caretas no momento da comunhão".

Foi por razões de cerimonial, de sacristia, que, a partir do século XVI o vinho tinto foi progressivamente abandonado em benefício do branco. O tinto mancha, como se sabe, mesmo os panos sagrados. Os seus traços são visíveis, pouco compatíveis com a dignidade do ofício, enquanto as manchas do branco são discretas. O pragmatismo prevaleceu sobre o simbolismo, o conforto sobre o detergente. Foi também por razões práticas que a comunhão dos fiéis sob a espécie do vinho não foi conservada.

Durante a Segunda Guerra Mundial, sendo coroinha na igreja de Quincié, eu tive frequentemente a responsabilidade, antes de servir a missa, de encher as buretas, uma de água e outra de vinho. Nessa época, o Beaujolais só produzia vinho tinto (a produção de branco seco ainda hoje é minoritária, mas ela progride). Eu me lembro que o cura, se lhe ocorria de empregar também o tinto, tinha à sua disposição garrafas de vinho branco que eram lhe fornecidas pelos vinhateiros, ou por suas mulheres, paroquianas assíduas do ofício de domingo. Era um branco doce feito a partir das uvas esquecidas pelos vindimadores ou deixadas nas plantas porque não estavam ainda maduras no momento da colheita. Essa segunda colheita é chamada de *"grisemottes"*. Ela produzia pouco, mas o suficiente para encher uma barrica de 94 litros (*quartaut*) de um vinho atípico reservado ao consumo doméstico, em especial quando das vigílias. As mulheres regalavam-se dele tricotando enquanto os homens, mais bebedores de tinto, jogavam baralho. Eu falei no passado porque as vigílias não existem mais, nem esse pequeno vinho branco, nem mesmo as *grisemottes*, a não ser nos anos muito raros de déficit nas vindimas, por exemplo 2003.

A água dentro da outra bureta tem duas funções: purificar as mãos do celebrante e aguar, ou "cortar", o vinho. Cortar? No máximo acrescentam-se uma ou duas gotas de água antes que seja consagrado. O direito canônico o exige: "A quantidade de água misturada ao vinho deve ser muito pequena, depois do Concílio de Florença [...]. Uma muito pequena quantidade quer dizer que a natureza do vinho não deve ser alterada, o que depende, evidentemente, da qualidade do vinho empregado. Alguma gotas de água são suficientes".

Eu penso que esta adição de água ao vinho, por menor que seja, é uma herança da civilização mediterrânea. A não ser que quisesse passar por bárbaro ou caipira, era obrigatório cortar o vinho no Império Romano. Nos ritos orientais da cristandade, a adição de água ao vinho da comunhão é mesmo mais considerável, um terço entre os coptas.

Astutamente, a Igreja católica conservou suas poucas gotas de água para lhes dar um significado simbólico: elas representam a humanidade misturada ao sangue do Cristo.

 Os deuses e o vinho, Água, Qual vinho?, Saint-Vincent

## Meursault (Paulée de)

Não conheço nenhum laureado com a Paulée de Meursault que não lembre a jornada com uma alegria nostálgica. As cem garrafas ofertadas prolongando os prazeres no domicílio do escritor escolhido. Mas é do almoço para seiscentos convidados, servido na vinícola do castelo de Meursault, que se guardam as lembranças mais embriagantes e agradecidas.

Porque em se tratando de festas, esta é daquelas! Báquica, borgonhesa e jovial. Ao mesmo tempo faustosa e rural. Um festim de congratulações, de degustações e de júbilos. Cada vinhateiro de Meursault contribui com algumas das suas melhores garrafas, de *millésimes* diferentes. Elas são todas bebidas durante a refeição. O laureado é, de todos os convivas, aquele mais solicitado a degustar os *meursaults* brancos e tintos, assim como outros *crus* da Borgonha dos quais os vinhateiros têm muito orgulho. Recusar seria chocante, quase indigno. Assim foi que, como feliz laureado da Paulée de 1994 — o menu tem páginas em branco nas quais se podem fazer anotações —, eu degustei 62 vinhos. O almoço, é verdade, é bom e copioso, suficientemente longo para que todos voltem a ter fome e sede, ou melhor, para que recarreguem suas pequenas máquinas interiores de ter vontades.

Houve sucessivamente *foies gras* de ganso e de pato, robalo empanado ao vinho de Meursault, um pastel de codorna de Dombes e um filé de lebre. Queijos, sobremesas... Reencontrando as minhas notas, vi que apreciei especialmente um *meursault-genevrières* 1990 com reflexos verdes, com aromas de flores brancas, um *meursault* genérico do mesmo ano que tinha um gosto muito pronunciado de avelã, um *meursault-charmes* 1978, "a própria voluptuosidade", outro *charmes*, de 1971 (anotei que eu bebi um segundo gole!), um *bonnes-mares* 1983 "uma consolação para a lebre por estar tão bem acompanhada em seu funeral"), um *mersault* 1964 (com a sobremesa?), julgado "mole, suave", depois duas ou três palavras ilegíveis... Na maioria das vezes, por falta de tempo, contentei-me, depois de cada vinho, em acrescentar um risco em uma coluna... Tudo isso em meio a canções, conversando com meus vizinhos, os eleitos da comuna e suas esposas, autografando os menus.

Depois da refeição, com a cabeça quente, mas tão ereto sobre as pernas, quanto a torre do sino da igreja românica de Meursault, eu conservava uma forma olímpica. Não vi nenhum convidado sair vacilante do castelo. Os vinhos medíocres debilitam os joelhos e deixam a língua pastosa; os vinhos muito bons favorecem a articulação dos ossos e das palavras. Todo ano, cinco proprietários de Mersault abrem suas adegas para degustações no final da Paulée, a fim de que o grupo não se desfaça muito rapidamente. A menos que decida frustrar os generosos nativos, o laureado não pode escapar a essas descidas de escadas e de pipeta. Fiz duas ou três, especialmente à adega de Geneviève Michelot, doadora de cem deliciosas garrafas 1992 rotuladas com meu nome. Depois, dormi como um arganaz em um silo de trigo.

Assim terminou a terceira Gloriosa de 1994. Questão: o que são as Três Gloriosas?

A Paulée — tradicionalmente, um almoço do fim das vindimas — ocorre todos os anos, em Meursault, na terceira segunda-feira de novembro. Na véspera, o domingo à tarde, desenvolve-se em Beaune, o leilão de vinhos dos Hospices. Finalmente, no sábado à noite no castelo de Clos de Vougeot, realiza-se uma reunião da Confraria dos Cavaleiros do Tastevin, reunião chamada das "Três Gloriosas". Porque assim são nomeadas essas três jornadas sucessivas nas quais a Borgonha faz a festa e o comércio.

São chamadas também de "Três Gloriosas" as jornadas revolucionárias de 27, 28 e 29 de julho de 1830. Duas respostas para a mesma questão. Os professores dos colégios de Dijon e de Beaune admitem uma ou outra resposta? Com um bônus pelas duas?

## Glub-glub

É normal que sejam numerosos os escritores borgonheses, desde 1932, a figurar na listagem de premiados da Paulée de Meursault. Entre outros, o clássico autor da *História da campanha francesa*, Gaston Roupnel (1933), o erudito e filósofo do vinho Raymond Dumay (1950), certamente, Colette (1951), a poetisa Marie Noël (1958), Jacques de Lacretelle (1961), o querido Henri Vincenot (1977). Bernard Clavel (1992) é um vizinho da Franche-Comté.

Eu, que sou lionês, ou seja, um *gone* (rapaz de Lyon), justifiquei todas as recompensas e as doçuras que a Borgonha prodigou-me declarando-me um *"bourgone"*.

Albert Camus está ausente da lista de premiados apesar de ter dado o nome de Meursault ao narrador de seu romance mais lido, *O estrangeiro*. Eu suponho que tenha sido porque o júri considerou incompatível a mortífera insensibilidade da personagem com a tônica felicidade do vinho.

Em uma primeira versão, com o título de *A morte feliz*, Camus tinha escolhido o nome de Mersault. Segundo André Abbou, que anotou a edição de *O estrangeiro* na coleção *"Pléiade"*, ele teria optado por Meursault porque tinha lido, no *L'Écho d'Alger* de 2 de novembro de 1937, que um prêmio literário recompensava o seu laureado com "3 mil garrafas de vinho de Meursault" e esse anúncio poderia ter suscitado a "verve sarcástica" de Camus. Um *meursault* borgonhês? Era provavelmente um vinho branco argelino que teria se apropriado indevidamente do nome.

Marie Noël, poetisa de Auxerre e cristã – tinha muitos leitores incrédulos –, não pôde deslocar-se, por causa da idade e da saúde, para receber a homenagem do povo de Mersault. Em seu discurso de agradecimento, que por isso foi lido, ela dizia algo muito belo e que expõe uma viticultura de uma outra época: "Desde que a minha genial conterrânea, a grande Colette, faleceu, onde encontrareis uma menina que saiba como eu sei, desde a minha infância, o que era *"sombrer"* uma vinha (primeiras aragens da primavera), *"rueller"* (levantar a terra do meio do sulco com a picareta), *"biner"* (cortar as ervas daninhas), *"écouler"* (prender os galhos maiores à estacas)... *"essoumacer"* (retirar as ervas)... – mas eu me expresso aqui como uma *"pelonne"* de Auxerre, e pode ser que vocês da Côte não compreendam o meu dialeto –, onde encontrarão, eu repito, uma menina mais unida desde a sua mais tenra idade com os segredos e penas do "ofício penoso", que tenha se preocupado mais que eu com a geada de maio, com a praga das lagartas, que, com mais inquietação, tenha ouvido, chegando Pentecostes, a advertência da misteriosa ofensiva de um ou de outro dos dois monstros do verão, Oídio ou Míldio; uma garotinha mais capaz, ao passear entre os sulcos, de reconhecer com pavor, à visão daquelas sinistras folhas amarelas, a presença nas raízes das plantas da abominável filoxera? Eu era, nos tempos dessa praga, uma muito jovem vindimadora".

 Degustação, Saint-Vincent, *Tastevin* (Confraria dos Cavaleiros do)

## *Millésime* (safra, ano de colheita)

Uma inscrição sobre uma ânfora romana, traduzida por arqueoenólogos, testemunha que a mais antiga safra (*millésime*) catalogada é de 182 anos antes de Cristo. Segundo Plínio, o Velho, a melhor safra de toda a Antiguidade foi a de 121 antes de Cristo. Mas a de 102 também não estava mal, sobretudo o *falerne*, que se deixava envelhecer durante cerca de vinte anos. Gregos e romanos consideravam que os melhores *crus*, como os vinhos de Sorrento, de Chio e de Lesbos, deviam descansar de dez a 25 anos antes de serem julgados dignos da mesa dos ricos e dos poderosos. Ânforas contendo vinhos de um século ou mais foram abertas por "colecionadores" de Atenas e de Roma, mas eles não nos deixaram as suas notas de degustação.

Se o vinho figura entre *Les Lieux de memóire* [Os lugares da memória], erudita exploração da herança cultural dos franceses dirigida por Pierre Nora, isso se deve muito aos *millésimes* que constituem os marcos de sua história, de sua evolução, da sua inconstância, da sua popularidade. As grandes safras são batalhas ganhas contra o céu. Não acabamos nunca de citá-las. De nos referirmos a elas. E de comentá-las, porque o vinho dessas gloriosas garrafas muda muito lentamente, desenvolve-se até alcançar cumes de beleza e sabor em uma época incerta, depois declina como todo corpo vivo aqui embaixo. Mesmo muito antigas e transformadas, senão imbebíveis, pelo menos decepcionantes ou de uma outra natureza, comparadas ao que elas foram, as grandes garrafas de safras excepcionais continuam como obras de arte. Peças de coleção. Atrizes-testemunhos da memória secular do vinho. Objetos da especulação. Quase relíquias patrióticas. Compra-se em leilões uma garrafa de um premier *grand cru* do Médoc, ano 1928, como se fosse um manuscrito de Marcel Proust ou o quepe do general De Gaulle. Em 1989, ano do bicentenário da Revolução Francesa, uma garrafa de *château margaux* de 1787 que pertencera a Thomas Jefferson foi adjudicada a um preço extravagante. "Nesse nível do simbólico", escreveu Georges Durand, autor do texto sobre o vinho em *Os lugares da memória*, "o vinho transformou-se em memória, mas é ainda vinho?"

O ano de 1630 foi um grande ano, porque um cometa atravessou o céu e a vinha produziu uva em abundância. Naquela época, um ano era considerado miraculoso quando produzia muito. Em 1811, o vinho do cometa revelou-se excepcional em quantidade e qualidade. "Vocês levarão um vidro de meu *pommard* de 1811... Ano do Cometa, senhor duque! Quinze francos a garrafa! O rei não bebe melhor!" (Émile Augier, *Le Gendre de Monsieur Poirier*; O genro de monsieur Poirier). Para o seu *bouzy*, madame Veuve Clicquot mandou fazer um rótulo especial: "Vin de Bouzy 1811 de la Comète". Moët et Chandon e outras casas da Champagne utilizaram o mesmo argumento de venda. Foi essa estrela de 1811 que permaneceu em certos rótulos, especialmente de Dom Pérignon.

A superstição triunfou de novo em 1893, sobretudo em Bordeaux, onde as vindimas foram muito precoces, a meados de agosto, abundantes e plenas de uma safra famosa. François Mauriac lembra em algum lugar "a perfeição desse *léoville* 1893".

As grandes safras do século XX devem pouco às estrelas, porque a passagem do cometa Halley, em 1910 e 1986, não provocou colheitas miraculosas (ainda que os *médocs* 1986 gozem de uma cotização lisonjeira). Como as safras precedentes do século XIX, as grandes safras do século XX são produtos do gênio do *terroir* e da pertinência do *climat*, que assegura ou não o bom desenvolvimento do ciclo vegetativo da vinha. Finalmente, elas dependem do trabalho do viticultor, desde a poda até o engarrafamento, passando, hora suprema, pela vinificação, exercício delicado ao qual a ciência e a técnica permitem cada vez mais fazer o vinho projetado pelo enólogo e de menos em menos o vinho da intuição do vinhateiro. Em todo caso, não há vindimas suntuosas sem um sol real em agosto, e sobretudo em setembro, quando obriga os podadores a vestirem chapéus o dia todo.

Na loteria das *millésimes* excepcionais do último século (concedamos doze números, porque a Loto verdadeira tira-se seis de 49), deve-se jogar no: 21, 28, 29, 34, 45, 47, 59, 61, 89, 90, 96, 2000. Números complementares: 11, 66, 78, 83, 85, 88, 95. Se a maioria das safras são aceitas pelos especialistas, outras podem ser contestadas, segundo se trate de *bordeaux*, *bourgogne*, *champagne*, *côtes-du-rhône*, etc. O céu não espalha uniformemente os seus favores. Citei os anos nos quais se destacaram a maioria dos vinhedos franceses. Impossível colocar nessa classificação, por exemplo, os anos de 1970 e 1975, deploráveis para os *bourgognes*, ou 1997, que somente honrou faustosamente os vinhos do Loire.

Casa de negócios, como o Savour Club, editam cartas de safras bem úteis para o amador. Uma nota é atribuída para cada grande área e para cada ano. A confrontação das cartas, fatalmente subjetivas, alimenta discussões apaixonadas. A minha confiança muito antiga na carta das safras estabelecida por Jean-Claude Vrinat, diretor do restaurante Taillevent e fundador da adega de mesmo nome, nunca esteve equivocada, ainda que eu o censure de ter dado as costas ao *beaujolais* em benefício dos vinhos do Languedoc e da Provença. Não custava nada colocar uma linha a mais! Nenhuma vez ele atribuiu, durante o século XX, uma nota dezenove (de vinte) ao *bourgogne* tinto e ao *bourgogne* branco, honra suprema concedida ao menos uma vez, desde 1945, a outros grandes vinhedos. O *bourgogne* tinto teve de aguardar 2002 para ter os dezenove pontos. Mas foi nesse ano que ele o merecia mais?

## Glub-glub

O vinho inspira muitas manias e destinos singulares. Como François Audouze, que tem a custosa paixão dos velhos *millésimes*. No decurso de jantares concebidos especialmente por *chefs* talentosos, ele e os membros de seu clube abrem garrafas antigas, mais comumente compradas em leilões. A seguir, ele comenta essas degustações e experiências em um boletim enviado aos convivas desses *wine dinners*. Na abertura de cada garrafa adivinha-se, através de seu texto, que ele prende a respiração, que ele aguarda um milagre, um prazer arrancado ao tempo, o último suspiro trêmulo da diva, um sabor sem semelhança com nenhum outro. De um *château rayne-vigneau*, *sauternes* de 1880, François Audouze escreve: "A cor é muito intensa, o líquido é bem fluido. O nariz é potente, um belo cítrico. Na boca é um *sauternes* que comeu o seu açúcar, pela influência, provavelmente, de uma botrite fraca. O vinho é portanto quase seco, o que não altera em nada o seu poder de evocação. Ele conta milhares de histórias de frutas exóticas, de ilhas virgens. Este vinho é magnífico, de uma permanência imensa no paladar. Serve sozinho como sobremesa...". A imaginação tomou o lugar do exame.

François Audouze converte-se em Bossuet a cada grande e velha garrafa defunta

 AUSONE (*CHÂTEAU*), DEGUSTAÇÃO

## Monges viticultores

Quem foram os melhores vinhateiros, os beneditinos ou os cistercienses? A quem Deus, confiou, lá no alto, para os recompensar de seus trabalhos vitícolas na terra, as encostas mais bem expostas ao sol eterno? Se eu tivesse sido monge viticultor na Idade Média, mesmo antes e depois, teria preferido, pela excelência de seus vinhos, sob o alto patronato de São Benedito, que o meu braços penassem por Cluny (beneditinos) ou por Cîteaux (cistercienses)?

Se é notório que São Bernardo impôs aos cistercienses regras de vida muito mais duras que as dos beneditinos, que seus monastérios, por seu despojamento e austeridade, lembravam aos monges que a sua passagem aqui embaixo tinha mais a ver com o vinho comum do que com um *premier cru*, ele não proibiu nem a vinha, nem o vinho. Severo como era, São Bernardo sabia bem que o homem não vive somente de preces e que o vinho é um componente da cristologia. Mas é a ele que se deve provavelmente a criação do conselho que não está endereçado somente aos monges: *moderate bibendum est* (a consumir com moderação).

Segundo os especialistas, nós ficaríamos muito decepcionados com os vinhos que saíam das vinícolas dos mosteiros, mesmo aqueles considerados, na sua época, como os melhores. Estima-se, por exemplo, que os *bourgognes* tintos eram pálidos, próximos do que hoje chamamos de rosados. De certa maneira, eram claretes. E é por caridade cristã que não me alongarei sobre a necessidade de os monges viticultores nas regiões "desfavorecidas", como a Normandia, aromatizarem os vinhos com ervas, frutas, mel, ou de adocicá-los com leite, ou de vivificá-los com sangue de ovelha.

Nossos gostos não são mais os deles; a nossa ciência e nossa arte enológica não têm relação com o seu artesanato elementar; nós exigimos do vinho que ele seja muito mais do que uma bebida agradável que embriague. E, no entanto, esses monges — e não somente os beneditinos e os cistercienses, mas também os cartuxos e, mais modestamente, os dominicanos, os carmelitas, os franciscanos —desenvolveram a vinha na Europa e foram, no mesmo movimento, propagadores da fé e do vinho.

Entre laudes e vésperas (antigamente, a noite), eles cultivavam a vinha e cuidavam ao mesmo tempo do vinho e de sua alma. Profissionais da hospitalidade, eles sabiam que a generosidade de seus visitantes seria tanto mais marcante quanto melhor fosse o vinho que eles lhes ofereceriam. Na Idade Média, todos os monastérios estavam rodeados de vinhas. É a explicação principal da presença de vinhedos em terras como a Inglaterra e o Nordeste da França, que não foram feitas para isso. As bebidas alcoólicas ruins eram um outro meio de ganhar indulgências?

Mas, como regra geral, em todo lugar onde os monges produziam vinho, ele era julgado o melhor (segundo os critérios da época). Entre eles, muitos homens de ciência que, como dom Pérignon, inventaram técnicas para melhorar a vinificação e a conservação da sua produção, a qual era, ainda por cima, abençoada pelo Céu. Na reputação das abadias entrava tanto a qualidade do seu vinho como a beleza de sua arquitetura e a piedade da sua comunidade. Tudo isso somente podia ser superado, para a publicidade de monastério, por um milagre, o que, então, atraía multidões consideráveis.

Acontecia de o monge abusar do produto de seu trabalho. Abundante é a iconografia que representa frades arredondados, com as bochechas avermelhadas, a cavalo em tonéis ou alegremente à mesa, com olhares dissolutos, frente a jarras e copos enchidos por um servente de cantina tendo, na outra mão, as suas saias levantadas.

O autêntico monge bebedor, esvaziador de barricas, engolidor de tonéis, sempre disposto a tomar mais uma, mesmo sendo para maior glória de Deus, é uma figura tradicional da literatura goliarda ou picaresca. O frade mais popular, frei Tuck, amigo de Robin Hood; o mais alegre, o padre Gaucher, tão festivo que Alphonse Daudet e o prior o dispensaram da missa para que não entoasse cantos báquicos em nenhuma delas; o mais bebedor, o monge dos *Contos de*

*Canterbury*, de Chaucer. E o mais célebre de todos, o frei Jean des Entommeures, como Gargântua e Pantagruel lançado à conquista da Diva Garrafa, e cujo retrato é o seguinte.

"Tinha, por aqueles tempos na Abadia, um monge enclausurado chamado frei Jean des Entommeures, jovem, galhardo, atraente, alegre astuto, audaz, aventureiro, decidido, alto e magro, falador, com um nariz sobressalente, desembaraçado, grande despachador de missas, maravilhoso devorador de vigílias, para dizer tudo resumidamente, um verdadeiro monge, se um dia houve um desde que o mundo monacal *monacalizou* de *monacalismo*; do resto, clérigo até os dentes em matéria de breviário." (*Gargantua*, capítulo XXVII, edição de Pierre Michel, "Folio")

Assim que é apresentado ao leitor, frei Jean interrompe o serviço divino para fazer o serviço do vinho e aniquilar sem piedade o bando de inimigos que vindimavam as vinhas das terras da abadia de Seuillé.

Os monges avinhados e dissolutos desfilam em procissão nos escritos libertinos, revolucionários e anarquistas, bem como nos desenhos e libelos antirreligiosos. Questão enometafísica: por que nunca ficam tristes depois de beber?

Um sociólogo diria friamente que a quantidade de monges alcoólatras foi da mesma proporção, em todas as épocas, que a quantidade de juízes e militares entregues à bebida. Um moralista acrescentaria que eles são mais desculpáveis, já que a maioria estava em permanente contato com a tentação em seus trabalhos e cuidados, o que tinha por efeito torná-la ainda mais desejável. Um péssimo historiador — porque não apresenta provas —, mas conhecedor de psicologia, concluiria este capítulo sobre os monges com a cara iluminada e grotesca afirmando que foram mais numerosos entre os beneditinos que entre os cistercienses, e que essa última ordem foi criada como reação contra a decadente voluptuosidade da primeira.

Se não é possível dizer quem fez os melhores vinhos, se os beneditinos ou os cistercienses, o número e a localização de seus vinhedos permite fazer uma comparação, e até mesmo retomar uma competição geográfica que deve ter sido endiabrada. As duas ordens plantaram vinhas em toda a Europa, especialmente na Suíça, Alemanha e Espanha. Foi na França que elas mais se desenvolveram e prosperaram. Poucas encontram-se em Bordeaux, mais no Sudeste, no vale do Ródano e do Loire (*muscadet* e *pouilly-fumé* dos beneditinos, *sancerre* e *quincy* dos cistercienses). Na Borgonha são onipresentes, com uma clara vantagem para os beneditinos, os primeiros que chegaram, primeira corporação de monges viticultores. Eles possuíam além da região de Mâcon ao redor de Cluny, as vinhas de Vosne-Romanée — incluindo aquilo que viria a ser mais tarde Romanée-Conti —, Pommard, Gevrey, Corton, Savigny, Le Clos de Beze, Santenay, etc. O historiador inglês Desmond Seward elaborou uma listagem impressionante de povoados e de *crus* borgonheses santificados pelo trabalho dos beneditinos. Mas os cistercienses não se deram mal, não. Veja: Chablis, Meursault, Musigny, Clos de Tart, Bonnes Mares e, sobretudo, o *domaine* de Clos de Vougeot! Não teria me desgostado um posto de frade convertido nesse vinhedo, que, na Idade Média, era o mais reputado de toda a Borgonha.

Mas, se adicionamos aos beneditinos o seu jardim, o seu privilégio exclusivo, a sua obra-prima, ou seja, a Champagne, mais o *vin jaune*, nascido do gênio vitícola dos monges beneditinos do Château-Chalon, parece-nos justo oferecer uma tripla ovação borgonhesa aos cistercienses e uma quádrupla aos beneditinos.

### Glub-glub

Texto de um exorcismo do século XVI na Borgonha:

"Armado com o escudo da Fé e com o poder da Santa Cruz, ordeno uma vez, duas vezes, três vezes, a todos os insetos e todos os vermes daninhos à fruta da vinha de cessar imediatamente os seus estragos, consumo e destruição dos galhos, dos brotos e dos frutos, de abandonar imediatamente o seu poder e que se retirem às profundidades das florestas, onde não poderão prejudicar as vinhas dos fiéis." (Citado por Desmond Seward, *Os monges e o vinho*).

Depois de o confessor contar besteiras sem sentido, a princesa Palatina riu na sua cara e disse-lhe: "Meu padre, guarde seu discurso para o vosso convento e para os vossos monges, que não vêm o mundo senão através do buraco do gargalo de uma garrafa". (*Cartas*, 26 fev. 1719).

 Dom Pérignon

# Montesquieu

Charles-Louis de Secondat, barão de Montesquieu e La Brede, senhor de Raymond, Goulard, Bisqueytan e de outros lugares, é evidentemente mais célebre por ter escrito, entre outros, *Cartas persas* e *Do espírito das leis*, que por sua produção anual de vinhos de Bordeaux. Mas está comprovado que viveu fundamentalmente das rendas de suas propriedades vitícolas, que delas obteve uma grande liberdade para o desenvolvimento de seu pensamento e de sua vida, e que manifestava na elaboração, vinificação e comércio de seus *graves* tanto inteligência quanto paixão.

Em 1716, com a idade de 26 anos, Montesquieu converteu-se por herança em proprietário do *château de La Brède,* joia de uma propriedade vitícola que ele não deixou de ampliar e da qual esforçou-se para tirar o melhor. O seu último biógrafo,

Jean Lacouture (*Montesquieu, Les Vendanges de la liberté;* Montesquieu, as vindimas da liberdade), tão refinado conhecedor de literatura francesa quanto de vinhos de Bordeaux, explica em parte a fidelidade do fazendeiro à sua terra, uma vez atingida a glória, por meio de sua infância: "Pode ter-se frequentado as escolas e as universidades, os salões e os castelos — e as ruas de Paris com uma máscara persa perspicaz —, e continuar sendo o pivete que, até os dez anos, correu de tamancos entre bodegas e vinhas, alimentando-se de empadas e pão esfregado com alho, bebendo quando a ocasião o pedia e falando, como é sabido, o dialeto dos vinhateiros".

Jean Lacouture publicou um documento surpreendente, descoberto por um erudito local, no qual Montesquieu, com grande modéstia e vontade de aprender, faz perguntas técnicas sobre o ofício de viticultor e sobre a forma mais utilizada de fazer um bom trabalho. Por exemplo: "Quantas guias por cada planta e quantos brotos deixam-se em cada guia? A maneira de dobrar e atar a vinha na estaca? Se desfolhamos, em que época o fazemos? Se aduba-se e enterra-se, que tipo de adubo usar?".

A não ser nos anos de longas viagens, o barão de La Brède não faltava às vindimas. Ele estava também na sua propriedade para supervisionar a poda. Vinhateiro na metade do tempo, ele mantinha-se informado, em Paris, do estado das vinhas e da colheita. Se parece menos generoso que Lamartine com os seus parceiros e operários, ele sabe melhor vender o seu vinho que o poeta de Mâcon, que não produz, é verdade, garrafas tão renomadas, já que o *bordeaux* estava em pleno auge. Montesquieu usa as suas relações mundanas, a sua posição de escritor e de jurista, em Paris e em Bordeaux, para promover o seu negócio e justificar os preços de seus vinhos. E quando encontrava-se em Londres, onde *O espírito das leis* o tornou célebre, os ingleses, os quais há muito consideravam o *bordeaux* o melhor vinho do mundo, apreciavam as garrafas que ele submetia ao seu julgamento. Pode ser mesmo que, tão perspicazes como leitores quanto como degustadores, eles descobrissem afinidades sutis entre a filosofia política de Montesquieu e seus *graves...*

Apesar de tudo, pode-se perguntar se ele não gostava mais da terra e da vinha do que do vinho, mais da posse e da exploração dos vinhedos que da degustação, mais as rendas do negócio do que do prazer de beber. Porque o vinho inspira pouco a sua literatura. Com a exceção das precauções do muçulmano Usbek (*Cartas persas*) contra os perigos do vinho, e de sensatas observações, mais de ordem econômica, sobre os vinhedos e os vinhos encontrados durante as suas viagens, Montesquieu não é um vinhateiro entusiasta e falador. Certamente, ele está aberto a outras denominações além do *bordeaux*. Mas ele não se detém longamente, especialmente na sua correspondência, sobre uma safra, sobre uma garrafa, sobre uma descoberta (a não ser com o *tokay*, que ele adora).

Mas alguém poderia imaginar seriamente que este senhor bordalês, acadêmico, anglófilo, autor do austero e político *Espirito das leis*, fosse um poeta báquico?

## Glub-glub

Nada testemunha melhor o vigor e a profundidade do vínculo estabelecido entre Montesquieu, a sua vinha e a Inglaterra, terra de liberdade, criado pelo que o projeto mestre de La Brède, no fim de sua vida, de levantar na sua propriedade uma pirâmide com esta inscrição no estilo de Ovídio:

*Stet lapis hic donec fluctus girunda recuset*
*Oceano regi gererosaque vina Britannis*

que pode ser traduzido por:

*Que esta pedra permaneça até que o Gironde recuse*
*o seu fluxo ao rei Oceano e seus vinhos generosos aos ingleses.*
(Jean Lacouture, *op. cit.*)

 COURIER (PAUL-LOUIS), LAMARTINE (ALPHONSE DE), MAURIAC (FRANÇOIS)

# Néctar

A palavra envelheceu. Ela designa um vinho particularmente delicioso. Incomparável, sublime, excepcional, quase miraculoso. "Que néctar!" Continua a ser empregada hoje para designar vinhos muitos aromatizados, como o *gewürztraminer*, um *vouvray* licoroso de um bom ano, um *sauternes*, um *quarts-de-chaume*, um *monbazillac*, um *tokay*, todos os vinhos provenientes da podridão nobre. Sempre chega um momento em que os adoradores do *château d'yquem* não podem evitar, por mais fora de moda que esteja, a palavra "néctar".

Isso porque, nesse caso, ela retoma o seu sentido primeiro: bebida dos deuses antigos, elixir da imortalidade, sendo a ambrosia o alimento que a acompanhava. É certo que os grandes brancos licorosos são, de todos os vinhos, aqueles que, tanto pela sua gênese quanto por suas cores e sabores, mais evocam as suntuosas doçuras do empíreo.

 YQUEM

## Paf*

Certas noites, enquanto escrevo este livro, sinto uma ligeira euforia, o início de uma doce embriaguez. A menção ininterrupta de palavras do vinho é a causa dela. Elas estão carregadas de álcool, de aromas e de sonhos. Instalam-se no cérebro e afugentam as palavras do cotidiano. Ativam a circulação do sangue. Sinto-me, literalmente, um pouco bêbado (*paf*). Se tivesse que soprar em um bafômetro, de que cor seria o balão? Meu Deus, quantas vezes Martine Chatelain-Courtois ficou assim enquanto elaborava o inventário de suas *Mots du vin et de l'ivresse* [Palavras do vinho e da embriaguez]?

A riqueza de substantivos e de expressões para falar da ebriedade e da bebedeira − *soûlographie*, palavra empregada pela primeira vez por Balzac − provoca... tonturas. O povo as conhece e não para de inventar outras. As metáforas escoam das garrafas, as locuções enchem os copos, as expressões estalam na boca. Assim é com a onomatopeia *"paf"*, gole rápido e revigorante. Era a princípio o nome de uma aguardente. Ela se alongou até a forma empanturrar-se (*s'empaffer*), beber e comer em abundância (palavra derivada de devorar, *s'empriffer*?) e depois ficou menor: *paffé*, *paff*, finalmente *paf*, embriagado, completamente *paf*, ou seja, totalmente ébrio, *joliment paf*, muito bêbado, seriamente chapado.

Hoje fora de moda, Paf designava, ao final dos anos de 1980, a Paisagem Audiovisual Francesa, grupo de emissoras de rádio e canais de televisão, mais particularmente esses últimos. A assimilação desse termo com a ebriedade ou a embriaguez não era falsa. A PAF estava sempre inebriada de si mesma!

 EMBRIAGUEZ

## Paris e Île-de-France (vinhos de)

Eu tenho uma certa dificuldade de imaginar, no lugar da minha casa, de meu jardim de Montrouge, de todo o bairro, da cidade, extensões de vinhas cortadas

---

\* Beber e/ou comer muito; é uma gíria do verbo *s'empaffer*, empaturrar-se ou empanturrar-se. (N.T.)

por caminhos de terra levando a fazendas. Mais complicado ainda é conseguir representar, cobertas de fileiras de vinhedos, as colinas de Montmartre, de Charonne, de Belleville, a montanha Sainte-Geneviève. E, ainda, vinhedos no monte Valérien, em Vaugirard, em Issy, que não eram ainda "Les Moulineaux", em Vanves, em Suresnes, em Sceaux, em Montmorency, nas fronteiras norte, oeste, sudoeste da capital. Seus habitantes, na Idade Média, bebiam os vinhos da cidade e da região.

Uma vez que havia monges em Paris, muitos deles, por que não teriam celebrado, eles também, o Senhor através da vinha e dos tonéis? A terra não estava em falta, de tal sorte que, na época medieval, a Île-de-France era uma das mais vastas e mais prestigiadas regiões vitícolas. Os monges rivalizavam para agradar os palácios do rei, dos príncipes e dos cortesãos. Carlos VIII extasiava-se com os vinhos da cartuxa de Villeneuve-le-Roi e fazia com que os entregassem no Louvre.

Os médicos não deixavam de recomendar os *crus* da capital e de seus arredores, em detrimento dos "invasores". Roger Dion cita um tratado de higiene, assinado por Nicolas de la Framboisière (*sic*), uma das maiores autoridades médicas do reino. Ele chama a atenção de Henrique IV para o caráter benéfico dos "vinhos franceses, *crus* dos arredores de Paris e por toda a Île-de-France [...] [que] não enchem a cabeça de vapores acres como fazem os vinhos de Orléans".

Os *crus* da periferia parisiense não precisavam da opinião da Faculdade para serem reconhecidos, inclusive no estrangeiro, como vinhos de qualidade, especialmente aqueles que levavam nomes como Argenteuil, Clamart, Suresnes, Sèvres e Meudon.

Os melhores eram feitos de *morillon*, outro nome da *pinot noir* da Borgonha, e para os brancos, do *fromental* ou *fromenteau*. Mas com a multiplicação de pequenas propriedades onde o campesino elaborava sobretudo o vinho de seu consumo anual, instalaram-se cepas medíocres. Fizeram xixi sobre a vinha. Quando o sol é avaro em raios, a uva resiste a amadurecer, e a acidez do vinho irrita os dentes. Já no século XVI, os parisienses protestaram muitas vezes contra os vinhos de uvas muito verdes que eles tinham batizado de *ginguets*, "um pouco curtos", palavra que deu origem à *"guinguette"*.[*]

Mas não foi o clima – quem pode acreditar que fazia mais frio na Île-de-France no século XIX do que na Idade Média? – que fez padecerem as uvas e os vinhateiros de Paris e de seus arredores. Foi a concorrência de outros vinhos, a laicização (o confisco) dos vinhedos da Igreja, a Revolução Industrial, a urbanização, gulosa devoradora de espaços, e a concentração de parcelas. Foi a História...

---

[*]     Tipo de cabaré popular da periferia de Paris aberto aos domingos e que desapareceu depois de 1940. Há uma pintura de Vincent Van Gogh com este nome. (N.T.)

A célebre vinha de Montmartre, rua Saint-Vincent, exposta ao norte, produz um *rosé* menos risonho e agradável do que as vindimas folclóricas que, a cada ano, apregoam a sua chegada. O *clos montmartre* tem o mérito de manter, há muito tempo, uma tradição báquica no interior de Paris. Não é mais o único. O *clos des morillons*, no parque Georges-Brassens; o *clos mélac*, vinho proveniente de uma parreira em latada no quarteirão de Charonne; as cerca de duzentas cepas de *gamay* no parque de Belleville; a latada do parque de Bercy...

A vinha também cresce na periferia. Em Suresnes, Clamart, Meudon, Bagneux, Courbevoie, Rueil-Malmaison, Argenteuil, etc. Em Issy-les-Moulineaux, onde o branco de *chardonnay* é agradável. Cerca de 2 mil pés de *merlot* e de *cabernet franc* plantados, em 2002, no Hameau de la Reine, no parque do castelo de Versailles! Para as vindimas organizam-se festas. São lançadas confrarias vinosas. Não é impossível que algumas tenham mais membros do que plantas...

Esse retorno à vinha, na Île-de-France, é simpático porque cria lugares de passeios onde a nostalgia dos mais antigos, que no entanto não conheceram a sua cidade ou vilarejo cobertos de vinhas, mistura-se com a curiosidade dos jovens da periferia, que descobrem, na sua casa, um enxerto da Borgonha ou do Vale do Loire.

E se, com o aquecimento do planeta, percebermos que é na Île-de-France – em Montrouge, especialmente no meu jardim – o lugar onde se reúnem as melhores condições climáticas para produzir grandes vinhos?

## Glub-glub

*Ah! o simples vinho branco*
*que se bebe embaixo da barrica,*
*quando as moças são belas,*
*do lado de Nogent!*

Essa canção (1943) de Jean Dréjac foi um dos sucessos mais frequentemente e mais ardorosamente cantados, em coro, na minha família, e em muitas outras, no final de um jantar de casamento, de batizado ou de primeira comunhão.

## Perret (Pierre) ou a amizade e o vinho

Como é gostoso ter um amigo à mesa do qual temos a certeza de comer bem e beber vinhos raros, como o *montrachet* ou o *pétrus*. Não há nada como a casa de Pierre Perret para desfrutar de tais maravilhas. Muito raramente, para o meu gosto. Não que Pierrot não seja generoso. Ele está sempre em turnê (não de aperitivos, de concertos) ou dedicado à pesca a linha (salmão ou escrita).

Ele não mora em um castelo, mas em uma vasta, confortável e linda casa de campo. Os *châteaux*, ele os pôs na adega. É um castelão polivalente e classudo. Ele é o compositor-letrista-cantor cujo repertório no subsolo é o mais extenso e variado. Na superfície também não deixa nada a desejar: morcelas, salsichas, presuntos, patês de lebre, de javali, terrines de javali novo, vidros de champignons boleto, etc., tudo caseiro! Na época em que Moscou mostrava dentes compridos, tínhamos combinado que, tão logo o Exército Vermelho penetrasse na despensa ocidental, eu iria à sua casa com a minha família e trancaria a porta às minhas costas. Nós teríamos assegurada uma sobrevivência confortável durante um ano, quanto à alimentação, e de dez anos para os vinhos.

Não tenho dúvida de que, mesmo se Pierre Perret tivesse somente *vins de pays*, eu aceitaria o seu convite com o mesmo prazer.

A verdadeira questão é esta: poderia eu ser amigo de alguém para quem o beber e o comer não tenham outra utilidade que a nutritiva e para quem a mesa não seja um tema de satisfação, nem de conversação? Eu acredito que não. Não é que não exista tanto ou mais a esperar e a compartilhar sobre temas imateriais, mas, o vinho, maldição! Que grande conversador! Sujeito e verbo ao mesmo tempo. Se há dois à mesa, ele é o terceiro. Ele tem o melhor lugar: *sobre* a mesa. Ele está no meio, ele é o vínculo, a unidade, ele aproxima, ele opõe, ele torna a juntar. Ele refresca ou esquenta, ele refresca, depois esquenta. Ele fala intimamente a cada um participando da conversação geral. Ele não entende nada de filosofia, mas, a filosofia muito lhe deve. Modesto ou prestigioso, ele é um dos fundadores da comunicação.

Em qualquer época, se o vinho fez muito pelo amor – "Estala a tua língua, filha de Baco, contra a minha, e glorifiquemos Vênus!" (Pierre Perret, *O vinho*) –, ele fez mais ainda pela amizade. Jean-Jacques Rousseau aponta: "Para uma disputa passageira que ele provoca, ele cria cem vínculos duráveis". Eu adoro o quadro de Étienne Jeaurat que representa *O poeta Piron à mesa com os seus amigos Vadé e Collé* (Louvre). Com as suas grandes bochechas de *bonvivant*, Piron é a imagem mesma do anfitrião que não faz mesquinharia com a qualidade de seu vinho branco na jarra. Ele acaba de encher as taças de seus dois amigos e ele mesmo se serve, enquanto Collé pega com dois dedos a sua taça pelo pé e, colocando-a na luz, pronuncia o elogio do vinho, quarto personagem no quadro.

Quantas vezes testemunhei o tropeço de amizades incipientes, nas quais a curiosidade pelos vinhos era muito desigual? Tudo estava salvo se o menos versado era incitado a elevar rapidamente o seu nível de conhecimento, consciente assim de consolidar um sentimento ainda frágil.

O homem não desonra o seu amigo vinho com qualquer um. Ele hierarquiza, modula. Combina os seus amigos de adega com os seus amigos da sala de jantar. Quando Pierre Perret convida-me ao mesmo tempo que a seu amigo, e meu também, o professor Jean-Philippe Derenne, pneumologista de reputação, autor do assombroso livro *Amateur de cuisine*, ele nos dá a impressão, julgando pelas garrafas que nos aguardam em pé, que o seu julgamento sobre as nossas competências não é muito desfavorável.

## Glub-glub

Durante muito tempo eu pensei que *pétrus*, homônimo do célebre *cru* do Pomerol, designava, na gíria, o nariz (*nez*). Claro, não podia ser mais lógico? Na sua canção "Les Jolies Colonies de vacances" [As belas colônias de férias], Pierre Perret fala do *"pétrus* todo cheio de espinhos" das crianças que se banhavam em um "um pequeno braço de água onde chegam os esgotos da cidade". Na verdade, o *pétrus* é o nome popular de outra parte do corpo, também de três letras, o *cul* (traseiro). Mesmo as garrafas de *pétrus* têm um *cul* (fundo), afinal de contas!

 AMOR E O VINHO (O)

# Pétrus

Como o *romanée-conti* na Borgonha, o *pétrus* é uma lenda, um mito, um sonho, uma referência, uma reverência, uma fórmula mágica, uma ideia de vinho, uma utopia tinta. No entanto, para maioria das pessoas, é um boato. O que se diz? Diz-se que esse *pomerol* tem conseguido suplantar os grandes *châteaux* do Médoc, no julgamento dos especialistas internacionais e na escala dos preços. Diz-se que ele se permitiu o luxo de prescindir da palavra *châteaux*, tão banal na região bordalesa, para se apresentar, com orgulho, somente com o seu nome plebeu de *pétrus*.

Diz-se que os seus buquês se devem a uma riqueza inusitada, à sua potência e aveludada sensualidade, às suas sinuosidades de dono do paladar, a uma camada de argila espessa, untuosa, misturada a um pouco de areia em que a *merlot* (95%, mais 5% de *cabernet franc*) é feliz "como pinto no lixo". Diz-se que os 11,4 hectares de *pétrus* são vindimados somente durante a tarde, quando as uvas não apresentam mais o orvalho da manhã. Diz-se que, aconselhados pelo talentoso enólogo Jean-Claude Berrouet, Jean-Pierre Moueix, e depois o seu filho Christian, trouxeram tantas inovações e refinamentos para a elaboração de seu vinho que fizeram dele uma obra de arte, não indigna, embora mais difundida no final das contas, do que as assinadas por Dubuffet, César ou Richard Serra, que enfeitam seu patrimônio.

Comparado com seus excelentes e velhos primos do Médoc, de Graves e de Sauternes, Pétrus — que a tipografia põe excepcionalmente em maiúscula — é um novo rico. O seu século é o XX; o XIX era o deles. Pétrus é do Libourne e conquistou a América, não a de Jefferson, de Rockefeller e de Henry James, mas a dos Kennedy, de Andy Warhol e de Truman Capote. Realidade ou ilusão? Impressão verdadeira ou autossugestão? Os "petrusianos" — eles não são encontrados tão facilmente! — afirmam apreciar, entre outras qualidades, a modernidade do *pétrus*, ou melhor, uma certa contemporaneidade. Que, por outro lado, o seu rótulo demasiado antiquado desmente. Mas ele não é bebido com os olhos!

*Pomerol*. Por que, frequentemente, os borgonheses preferem os vinhos do Pomerol aos demais de Bordeaux? Por que as propriedades são tão exíguas quanto as deles? Por que, uma vez que a *merlot* reina sobre o *pomerol* sem ser exclusiva dele, os borgonheses não estão longe de considerar que esse vinho é, como os seus, um monovarietal? Ou, para incomodar os senhores do Médoc, que a glória recente do *pomerol* irrita há muito tempo? Não, se trata simplesmente de uma questão de bom gosto. De todos os vinhos de Bordeaux, o *pomerol* é o mais frutado, o mais próximo dos *bourgognes* pela sua aptidão de ser apreciado, "sacrificado" na sua juventude, exalando aromas de violeta, de cassis, de groselha, depois de frutas maduras bem cozidas.

Talvez a razão por que ninguém quebrou a cabeça para classificar oficialmente os seus *crus* é que o Pomerol produz vinhos mais sensuais, menos cerebrais do que os de Médoc, Graves ou Saint-Émilion? Existe, no entanto, uma classificação oficiosa. Na qual, certamente, Pétrus – de novo com "p" maiúsculo – está sozinho na dianteira.

 Ausone (Château de), Bordalês, Perret (Pierre) Ou
A amizade e o vinho, rivalidade entre vinhedos

# Pinard

Muitas palavras nascidas da criatividade popular dão nome aos vinhos que são mais nocivos do que benéficos. De todos esses substantivos pejorativos, escarnecedores, engraçados, malevolentes, eu detesto somente um: *pinard*. Porque ele nomeava o vinho grosseiro que era servido abundantemente aos soldados durante a Primeira Guerra Mundial. Considerava-se que ele mantinha o moral, entenda-se: conseguir que eles esquecessem que, se eles ainda não estavam feridos ou mortos, como tantos de seus camaradas, chegaria cedo ou tarde a sua vez. O cinismo chegou ao extremo de se inventar um Pai Pinard cujas canções patrióticas exaltavam uma bravura dos soldados franceses, tão menos consciente quanto dopada por barris de vinho tinto. Mesmo Apollinaire se deixou levar. Ele considerava que o que fazia a diferença entre os franceses e os "boches" era a "ração de *pinard*".

Assinado pelo poeta Henri Margot (*sic*), especialista em lirismo enológico, eis aqui os últimos versos de uma ode extraordinariamente ridícula, intitulada, simplesmente *"O pinard"*:

*Vens tu do Auvergne, da Argélia,*
*Vens tu do Hérault, de Brie,*
*Do Oeste? Do Sul? Do Leste? Do Norte?*

*Eu não sei... Mas feliz de beber,*
*Enchendo a escudela até a borda,*
*Tu nos deste a Vitória.*

*"Pinard"* foi declinado em *pinardier*, comerciante de *pinard*, de vinho grosseiro. O *pinardier* é também um navio-cisterna, cheio de vinho robusto, muito alcoolizado, que se enchia por bombeamento, antigamente, na Argélia, e destinado a dar corpo aos vinhos franceses mais magros. *Pinard* ou *pinardier* pertencem ao mundo da trapaçaria e da mediocridade. O *pinard* está para a viticultura como os velhos filmes antiquados estão para o cinema de qualidade. Hoje em dia, nada é mais

injurioso para um viticultor, um negociante de vinhos ou um dono de bar do que ver o seu nome e a sua função associados a essa palavra desqualificadora de *"pinard"*, ela é literariamente infame. O procurador imperial que requereu, frente à 6ª Câmara Correcional do Tribunal de Paris, em fevereiro de 1857, contra Flaubert (*Madame Bovary*), e, em agosto do mesmo ano, contra Baudelaire (*As Flores do mal*), por ultraje à moral pública e aos bons costumes, chamava-se Ernest Pinard.

*Piquette* converteu-se no termo genérico para nomear todo vinho medíocre. Entende-se que, durante a guerra de 1914 a 1918 tivessem preferido usar *"pinard"*, porque uma *piquette* é também uma derrota dolorosa e esmagadora...

É assombrosa a inventividade na linguagem do povo dos bares, das tavernas, bistrôs, barras, balcões e barzinhos para nomear o vinho que lhe arranca caretas. Como se o vinho grosseiro extraísse dos miolos que ele esquenta palavras cuja ironia rabelaisiana vinga as suas vítimas.

*Râclard* desapareceu. Igualmente *guinguet* (vinho ácido, muito verde que deu origem à *"guinguette"*), assim como *ginglard* e mesmo o divertido *reginglard*. Segundo Pierre Perret (*Le Parler des métiers*; A fala dos ofícios), *chasse-cousin* — vinho tão ruim que afasta até os insetos — ainda é empregado. Não sucede o mesmo com o *vinho de carregador* (*crocheteur*), o *porto do carregador de mudança* ou o *chocolate* do mesmo. Escaparam igualmente *brouille-ménage* ou *brise-ménage*, *culbutant*, *casse-gueule*, *casse-pattes* e *casse-tête*. Também não se diz mais que é *um vinho para lavar pata de cavalo*. Nos tempos dos *serial killers*, é duvidoso que se empregue ainda a expressão "incita ao crime". Se de fato ainda existir, que continue a ser empregada!

Como *"pinard"*, *picrate* sobreviveu à Primeira Guerra Mundial. Ainda está nas bocas a *bibine* (xixi de gato). Mas, apesar de designarem mais um vinho muito ordinário que uma *piquette*, *vin bleu*, *petit bleu*, *gros bleu* foram ser bebidos em outro lugar ("Burgonde regou a sua janta com muito *beaujolais* frio e azul", François Nourissier, *O império das nuvens*).

Se a fala de hoje não é mais tão rica quanto a de outrora em termos depreciativos do vinho, isso se deve simplesmente ao fato de que há vinhos de melhor qualidade. A maioria dos *vins de pays* não são mais *tord-boyaux* (bebida de muita má qualidade). O *gros rouge* (tinto grosseiro) ou o *gros-qui-tache* (tinto que mancha), produção majoritária ainda cinquenta anos atrás, está em constante diminuição. Nem todos os vinhos são bons, mas não se oferecem mais nos balcões horríveis vinhos ácidos, como o *rouquin*, o *gros-rouquin*, o *rouquinos*, o *rouquemonte*, o destruidor, o brutal, o rascante ou decapante (*décapant* palavra fora de uso, apesar de a expressão *"ça décape"*! continuar a ser utilizada), enfim, esses vinhos abomináveis que exigiam do consumidor um paladar de concreto e um estômago de aço.

Amante das palavras e dos vinhos, é difícil para mim lamentar que a desaparição da *rinçure de tonneau* (água suja de limpar barris) e outros *pinards* abjetos tenha provocado a extinção em nosso vocabulário da maioria das palavras, elas sim saborosas, que os designavam. Ao preço de falar mais pobremente, vale mais beber melhor.

 A GUERRA E O VINHO

## *Pinot noir*

É a cepa dos vinhos borgonheses. Sozinha, incansável, sem se dar importância, produz o suco que se transforma, perdoem a minúcia, em *romanée-conti*, em *chambertin*, em *volnay*, em *clos de vougeot*... Na corrida, velha como mundo, dos melhores vinhos, no Tour de France dos tintos, a *pinot noir* da Borgonha tem o buquê de campeão.

Ele é produzido fora da Borgonha, com menos auréola mas não sem sucesso. No Vale do Loire, na Champagne, na Alsácia, no Jura, etc. Ela estendeu o seu império por todo o universo vitícola. Ela conquista a cada ano novos territórios, mesmo muito longe, no Oregon, na Austrália, na Nova Zelândia, sem esquecer as doces colinas da Côte-d'Or, esse pequeno recanto do interior da França onde cresceu e fez o seu nome.

Ela se chama *pinot* porque tem semelhança com a pinha de pinheiro, e não — o professor Gilbert Garrier é categórico — por deformação de *pignolo*, nome de uma cepa milanesa. Ela já se chamou *morillon* (porque preta como um mouro) na Champagne e na Île-de-France, *auvernat*, adivinha-se, na Auvergne, em Saint-Pourçain.

Aqui estão, muito rapidamente, algumas das mais belas obras do *pinot noir* na Borgonha (a *romanée-conti* beneficiando-se de uma entrada especial).

*Chambertin.* Outrora não era raro escutar os degustadores, ao fazer caretas experimentando um vinho ruim, exclamarem: "Pois bem, isso não é um *chambertin!*". O *grand cru* da Borgonha era então, no imaginário popular, a baliza suprema dos grandes vinhos.

Se a expressão não está mais na moda, o *chambertin* guardou a sua reputação de *bourgogne* senhorial, entre os nove *grands crus*, vinho preferido de Napoleão que, no entanto, o cortava com água. Mesmo arriscando aborrecer o imperador, a comuna de Gevrey-Chambertin (Gevrey até 1847) elege, a cada ano, um rei Chambertin. Eu fui o rei de 1984, pela diligência de um júri em que tinham cadeira os meus amigos Lucien Hérard e Roger Gouze. Eu os agradeci com uma salva de alexandrinos em que *chambertin* rimava com *scrutin* (escrutínio), *gratin* (gratinado), *destin* (destino), *festin* (festim) e, minha especialidade televisiva, *baratin* (bater papo).

Lembro-me com nostalgia de uma degustação horizontal de muitos *millésimes* de *chambertin* na residência da senhora Bise-Leroy, palácio fora de série, dona de uma das melhores propriedades da Côte de Nuits. De todos os *chambertins grands* e *premiers crus* (*charmes, mazis, saint-jacques*) submetidos à minha ignorância largamente compartilhada, o único fácil de identificar era o *griotte-chambertin*, que cheirava realmente a *griotte* (cereja ácida). Cerejeiras teriam crescido antigamente nos arredores. Mas o historiador Jean-François Bazin informa que *griotte* seria uma forma de *criotte*, também chamado giz, terreno pedregoso em outros lugares dito *criots, cruots, cras.* Teria sido autossugestão esse gosto de cerejas?

Os *chambertins* assemelham-se aos seus nomes: amplos, potentes, prolongada permanência na boca, cada vez mais complexos com o passar dos anos.

*Chambolle-Musigny.* Essa comuna possui a maior coleção de belos nomes de *climat*: *les charmes, les amoureuses, aux beaux bruns, derrière la grange, les groseilles, les feusselottes, les sentiers...* Todo um romance! O *bonnes-mares* é um dos meus *grands crus* borgonheses preferidos.

É preciso lembrar, em Chambolle-Musigny como em Vosne-Romanée, em Nuits-Saint-Georges, em Morey-Saint-Denis, em Gevrey-Chambertin, que quanto mais nos afastamos da estrada nacional 74, melhores são os solos, a exposição, as vinhas e os vinhos. Os *grands* e os primeiros *crus* situam-se sempre a meia inclinação.

*Nuits-Saint-Georges.* A praça de Cratère-Saint-Georges lembra que um buraco lunar foi batizado de Saint-Georges pelos cosmonautas da Apolo 15. Em homenagem à garrafa de *nuits* com a qual os heróis do romance de Júlio Verne, *Viagem à lua,* tinham celebrado o seu sucesso.

*Pommard.* Que era chamado antigamente de *pomard.* Os dois "m" dão mais firmeza e robustez tânica a um vinho da Côte de Beaune que não necessita dela. Vinho de paciência, de letargia, de conforto e de voluptuosidade. O *pommard* é um gato gordo. É preciso saber esperar que ele abra um olho e se estique. Todos os gatos rechonchudos, confiantes na moleza das almofadas e na existência, deveriam se chamar Pommard.

*Volnay.* A cidade vizinha de Pommard. Elas formam um par, Pommard, o varão, Volnay a sua mulher, em todo o seu refinamento e aromas de frutas pequenas. Mas Freud passou por lá: há um quê de feminilidade nos *pommards* e certos *volnays* têm bigode.

A *pinot* é uma cepa muito séria, e, às vezes, um pouco travessa.

 BOURGOGNE, *ROMANÉE-CONTI*

# Pivot (Jean-Charles)

A minha irmã Anne-Marie é professora de alemão, eu sou jornalista, é patente que o único artista da família é o meu irmão Jean-Charles, viticultor em Quincié-en--Beaujolais há quarenta anos. Em que reconhecemos um artista? Ele toma uma matéria bruta: pintura, bronze, cerâmica, tecido, palavras, notas musicais, etc., e a transforma em uma obra de arte (bem-sucedida ou não, é uma outra coisa). Jean--Charles produzia uvas, matéria que, com competência e talento, ele transformava — e continua a transformar, como vinificador — em um vinho que não sou o único a apoiar, quase todos os anos, como uma criação original e deliciosa, digna de elogios. É a opinião, entre outros e, especialmente, de Jean-Claude Vrinat, que o oferta há muito tempo aos seus clientes das Caves Taillevent, em Paris.

Todos os viticultores são artistas. Como os pintores e os poetas, existem os execráveis, insignificantes, banais; existem também os dotados, inventivos, perfeccionistas. Aqueles pelos quais eu sinto mais admiração são de dois tipos: aqueles que, à frente de um vinhedo muito reputado, mantêm, a cada ano, a qualidade dos *crus* no nível mais alto e aqueles de uma vinha modesta que sabem tirar o melhor e trabalham com obstinação para aumentar as virtudes e as cotações dos seus vinhos. Jean-Charles sempre me surpreendeu pela sua aptidão para obter, mesmo nos anos de céu cinza e de uvas doentes, vinhos riquíssimos nos quais, ainda e apesar de tudo, o sol penetra.

Talvez a sua arte de se sair especialmente bem quando a colheita é frágil venha daquilo que ele mesmo era quando criança. Os médicos tinham aconselhado aos nossos pais retirá-lo o mais cedo possível da cidade para levá-lo ao campo. Ele adorou isso, o conselho veio a calhar. Depois da escola de viticultura de Beaune, depois de dois estágios, um em Villié-Morgon — onde ele se ocupava também das vacas —, o outro no *château* de Pizay — onde a equipe do Olympique de Lyon vai descansar —, aos 23 anos ele se tornou arrendatário de nossos pais, compartilhando os frutos. Ceticismo geral no vilarejo. Enquanto os jovens camponeses deixavam o campo pela cidade, eis que um jovem citadino voltava ao campo. Não para dirigir uma propriedade, com a boca na garrafa e as mãos nos bolsos das calças. Mas para levar a cabo por si mesmo, com a sua mulher, todos os trabalhos exigidos por cinco hectares de vinhas. Os mais otimistas davam seis meses para o filho do proprietário voltar a Lyon. Desde 1963, ele não fez outra coisa. Ele foi um dos primeiros a por o seu vinho em garrafas — em vez de vendê-lo a granel ou aos negociantes. Ele também criou — tendo herdado as qualidades de comerciantes de nossos pais — uma pequena carta de negociante.

Talvez ele deva a sua rápida adoção pelos vinhateiros da região a um talento cujos resultados não levam um ano para serem vistos: ele toca acordeão e, na época, tocava nos bailes, nas festas familiares e populares. O vinho e a música sempre formaram, em todos os tempos, um casal de artistas sensuais e alegres.

## Glub-glub

O lexicógrafo Pierre Guiraud escreveu-me para me informar que *pivoter* (girar) significava "beber sem parar" (*boire à la regalade*, beber com a cabeça para cima deixando escorrer o líquido) na gíria militar de meados do século XVIII. As relações da palavra *pivot* com o *pivois*, vinho, na gíria geral, estão documentadas. *Pivois* deu origem a *pive, piveton, pifton, pif*. Daí as truculentas criações que são as palavras *beaujolpive, beaujolpif*. Um Pivot no *beaujolpive*, é quase um pleonasmo!

 Beaujolais 2, Beaujolais 3, Dulac
(Julien), Quincié-en-Beaujolais

# Pontac (Jean de)

Há, na Classificação de 1855 de vinhos tintos de Bordeaux, uma extravagância, uma excentricidade, quase uma incongruência: aos sessenta *crus* do Médoc adiciona-se um 61º, um *graves,* que não pertence à paróquia, mas que foi admitido, mesmo vindo de Pessac, na periferia de Bordeaux: o *haut-brion.* E não foi acolhido com reticências, colocado no final da listagem. Ao contrário, foi colocando em pé de igualdade com outros três *premiers crus* do Médoc: *lafite, latour* e *margaux* (aos quais o *mouton* se juntará mais tarde).

Não foi por grandeza de alma que os de Médoc colocaram esse rival do Sul no melhor lugar, mas porque a qualidade e o prestígio do *haut-brion* eram tais que era inconcebível afastá-lo da lista dos melhores. Aqueles que não teriam entendido esse ostracismo eram os melhores clientes de vinhos de Bordeaux: os ingleses. Em Londres, o *"ho-bryan"* gozava de uma reputação sem igual, por causa de uma taverna muito chique, concorrida durante muito tempo, aberta depois do incêndio de Londres (1666), cujo proprietário francês do Haut-Brion servia o seu vinho com exclusividade. Parece que foi frequentada por Daniel Defoe e Jonathan Swift. O local tinha como nome Pontac (Pontack's House). Em homenagem a Jean de Pontac.

Era um contemporâneo de Montaigne e de La Boétie. Seu colega no Parlamento de Bordeaux. Um tipo genial que, no sítio de Haut-Brion, adquirido em parte por aliança e em parte por compra, inventou o conceito de *château* vitícola. As vinhas no *terroir* adequado e, afastado, sobre um solo menos promissor, o *château* que ele construiu. Um modelo para toda a região de Bordeaux.

Se Graves é considerada como a região fundadora dos grandes vinhos de Bordeaux, eles o devem também a Jean de Pontac e a seus sucessores de Haut-Brion. Alguns historiadores citam uma classificação que seria de 1640, na qual os *graves* precedem os *médoc.* Depois, ele teve a sua revanche, sem deixar de acolher na sua mesa o prestigioso *bordelais* da periferia, graças ao qual, por elas estarem na garrafa, economizamos na compra das trufas e da carne de caça.

 BORDALÊS, CLASSIFICAÇÃO DE 1855, DEGUSTAÇÃO ÀS CEGAS

# Porto (vinho do)

"Um pouco de vinho do porto, Maryse?
— Muito, muito pouco...
— E você, Charles?
— Um dedo... Somente um dedo, não mais..."
Na mesma jornada, sobretudo no domingo, eu podia passar do dedo de Deus a um dedo de *porto*. Este estava reservado às pessoas maiores, aquele apontava para todo o mundo, para mim em especial. Os amigos de meus pais ofereciam, com frequência, antes do almoço, o *porto* tinto contido em uma jarra de cristal, que eles serviam em taças pequenas do mesmo estilo que a jarra. Éramos partícipes do luxuoso, do raro, do custoso. Atingíamos o êxtase. Entrávamos no exótico porque o *porto*, na época, era o único vinho estrangeiro que chegava às nossas mesas. Havia também o *madeira*, mas ele era mais chique, mais esnobe, portanto mais raro do que o *porto*, pelo menos para a pequena burguesia lionesa.

Célebre no mundo inteiro, muito conhecido na França, que é o maior consumidor do mundo, o vinho do Porto, no entanto, é enigmático para a maioria dos franceses. Nós sabemos que pertence à grande família dos vinhos doces naturais ou vinhos licorosos, como nossos populares *banyuls*, nossos deliciosos *muscats* de Rivesaltes, de Beaumes-de-Venise, o escuro *maury* tinto, mole e suave como um pastel de cerejas, potente como o sol do Roussillon. Todos esses vinhos devem a guarda de seus aromas de frutas frescas ao aporte da aguardente que interrompe a fermentação da uva, operação delicada chamada fortificação (*mutage*). Mas, no que diz respeito ao Porto, ignoramos muito frequentemente o que diferencia os *rubys* — portos jovens de menos de três anos de idade —, os *tawnys* — amadurecidos em grandes barricas de carvalho — e os *vintages* — *millésimés*, envelhecidos na garrafa, os mais sublimes, os mais caros. As impaciências da época faziam apreciar e beber os vinhos do Porto jovens, mas nada iguala em suavidade, em voluptuosidade, os *tawnys* e os *vintages* de vinte ou trinta anos. É neles que se fundem, em uma miraculosa harmonia, os aromas provenientes da uva com o fogo do álcool.

O vinho do porto branco é o único que convém como aperitivo. Mas ele frequentemente tem me decepcionado, porque a aguardente, no lugar de se fundir com o vinho, o domina com arrogância e rudeza. Ainda que isso seja contrário aos costumes lusitanos, vale mais, antes de passar à mesa, servir um vinho do porto tinto bem criado que um branco sem educação. Os tintos devem ser servidos, de preferência, com os queijos azuis, especialmente o *stilton* — obrigado, senhores ingleses, por terem ousado essa harmonização! —, e com os bolos, especialmente o bolo de chocolate, sob a condição de que esse tenha mantido o amargor.

Em seu castelo de Vila Real, no extremo noroeste das vinhas de Porto, o conde de Albuquerque nos fez servir, lá pelas 23 horas, numa morna noite de maio, um *tawny* (dez anos de envelhecimento) assinado Nierpoort. Ligeiramente fresco, de um vermelho bastante claro, ele trouxe o feliz toque final, com aromas de pão de especiarias, a uma jornada barroca, menos, no entanto, do que o barroco da igreja Santa Clara de Porto. A degustação inesperada de um *porto* à tarde ou à noite é uma iniciativa a ser encorajada. Assim como é necessário desencorajar o velho hábito, muito francês, de guardar durante muitos meses o resto de uma garrafa dentro de uma jarra. Com ou sem a tampa, a oxidação o atingirá. Como a música de fundo, o fundo do vinho do Porto fugirá.

Portugal é um grande país vitícola, o que não significa que, afora o certamente sublime vinho do Porto e o *madeira,* seja um país de bons vinhos. De norte a sul, há abundância de vinhedos − 32 denominações para oito regiões, incluindo Madeira e Açores. Perto de 350 variedades de uvas. Se queremos sol, ali o temos. Até demais, justamente. Os *douros* tintos de quatorze graus ou mais não são nem vinhos de sede, nem vinhos de conversação ou de especialistas. Eu prefiro certos brancos − fortes em álcool, eles também − com aromas de frutas cítricas. Ou ainda os vinhos verdes, sobretudo os brancos, quando eles não são muito ácidos. Eles acompanham bem os peixes grelhados pescados no Atlântico.

Porto e Bordeaux foram emparelhadas pela história da vinha e do vinho. Em uma e em outra, os ingleses foram donos de vinícolas. Deixaram nas duas cidades os seus capitais, seus negociantes, seus nomes, sua tecnicidade, nem que seja no saca-rolhas, e sobretudo, o seu gosto, que era infalível e exigente. Não se conhecem outras cidades colonizadas que tenham menos que reclamar de seu colonizador.

Segundo o bordalês Pierre Veilletet, "se a frágil pedra da Gironde feminiza Bordeaux, o granito do Porto é masculino. [...] Se Bordeaux se apresenta linear e unívoca, obcecada pela fidelidade e seus arquétipos, Porto é um anfiteatro tumultuoso que nada tem a ver com o sentido da moderação". Dito de outra forma, não há mais elegância, mais *tweed*, mais discrição, menos anúncios comercias no cais de Chartrons que no cais de Vila Nova de Gaia, onde os luminosos das casas de vinho do Porto rivalizam em altura e esplendor, como se desejassem ser vistas desde Lisboa... E depois os velhos quarteirões de Porto cheiram a bacalhau, enquanto Bordeaux não prepara mais a *brandade.*

Por acaso não será por conta dos bacalhoeiros que eu sinto mais atração pelo oceano nas margens do Douro do que sobre as do Garonne? Pode ser também porque em Bordeaux o oceano está ainda longe, separado pelo Médoc, enquanto em Porto as vinhas estão atrás e empurram os tonéis e os visitantes para o mar?

## Glub-glub

Um inglês tentou zangar portugueses e franceses, Porto e Bordeaux. Foi o almirante Nelson. Conta-se que, justo antes da batalha de Trafalgar, ele expôs a sua estratégia ao lorde Sidmouth sobre a mesa na qual tinham acabado de comer e onde ele desenhou um plano com o seu dedo indicador, molhando-o num copo de vinho do Porto.

O pai do atual conde de Albuquerque recebeu a visita de produtores-negociantes que desejavam lançar um novo vinho com o nome de Mateus, o nome do castelo do conde. Este, desconfiado, pediu que trouxessem algumas amostras. Ele degustou e julgou o vinho muito ruim, sem futuro. No lugar de receber uma porcentagem sobre cada garrafa vendida, como lhe propuseram, ele aceitou ceder o nome de Mateus por uma soma redonda, mas definitiva. O vinho Mateus, açucarado, frisante, abominável, conheceu um sucesso considerável, especialmente nos Estados Unidos. Ele ainda vende no mundo de 30 a 50 milhões de garrafas por ano.

 BORDALÊS, XEREZ

# Procurado!

Os "híbridos" são cepas nascidas da união de cepas francesas e americanas. Elas são muito fortes, resistem maravilhosamente ao gelo, aos insetos, às borboletas, aos fungos, e produzem uma enormidade de cachos de uva. Seria perfeito se elas dessem um vinho bom. A maioria foi proibida ou abandonada pouco a pouco. Os híbridos cobrem hoje, na França, menos de 20 mil hectares.

Desde 1935, uma meia dúzia tinha sido declarada fora da lei. Mas, com a guerra, elas tinham, ao contrário, prosperado a ponto de ser a origem, nos anos 1950, de 30% da produção de vinho. Então os sucessivos governos se enraiveceram e, da mesma forma que os xerifes fixavam cartazes para por a preço a cabeça dos bandidos procurados, avisos como estes foram difundidos pelo Ministério da Agricultura:

"A *noah*, *othello*, *isabelle*, *jacquez*, *clinton* e a *herbemont* são cepas cujo cultivo é proibido. Elas devem desaparecer antes de 1º de dezembro de 1956.
Arranque as suas cepas proibidas!
Elas o expõem a sanções.
Elas dão um vinho ruim.

Elas não estão mais na moda: são relíquias do passado.
Beneficie-se da prima de 135 mil francos por hectare acordada para o arranque definitivo das cepas proibidas antes de 1º de dezembro de 1956."

Apesar da prima, o arranque não se fez sem dor nem protestos. No Sudoeste, o Loire do Atlântico e na Vendée especialmente, onde os híbridos reinavam em grandes superfícies, as resistências às ordens de Paris provocaram comitivas, choques e violência. Como durante a Revolução, os bispos e os curas, chocados pela expressão "relíquias do passado" na qual sentiam um ataque à religião, alinharam-se com os rebeldes. Mas a sublevação vitícola se extinguiu, felizmente, mais rapidamente que a de 1793.

A proibição da *clinton*, implantada em uma outra região ensanguentada pelas guerras religiosas, a Cévennes, alimentou também cóleras cujo contador foi Jean-Pierre Chabrol (*Os rebeldes*). Como então dar a saber aos viticultores que a sua cepa, fecunda e vigorosa, produz um vinho horrível e que um dias eles serão os únicos a apreciar o seu gosto e suas virtudes!

Cepa branca americana rica em álcool, a *noah* foi acusada de fazer enlouquecer e de incrementar o alcoolismo das populações do Oeste da França. Ela foi proibida em 1934. Antiamericanismo primário? Parece que o seu teor de álcool metílico, claramente acima da média, justificou essa censura vitícola.

## Glub-glub

Quantas cepas há no mundo? Foram observadas, descritas, repertoriadas, classificadas, mais de 5 mil. Quantas na França? Por volta de duzentas. Algumas, relacionadas com a policultura ou a uma viticultura de montanha, estão desaparecendo ou já desapareceram. Têm, no entanto, nomes simpáticos: a *balzac* (Charentes), a *hibou* (Savoie), a *genouillet* (Berry), a *chichaud* (Ardèche), a *canari* (chamada no Ariège *esquiche-braguette*, "esguicho de braguilha", por causa de suas propriedades diuréticas, nota o professor Gilbert Garrier).

Com o auge dos vinhos regionais (*vins de pays*), o desejo de sair das trilhas batidas, outras cepas conhecem um renascimento ou uma ampliação. É o caso de *tibouren*, na Provença, ao redor de Saint-Tropez, a *vermentino* no Var. Ou ainda a *colombard*, cepa de Charentes refugiada no Gers e na Vendée, e que os audaciosos têm plantado, como um desafio, frente ao Médoc, na outra ribeira da Gironde, nos "Hauts de Talmont". Muito clara, com um nariz de cítricos no qual domina a toranja, essa *colombard* "ardente e perfumada" (Balzac, *A pele de onagro*) prova, como se houvesse necessidade, que na viticultura a tradição e a inovação estão organicamente ligadas.

# Provença

Os provençais, que têm muitas dificuldades para produzir vinhos ao mesmo tempo de sede e de caráter, são os vinhateiros franceses mais meritórios. Faz tanto calor na Provença, e a natureza é tão bela... O jornalista e especialista britânico Oz Clark por pouco não sucumbiu, ele também, a uma feliz indolência: "eu já me deixei levar pela preguiça à sombra frente a uma *bouillabaisse* (caldo feito de diversos peixes do Mediterrâneo e legumes), um *aïoli* e um *rouget* (peixe vermelho das pedras) – que apetite! –, a degustar em pequenos goles um branco ou um *rosé* gelados admirando o mar cintilante, tão felizmente extático que abandonei todo o senso crítico". No entanto, não deixava de disparar, depois de restabelecer-se, contra "as massas de *rosés* lamentáveis, brancos sem fruta, e tintos magros".

Mas aqui, como no próximo Languedoc, jovens viticultores ambiciosos se instalam e somam os seus vinhos bem tipificados àqueles das quintas tradicionais. Se for de férias à região, interessante é consagrar um pouco de tempo a escolher o seu tinto, seu *rosé* e seu branco nas denominações *baux-de-provence*, *côtes-de-provence* e *coteaux-d'aix-en-provence*. O número de variedades é grande, são vinhos de assemblagem. Há mais chances de descobrir uns simpáticos e agradáveis, que exalam as notas delicadas da *garrigue*,* nas propriedades do que nos mini-mercados de vilarejo.

Por que o INAO impôs aos vinhateiros de Pagnol – não é uma nova denominação, é o escritor – regras complicadas e estritas de assemblagem, portanto de cepas a utilizar? Por exemplo, em Bandol – não é um escritor, é uma área de denominação provençal, a melhor, com outras três AOC: Cassis, Bellet e Palette –, o vinho branco deve estar constituído de pelo menos 60% de uvas de *bourboulenc*, da *clairette* e da *ugni blanc*. Restam 40%, mas não mais, para a *sémillon*, a *grenach blanc*, a *rolle*, etc. Para o *bandol* tinto, a lei é ainda mais limitante: ela proíbe a adição de mais de 15% de *syrah* e de *carignan* às três variedades obrigatórias: a *mourvèdre*, a *grenache* e a *cinsault*. Bruxelas, o mercado, a concorrência, a obrigação e a vontade de inovar, tudo isso não vai obrigar os poderes públicos a liberar as travas da regulamentação vitícola sobre as variedades a utilizar nas áreas das denominações de origem?

## Glub-glub

Lendo o norte-americano Jim Harrison é que descobri os *bandols* do *domaine* Tempier. Foi uma excelente leitura.

 Harrison (Jim)

---

* Vegetação natural das colinas da Provença, cheia de plantas aromáticas que são a base dos condimentos provençais, como tomilho, alecrim, etc.). (N.T.)

## Qual vinho?

Em 25 de fevereiro de 1848, Lamartine está na Prefeitura da cidade de Paris. Victor Hugo também. É ele que conta, em *Coisas vistas*: "Ele [Lamartine] partiu o pão, pegou uma costeleta pelo osso e rasgou a parte central com os dentes. Quando terminou, ele jogou o osso na lareira. Assim ele despachou três costeletas e bebeu duas taças de vinho". Duas taças de que vinho, querido Victor?

Ficamos frustrados por não saber. Lamartine serviu vinho de sua propriedade, um *mâcon*? Ou um *bourgogne*? Ou um tinto de Paris? Ou um vinho comum que era levado para a Prefeitura da cidade e que não tinha nada de revolucionário? Irrita-me que Victor Hugo tenha se limitado ao termo genérico de "vinho" e não tenha definido a natureza daquele que acompanhava as costeletas de Lamartine.

Sempre reclamo dos escritores que não se esforçam por revelar os nomes dos vinhos que escoam em seus relatos ou que negligenciam em nomear aqueles que eles servem nos seus romances.

Um deles é Blaise Cendrars. Em *Kodak*, que ele qualifica como um "documentário", ele cita menus nos quais é dada a procedência dos alimentos, mas não a dos vinhos. Exemplo:

*Salmão de Winnipeg*
*Presunto de carneiro à escocesa*
*Batatas Royal-Canadá*
*Velhos vinhos franceses.*

Quais velhos vinhos franceses? Provenientes de quais regiões?

No livro *O ouro*, Blaise Cendrars provoca o nosso apetite sem aplacar a nossa sede: "A mesa era esplêndida. Entradas; trutas e salmões dos rios da região; presunto ao forno à escocesa; pombas torcazes, pernil de veado, patas de ursos; língua defumada; leitão recheado de arroz com linguado e enfarinhado com farinha de mandioca; legumes verdes; salada de palmito e quiabo; todas as frutas naturais ou compotas; montanhas de bolos. Vinhos do Reno e algumas velhas garrafas da França, que tinham dado a volta ao mundo sem se quebrar de tantos cuidados que tiveram com elas".

Quem não gostaria de conhecer as denominações dessas "velhas garrafas da França" bem preservadas, que vinham de uma volta ao mundo durante a qual tinham sido cuidadas, mimadas? Provavelmente eram *bordeaux*, mas de qual região, de quais *châteaux*? Normalmente, Blaise Cendrars acumula referências, detalhes, precisões. Mas com respeito ao vinho, ele fica mudo. Que pena!

Como também é uma pena que Dominique Rolin (*Diário amoroso*) não forneça o nome do *château* bordalês de onde Jim (Philippe Sollers) leva uma garrafa, uma vez por semana, para a casa dela. Ainda mais porque ela conta o ritual: "Ele aquece o redondo gargalo como se fosse uma mulher. Ele apazigua o sangue dormente e o enche de beijos (aparece, de repente, a criança). Nossos copos chocam-se e esvaziam-se [...]. O vinho aquecendo as nossas gargantas é uma seda preciosa...". Mas, nossa! Qual era o *bordeaux*? Dá trabalho imaginar por qual razão Dominique Rolin se recusa a escrever o nome do *château*, já que, ainda que o nome de Philippe Sollers não seja explicitamente mencionado no livro, ela fornece informações suficientes para que o amante seja facilmente identificável na personagem de Jim. Por outro lado, à falta de indicações sobre o *château* e seu vinho, é impossível para a imaginação colocar uma garrafa sobre a mesa do casal.*

A Jules Romains, o primeiro lugar! Ele publicou em 1923 um romance ("imbebível") intitulado *O vinho branco de La Villette*, sucessão de histórias contadas no café *"L'Ambassade"*, na porta da Villette, pelos operadores de eclusas, carvoeiros, caminhoneiros, carregadores... Bénin e Broudier, duas personagens recorrentes de Jules Romains, fazem-nos falar oferecendo-lhes vinho branco. Qual vinho? A única indicação: "Bénin e Broudier nunca tinham encontrado um gosto similar ao vinho branco". É pouco para justificar o título do livro.

Não dar o nome dos vinhos, quaisquer que sejam, grandes ou pequenos, é uma falta de consideração com eles. É recusar-se a reconhecer a especificidade de cada um. É privar-se de um detalhe importante, significativo, que acrescenta mais ao retrato de uma personagem ou à veracidade de uma cena.

Louvemos e agradeçamos a Jean-Jacques Rousseau (*As confissões*) por ter precisado que, quando debatia sobre teologia com o padre M. de Pontverre (*sic*), cedeu a vitória com prazer porque ele tinha lhe servido "seu vinho de Frangy, que me pareceu excelente". A comuna da Savoie, situada entre Annecy e Annemasse, sempre produziu a *roussette*, a *roussette* de Frangy.

Em Turim, onde ele abjurou da fé protestante para ser batizado na fé católica, Jean-Jacques Rousseau acalmava o seu "bom apetite" com "refeições rústicas" "e alguns copos de um vinho ordinário e de muito corpo de Montferrat, que podia ser cortado em fatias".

---

\* Perguntei diretamente a Philippe Sollers, que me informou tratar-se do *château brane-cantenac*, um *margaux* classificado como segundo *cru*.

Em Lyon, contratado como preceptor na residência de M. de Mably, ele subtraiu discretamente algumas garrafas de vinho "para beber à vontade no meu cantinho particular". Qual vinho? Jean-Jacques responde, tão somente para justificar o furto pela qualidade da tentação: "fui bastante temerário por cobiçar um certo pequeno vinho branco de Arbois, muito bom, e do qual algumas taças aqui e lá, à mesa, me seduziram fortemente".

Mais tarde, foi toda a adega que ele tinha formado em Ermitage, na residência de madame d'Épinay, que Rousseau teve roubada. Que vinhos tinha ela? Ai de mim! Sobre isso ele nada diz.

## Quincié-en-Beaujolais

Eu não nasci lá, mas lá eu cresci, desenvolvendo as minhas raízes com ardor e essa ligeira alegria que a promessa do vinho difunde.

Vilarejo de 1.100 habitantes, Quincié está situado entre o vale e a montanha, às portas de Beaujeu, capital histórica do Beaujolais. Em frente, ao leste, na outra encosta, Régnié, o décimo *cru*. Ao sul, o monte Brouilly. No seu cume percebe-se uma pequena capela, construída em 1856, para a qual, na minha infância, íamos em peregrinação. Nossa Senhora de Brouilly, santa padroeira do *brouilly* e do *côte- -de-brouilly*, teria protegido as vinhas dos estragos provocados pelo oídio. Contra o granizo, ela parecia menos motivada.

O solo granítico das encostas produz um dos melhores *beaujolais-villages*. Em um dia de inspiração lírica ou de exaltação um pouco demagógica, Édouard Herriot fixou o paraíso terrestre em Quincié: "E não foi uma maçã que tentou a primeira mulher. Foi uma uva de nosso racimo. Como eu a entendo e a desculpo!".

Foi em Quincié que eu aprendi a ler e escrever. Aluno da escola comunal durante os cinco anos da guerra, eu era um feroz inimigo da Alemanha, que retinha o meu pai como prisioneiro e cujos soldados não arriscavam ir até a aldeia onde frequentemente passavam, rapidamente, frente aos nossos olhos de escolares surpresos e febris, os Citroën 11 CV pretos repletos de combatentes da Resistência

Armada. Por outro lado eu não consigo explicar, a não ser pelo gosto do exotismo, a minha queda pelos japoneses, até que a história me livrou dela.

O 5 de maio de 1945, dia dos meus dez anos, foi uma grande data. Lá pelas 11 horas da manhã, vieram me procurar na escola, durante as aulas. O meu pai tinha voltado! Nunca a minha mãe me pareceu tão bela, emocionada e feliz. No entanto, o homem que a beijava, e que pegava em seus braços tanto o meu irmão como eu, tinha perdido os cabelos, e seu corpo, um pouco encolhido, estava coberto de um horrível uniforme cinza esverdeado, o uniforme dos KG, duas grandes letras nas costas, os *Kriegsgefangener*, prisioneiros de guerra. Eu fiquei desconcertado, já que tinha sonhado muito com o retorno de um guerreiro de charme irresistível. Logo houve discursos, um vinho de honra servido na Prefeitura, o almoço tardio nos dois quartos que ocupava a minha mãe, depois de cinco anos, na casa dos vinhateiros, e o rosto de meu pai que, por fim, ia coincidindo cada vez mais com as suas fotos de antes da guerra. O ano de 1945 foi de uma grande safra na Bourgogne e no Beaujolais, apesar da pouca colheita, já que o gelo petrificou uma parte do vinhedo na noite do 4 ao 5 de maio, aquela que precedeu o dia em que meu pai nos foi devolvido.

Nas regiões vitícolas, não se conta a própria vida tomando como marco canções ou filmes. Dizemos: noivamos no ano em que fez tanto calor que havia mostos de 14° ou mais... Ela nasceu em 1963, eu me lembro, estávamos atrasados para a poda, chovia todos os dias, então eu fui à clínica, beijei a mãe e a filha, e voltei à vinha... O pobre, ele morreu em 1957, justo antes das vindimas, não foi um bom ano, como se ele não quisesse ver aquilo...

O ano de 1964 foi o ano do Congresso de Farsas e Mágicas em Quincié. Três dias de loucura durante o fim de semana de Pentecostes. Guy Béart, rodeado pelas jovens, interpretou mais de uma vez *O canto do petardo*, que tinha composto para a ocasião. Cem parisenses – especialmente Robert Sabatier, François Caradec, que era presidente do Instituto Francês das Farsas e Mágicas (IFFA) – desafiavam a população com um copo em uma mão e um petardo na outra. Nenhum conferencista, nenhum orador, conseguiu chegar até o final de seu texto. Fez-se jorrar, miraculosamente, vinho escavando a terra com a enxada. Nos campos, as vacas estavam pintadas de cores festivas. Avisados pelo rádio, milhares de lioneses vieram participar da diversão. Compravam um bilhete de entrada ao vilarejo e não se divertiram. Eles compreenderam tarde demais que tinham sido vítimas de uma farsa. A revista *Time* publicou uma reportagem fotográfica que retratava bem essa festa do vilarejo, báquica e medieval.

No ano anterior, o Congresso de Farsas e Mágicas foi em La Roche-Canillac, pequeno vilarejo de Corrèze. Os habitantes, aterrorizados, refugiaram-se nas suas casas. Fui eu quem soprou o nome de Quincié-en-Beaujolais aos dirigentes da IFFA.

Eu tinha certeza de que o humor de uma população vitícola, comumente alegre, saberia se desenvolver em um fim de semana efervescente com parisienses farristas, e inclusive se adaptar aos seus excessos. Desde Rabelais, sabemos que o vinho leva à fraternidade e ao júbilo. De fato, prefeito, vereadores, bombeiros e músicos à frente, o vilarejo participou com o ardor dos neófitos da religião farsesca.

Foi em 1968 – antes de maio – que eu e Monique, que era então a minha mulher, mãe de nossos dois filhos, compramos em Quincié uma casa que nos seduziu desde o primeiro olhar. Situada na metade de um aclive, rodeada de grandes árvores, ela se abre à frente sobre a planície do rio Saône; atrás, vinhas escalando a montanha. Com um *look* anglo-normando, interior estilo 1900, ela tinha sido construída em 1893 por um espírito original, pintor, fotógrafo, músico – o retrato de Constant Scève, fundador da banda do vilarejo, entronizado agora na prefeitura. Ele a tinha batizado de *Bonum vinum laetificat*. As três palavras latinas estavam impressas, gravadas, destacadas sobre a lareira, sobre os lustres, nos marcos das janelas, em pérgolas de ferro forjado, sobre toalhas de mesa, na fachada... Por todo lado! Guardamos os mais estéticos, especialmente os *bonum vinum laetificat* que correm sobre um afresco em volta da sala. Eles representam, pintados em sua casa pelo artista, os trabalhos da vinha até a dança que encerra as vindimas. É elegante e alegre.

Nós continuamos a obra do fundador, introduzindo na casa móveis, louça, vidros decorados com cachos de uvas comprados de segunda mão, e cobrindo as paredes com cartazes sobre o vinho. Há ali, eu concordo, uma monomania, uma obsessão pela uva, uma limitação cultural. Mas estando tão cercados pela vinha, não teria valido mais a pena, como o fizera o dono anterior, abrir a casa ao deus Pâmpano e ao deus Uva, cujas formas têm inspirado sempre, desde Sumer, o lápis, o pincel, o ponteiro ou o buril dos artistas? *Bonum vinum laetificat cor hominis*, tal é a formula latina completa: "O bom vinho alegra o coração do homem".

Eu acredito que as mulheres e os homens cuja infância e adolescência correram dentro das vinhas não são totalmente iguais aos outros. Nem pior nem melhor, mas de uma natureza um pouco diferente, de uma sensibilidade ligeiramente mais mineralógica. O *terroir* tem uma importância tão grande para o vinho quanto, mesmo não sendo mensurável, para as pessoas que cresceram nele e que nele foram... cultivadas. Na intimidade das vinhas e das adegas, adquire-se uma mentalidade de telenovelista. Até o próximo capítulo! A seguir, a seguir... Com o vinho, nunca se termina. Da poda ao engarrafamento, os episódios, numerosos, diversos, encadeiam-se num tempo muito longo, que é muito mais curto para os produtores de trigo, de frutas ou de legumes. Mesmo quando nós mesmos não somos profissionais da vinha e do vinho, a frequentação e a conversa destes nos levam a nos adequar à sua gestão do tempo, tanto o tempo que faz quanto o tempo que passa. Enfim, ganhamos em gula, em sensualidade, talvez também em comunicação, porque o vinho estimula a falação, inspira as confidências, sopra as labaredas da imaginação. Foi provavelmente essa verborragia, durante a minha juventude, em Quincié, enquanto estava apoiado sobre as cubas e as barricas, que me deu o gosto pela conversa. Será que junto com a vontade de animá-la?

## Glub-glub

A Adega Cooperativa de Quincié, para a qual é levada a uva produzida no hectare de vinha que faz limite com a casa da minha família, e que Daniel Burnichon cultiva, sempre foi, graças aos homens que a administram, um magnífico instrumento para fazer os melhores vinhos possíveis. Testemunho disso são a leva de medalhas ganhas, a cada ano, nos concursos de degustação às cegas. Desde 1936, três gerações de Chagny, Joseph, depois Henri, agora Jean-Luc, têm o cargo de diretor enológico da Adega Cooperativa. Seria o talento de vinificador um dom hereditário?

 Beaujolais 2, Beaujolais 3, Dulac
(Julien), Pivot (Jean-Charles)

# Rhône (Côtes do)

Châteauneuf-du-pape, Condrieu, *Côtes*
E *Coteaux*, Hermitage

## Rivalidade entre vinhedos

*Bordeaux-Borgonha*. O bordalês Pierre Veilletet conta que, nas ribeiras do Giron-de, do Dordogne e do Garonne, *"bourguignon!"* é o mais terrível anátema que pode ser pronunciado. Em uma transmissão de "Apostrophes", Philippe Sollers não hesitou em qualificar os *bourgognes* entre "os vinhos de molho". Em uma entrevista concedida a Pierre Boncenne e a Alain Jaubert, na revista *Lire* de dezembro de 1986 (revista cuja redação eu dirigia, na época, vejamos como eu era tolerante), o escritor bordalês, nascido próximo a La Mission-Haut-Brion, foi ainda muito além no desprezo pelo *bourgogne*: "Eu tenho horror a ele. É um vinho de molho e de sangue. Da mesma forma que, na luta entre os *armagnacs* e os *bourgognes*, eu escolhi o meu campo, igualmente, na verdadeira guerra civil entre o *bourgogne* e o *bordeaux*, eu milito vocês sabem onde. É necessário que as pessoas tomem consciência mesmo e que saibam: o *bourgogne* não é um vinho, é uma bebida para os molhos. Além do mais, quando se bebe um *bourgogne* tem-se a terrível sensação de alguma coisa de sanguinolento, sem contar o peso espantoso e um sabor de terra. Por isso, para mim, todas essas pessoas que gostam do *bourgogne* (e do *beaujolais* também) são, falemos claramente, uns caipiras! Na guerra, como na guerra: sim, insisto, uns caipiras!".

Segundo o geógrafo e historiador Jean-Robert Pitte, que analisou detalhadamente "as paixões rivais" de Bordeaux-Borgonha, Jean Lacouture, outro escritor bordalês, teria dito — ele desmente, e de todo modo não foi no "Apostrophes" — depois de ter apreciado um brilhante *bourgogne*: "Um *bourgogne*, é verdade? Eu não o conhecia. É excelente mas eu prefiro mesmo o vinho". Parece que François Mauriac teria lançado também a mesma delicadeza. E outros girondinos antes dele.

O desdém que sentem os senhores bordaleses pelo *bourgogne* (e por todos os outros vinhos franceses, com exceção do *champagne*) é patente. Embora os redatores da revista *L'Amateur de Bordeaux* tenham feito, no passado, grandes esforços para atravessar as fronteiras da Aquitânia, o bordalês bebe somente *bordeaux*, não se apaixona por nada mais do que por *bordeaux*. Ele nasce, vive e morre na religião do *bordeaux*. É um *monoenólogo*. É um *pinotfobo*. Ele reconhece, no entanto, que a *chardonnay* dá à Borgonha um lugar eminente na hierarquia dos vinhos brancos. Mas é nos tintos que acontece a nobre e verdadeira competição, ou melhor, que acontecia outrora, pois a história, degustadora infalível e incorruptível, já emitiu o seu juízo há muito tempo e não voltará atrás.

Eu exagero um pouco. Sempre fiquei surpreso pela pouca curiosidade dos bordaleses pelos outros vinhos franceses, assim como pelos vinhos estrangeiros, a não ser aqueles que, provenientes da *cabernet sauvignon*, da *cabernet franc* e da *merlot,* pretendam, especialmente na Califórnia, rivalizar com os modelos e mestres; e que o conseguem bastante bem, ganhando com frequência os concursos de degustação às cegas em que competem. A França descobre com horror que, como qualquer filha mais velha de Baco, ela não tem o monopólio dos bons *terroirs*, dos bons *climats,* dos bons produtores.

A grande família bordalesa tem mesmo os seus fundamentalistas, gente do Médoc que considera que os seus primos de Pomerol e de Saint-Émilion fazem vinhos carentes de distinção, complexidade, classe. Aliás, os borgonheses agravam seu caso, preferindo, na sua maioria, essas denominações no lugar do *médoc,* que eles julgam, erradamente, enigmático, limitado, restrito. Diz-se que alguns especialistas chegaram a confundir os *pommards* com os *pomerols*, como por um acaso o *bordeaux* que os borgonheses aprovam.

Jean-Jacques Brochier, durante muito tempo diretor do *Magazine Littéraire*, é o único favorável ao *bourgogne* que eu encontrei radicalmente hostil aos *bordeaux*. Partidário, como Sollers, de uma guerra civil entre os dois vinhedos, ele não está longe, conhecendo a minha fraqueza pelos vinhos do inimigo, de considerar que eu sou um traidor. Na escolha de suas leituras ele era mais aberto.

Do lado dos produtores borgonheses, observa-se menos uma hostilidade aos vinhos de Bordeaux do que uma indiferença. Ou uma falta de conhecimento. Não duvidam mais que os bordaleses de que fazem os melhores vinhos do mundo (para os brancos, eles têm razão), mas eu raramente observei neles o desdém, a intolerância. Por acaso eles possuem a serenidade daqueles que admitiram ser coletivamente serem os segundos, enquanto na Gironde continuará se desenvolvendo um sentimento de superioridade? Pode-se ver, nessas atitudes contrastadas — expostas aqui em linhas gerais, convenhamos — o resultado do ascendente gustativo e psicológico adquirido pelo vinho de Bordeaux sobre os seus concorrentes? Sim, sem dúvida.

Foram a Inglaterra e a Holanda, e depois os Estados Unidos, que lhe asseguraram uma glória universal e que atribuíram à região de Bordeaux o primeiro lugar na hierarquia dos vinhedos da França e do mundo. A apreciação dos primeiros *crus* pelos especialistas internacionais, aos quais os proprietários girondinos, a cada primavera, abrem as suas adegas, tem-se transformado em um evento com quase tanta repercussão quanto os desfiles da alta costura. A comparação não é inocente. Da mesma forma que poucas mulheres são capazes de comprar e de vestir os modelos apresentados, as grandes garrafas apenas são adquiridas e, muito mais tarde, bebidas e apreciadas, por uma minoria de privilegiados. A inacessibilidade do terceiro estado a roupas prototípicas e aos *châteaux* da alta classe adiciona, paradoxalmente, reputação e mesmo popularidade à alta costura e ao vinho de Bordeaux. Pois esse ecletismo influencia e impulsiona tanto o *prêt-à-porter* quanto o conjunto da denominação bordalesa, apesar disso ser cada vez menos verdadeiro.

Desde os *grands crus classés* ao vinho genérico, Bordeaux dispõe de excelência, qualidade, diversidade e quantidade, condições necessárias tanto para uma apropriação elitista como para um consumo democrático. Somente a Champagne se beneficia de um "poder de dissuasão" comparável, mas de outra natureza.

Certamente, a Borgonha pode se vangloriar de possuir vilas e *climats* enobrecidos pelos séculos, universalmente conhecidos. Oferece aos fanáticos franceses e estrangeiros, que as disputam sem olhar o preço, garrafas muito mais raras que os grandes bordaleses. Mas a sua modesta superfície não lhes permite uma produção suficientemente grande e diversa, nem tão homogênea na qualidade, para pretender reinar, como ela fizera outrora, sobre o mercado e o gosto.

Com efeito, os vinhos da Côte d'Or, especialmente o muito célebre "vinho de Beaune", não tiveram rivais entre os séculos XIV e XVII. Os duques da Borgonha eram seus hábeis propagandistas até Flandres, propriedade deles, que depois das cortes dos reis da França e dos papas de Avignon, descobriria os sabores da *pinot noir*. Jean-Robert Pitte lembra isso: "Por mais que Clemente V, primeiro papa de Avignon, tivesse orgulho de ter sido arcebispo de Bordeaux e de ter dado o seu nome a uma propriedade, até sua morte, em 1314, os vinhos de Bordeaux jamais haviam chegado até Avignon e Roma. Petrarca se exasperava, em 1366, ao ver os príncipes da Igreja apreciarem sua estadia em Avignon, especialmente porque o vinho da Borgonha corria abundantemente".

*Borgonha-Champagne*. Bem antes do reinado de Luís XIV, um rival cresce e se impõe ao norte da Borgonha: a Champagne. Discussão entre os médicos: qual era, dos dois vinhos, o melhor para a saúde? Debatia-se furiosamente, com a agressividade dos aspirantes, em Reims e Épernay. Os argumentos dos *diafoirus* (médico do *Doente Imaginário*, peça de Molière) champanheses deviam ser bastante inteligentes e convincentes para obrigar o decano dos Hospices de Beaune a publicar uma *Defesa do vinho da Borgonha* contra os vinhos da Champagne. Mas Fagon, o médico de Luís XIV, resolveu a questão decretando que a gota que o rei sofria não podia se conciliar com o vinho de Champagne, ao passo que ela tolerava muito bem o vinho da Borgonha. Os predecessores de Fagon tinham escolhido o partido contrário. Molière já tinha se divertido e caçoado muito até então das prescrições contraditórias dos médicos. O certo é que Fagon ganhou por mérito próprio um nome de rua em Nuits-Saint-Georges.

A seguir aconteceu, entre Borgonha e Champagne, uma clássica competição entre dois vinhedos para obter, das pessoas consideradas as mais influentes – reis, príncipes, senhores, altos dignitários da Igreja e das Forças Armadas –, as apreciações mais elogiosas. Atualmente, isso seria chamado de uma batalha midiática.

É provável que a rivalidade dos vinhedos e dos vinhos tenha começado desde que houve, em alguma parte do Cáucaso e da Síria, duas propriedades e dois vinhateiros. Quando Plínio, o Velho, estava fazendo o censo dos principais vinhos da Itália ele escreveu: "Não ignoro que a maioria dos leitores reclamará de muitas omissões, porque cada um tem apego ao seu vinho, e a qualquer lugar aonde vou, é sempre a mesma história".

E continuou sendo a mesma história, na Idade Média, quando da expansão considerável dos vinhos de Saint-Pourçain, estimulados pelos Bourbons. Eles por muito tempo representaram o *nec plus ultra*, até a ressurreição e o auge dos vinhos de Beaune. Segundo o historiador Roger Dion, a guerra de influência entre os dois vinhedos foi longa e encarniçada, até que as encomendas papais e reais concretizaram a vitória dos borgonheses.

*Bordeaux-Borgonha.* O *bordeaux* por muito tempo foi um vinho mais célebre e cobiçado na Inglaterra e nos Países Baixos do que no reino da França, até que, fortalecido pela sua reputação internacional, acabou conquistando o seu próprio país. A partir do século XVIII, a ascensão desse imigrante do interior não parou, tanto em qualidade quanto em quantidade e notoriedade. O ano de 1855 marcou o início de sua apoteose, com a classificação dos melhores *crus* do Médoc e de Sauternes. Quando o *bordeaux*, vinho de mares e oceanos, usou os rios, a exemplo do *bourgogne* e do *champagne*, e as rotas terrestres que chegam a Paris, alcançou os seus concorrentes. Depois, ao longo do tempo, instalou na capital a sua elegância e delicadeza. O que, pela espécie de magistério e terrorismo sobre o gosto que Paris sempre exerceu sobre o resto da França e as capitais estrangeiras, conferiu ao *bordeaux* um prestígio ainda maior.

Ilustremos essa preponderância com um exemplo. As adegas oficiais da Quarta República respeitavam, espontaneamente, uma forma de paridade entre *bordeaux* e *bourgognes* tintos. Isso parece ser óbvio. A Quinta República assegura o triunfo dos vinhos de Bordeaux com o prefeito da cidade, Jacques Chaban-Delmas, que governa durante doze anos a adega do Palácio Bourbon e três anos a do Hôtel Matignon, e que exerceu muito mais influência sobre os fornecedores do Eliseu, do Senado e do Quai d'Orsay do que sobre os presidentes e ministros. Resultado: os *bourgognes* tintos desapareceram quase completamente dos grandes jantares oficiais. (Em um jantar recente na Embaixada da Grã-Bretanha, onde eu era um dos convidados, entre outros, foram servidos apenas *bourgognes*! Revolução cultural ou loucura de uma noite?) Resumindo, o *bordeaux,* camisa vermelha número 33, ganhou o jogo. Tanto mais pelo fato de a capital girondina receber, a cada dois anos, a Vinexpo, a maior feira de vinhos do mundo.

No entanto, já que as borbulhas colocaram à parte o *champagne*, existe sempre uma rivalidade, uma fratura, menos comercial que cultural, entre o *bordeaux* e o *bourgogne.*

Isso tem origem na geografia e na história, certamente. Para um, o ar marinho, o grande estuário, a prática de línguas estrangeiras, a grande propriedade, a colocação em garrafas no *château*, o mestre de adega, os estudos superiores em Harvard, o chique inglês, a fortuna patrimonial, a música clássica.

Para o outro, a água doce, a França profunda, os costumes dos vinhateiros, a pequena propriedade, a colocação na garrafa no *domaine*, o trabalho em família, a Universidade de Dijon, o diploma de enologia, o jeans, o parcelamento por herança, as canções para beber.

Tantos clichês de um lado e outro, tantos preconceitos. Ou pegue, ou deixe, estamos de acordo. Há mesmo muito de verdade nesse caleidoscópio sociológico dos dois vinhedos. Aí estão as linhas gerais dos roteiros. Como música de acompanhamento, em Bordeaux o violão, em Vougeot o acordeão. Mas tudo se embaralha, se complica. Beaune criou um festival de música barroca cuja reputação cresce ano a ano; Meursault lançou um festival itinerante que mistura concertos e degustações. Os bordaleses não teriam ousado usar este título: "De Bach a Baco"! Eles prefeririam mostrar algo como: "Bartók in Médoc"...

Enfim, é no copo que se enfrentam duas civilizações. De um lado a espontaneidade aromática da *pinot noir*, sua explosão de frutas e flores no nariz; depois a sua lenta transformação ao longo do tempo em uma deslumbrante gama de matizes que a língua deverá também procurar. De outro, a impressionante austeridade de uma assemblagem em que domina a jansenista *cabernet sauvignon*, um capital que os paladares mais aguçados sabem distinguir, atrás dos taninos que os anos forçarão à discrição, o corpo, os aromas, os refinamentos de amanhã e, muito mais certamente, de depois de amanhã.

De um lado o inato, as raízes, a recepção imediata, a tonicidade, a sensualidade e a essência francesa.

De outro, a assemblagem, o adquirido, a paciência, o cerebral, a distinção, o cosmopolitismo.

Sim, duas filosofias, duas civilizações. Todo o prazer consiste em passar de uma a outra. Trocando de taça.

## Glub-glub

O Clube dos Cem é pela paz entre as cepas. No menu da maioria dos almoços, tem um *champagne* como aperitivo, um *bourgogne* branco com o primeiro prato, um *bordeaux* tinto com o segundo. É raro que um *"brigadier"* (o encarregado de escolher os pratos e os vinhos) se arrisque a abrir um *bordeaux* branco e continue com um *bourgogne* tinto.

A seguir enumero uma das mais memoráveis refeições ecumênicas das quais eu tive o privilégio de participar: *risotto* de berinjelas com fungos *cèpes* de Sologne, acompanhado por um *richebourg* 1990, *domaine* da Romanée-Conti; lavagante (tipo de lagosta) em casca fechada assada das castanhas de Corrèze, servida com *champagne* S de Salon 1976, em garrafa *magnum*; *andouillette* de carne de pé de porco com trufa do Périgord, harmonizada com um *pétrus* 1990; chocolate conjugado em todos os seus estados com um vinho do porto Taylor's *vintage* 1963 (no restaurante Cinq do hotel George V, cozinha de Philippe Legendre em homenagem ao *sommelier* chefe Enrico Bernardo, campeão mundial em 2004).

Bem-aventurada Colette, a quem seus pais transmitiram desde a sua juventude o gosto por muitos bons vinhos, e não somente aqueles da Borgonha. Não tinha mais do que três anos quando o seu pai lhe deu de beber – "Insolação, choque voluptuoso, iluminação de papilas noviças" – um *muscat* de Frontignan. A continuação não é menos deliciosa (embora os educadores atuais julgariam criminoso um aprendizado tão precoce dos vinhos, ainda que "absorvido em goles espaçados, refletidos"): "Quando penso no assunto, sinto inveja da menina privilegiada que fui. Na volta da escola, para acompanhar o meu modesto lanche – costeleta, coxa de frango fria ou um desses queijos duros, 'passados' sob as cinzas de lenha e que se quebram em pedaços como um vidro, com um murro – eu tinha os Château-Larose, os Château-Laffitte, os Chambertin e os Corton que escaparam, em 1870, dos 'prussianos'.

"Alguns vinhos desfaleciam, ainda pálidos e perfumados como a rosa morta; repousavam sobre uma camada de tanino que tingia a garrafa, mas a maioria guardava o seu fogo distinto, a sua virtude revigorante. Bons tempos!"

"Esgotei o mais fino da adega paterna, copo a copo, delicadamente... A minha mãe colocava de novo a rolha na garrafa já iniciada, e contemplava nas minhas bochechas a glória dos *crus* franceses" (*La Treille-Muscate*; A parreira de moscatel).

 BORDALÊS, BORGONHA, *CHAMPAGNE*

# Robespierre

Maximilien de Robespierre não é um nome que vem espontaneamente à cabeça quando se procura uma personagem histórica com a qual teríamos gostado de compartilhar uma boa garrafa. Difícil é imaginar esse homem rígido, fechado, integrista da Virtude e da Nação, se relambendo frente a uma taça sendo enchida e olhando fixamente para o conteúdo com uma impaciente gula. O uso do saca-rolhas, do cortador da cápsula ou do sabre para o *champagne* não lembra muito claramente um gesto similar ao que o fez perder a vida depois de ter ceifado a de tanta gente?

E no entanto, esse homem austero, enquanto esteva ainda em Arras, celebrou o vinho sob a forma de uma canção ou de um poema, bastante medíocre certamente − o que tende a provar que o vinho não lhe inspirava muito. Estes são os últimos versos de "A taça vazia", de Robespierre:

*Baco lá na celeste esfera*
*A todos os bebedores aguados.*
*Lança uma mirada severa*
*Oh amigos meus, bebedores aguados,*
*E vocês podem acreditar no fato,*
*Nunca passei de um abobado*
*Eu certifico o relato.*

*Esse sábio audacioso!*
*Cínico ostentoso,*
*Parece-me bem disparatado;*
*Oh, que belo prazer*
*De poder se encolher*
*No fundo de um tonel esvaziado!*

Diógenes fugia precisamente, dentro de seu tonel, de personagens como Robespierre...

 ÁGUA

## *Romanée-Conti*

No final do último "Bouillon de culture" (29 de junho de 2001), eu mesmo respondi o questionário que fiz aos meus convidados mais prestigiosos ao longo de dez anos de exibição. Veio a nona questão: "A planta, a árvore ou o animal no qual você gostaria de reencarnar?".

A minha resposta foi: "Em uma planta do *romanée-conti*."

Aos meus olhos, na minha boca, no meu paladar, no meu coração, o *romanée--conti* é o melhor vinho do mundo. É uma escolha pouco original, eu concordo. Mas como resistir aos mitos quando eles perduram no sublime? Não somente a glória da Côte de Nuits mantém-se no empíreo de alguns vinhos cuja complexidade e refinamento estimulam a égloga e desencorajam a análise, mas cada safra o eleva um pouco mais na lenda.

Porque degustar um *romanée-conti* é como saborear a história. Estamos bruscamente à mesa com Luís XIV, em Versalhes. Ficamos amigos de Louis-François de Bourbon, príncipe de Conti, que deve continuar sendo conhecido pela compra da Romanée e não pelas suas qualidades de chefe militar ou pelas suas discussões com madame de Pompadour (bravo, senhor, por ter preferido ligar o vosso nome a Romanée em detrimento do de Pompadour). Participamos das conversas dos funcionários da Revolução que confiscam a propriedade mas que são suficientemente lúcidos e astutos para adicionar pela primeira vez o patronímico execrado de Conti ao de Romanée, pressentindo que a iniciativa não seria ruim do ponto de vista comercial. Passeamos pelo vilarejo de Vosne ao qual outros borgonheses precavidos colaram o nome de Romanée, o *cru* mais prestigioso do antigo vilarejo. Pergunta-se como esse pedaço de vinha de 1,80 hectare e 5 mil metros quadrados estendeu o seu renome pelo planeta inteiro, e por que graça, qual mágica, continua a produzir obras-primas século após século, ano após ano.

A sua exiguidade e seus fracos rendimentos fazem desse vinho uma raridade com suas 6 mil garrafas em média. A raridade e a excelência criam a cobiça. A cobiça faz os preços. O preço e a raridade tornam o seu consumo tão pouco frequente que ele vira miraculoso. O milagre reforça o mito. O mito adiciona-se ao seu esplendor e à sua reputação.

O *romanée-conti* é o único vinho que pode ser comprado na propriedade por unidade ou por caixa de seis ou de doze garrafas. Para se ter o privilégio de possuir uma, é preciso fazer uma encomenda de treze a quinze garrafas da propriedade: *richebourg, la tâche, romanée-saint-vivant, grands-échézeaux, échézeaux*, todos contíguos ou vizinhos do rei que também só são bebidos excepcionalmente. Pode chocar essa forma de racionamento, praticada há lustros. Mas é a única forma, no fim das contas democrática, de evitar que os mais ricos não adquiram toda a produção anual do *romanée-conti* para bebê-la ou... para enriquecer ainda mais especulando.

Eu saboreei a lenda somente umas cinco vezes, ou seja, uma vez a cada doze anos. Foi muito pouco, sendo muito para a imensa maioria dos franceses que nunca o degustaram.

Uma vez, foi em condições criminosas, sob projetores, no calor do palco de "Bouillon de culture", no outono de 1991. O inglês Richard Olney tinha publicado um livro deslumbrante, insuperável, sobre Romanée-Conti, a sua história, os seus proprietários, a composição do solo, a evolução das técnicas de cultivo, de vinificação e de amadurecimento, os *millésimes*, etc. Eu havia realizado uma pequena reportagem sobre as vindimas na propriedade do Romanée e a tinha projetado durante um programa cujo convidado de honra era Jean Ferniot, para a publicação de sua autobiografia (*Je recommencerais bien*; Eu recomeçarei bem), fino conhecedor de tudo o que se come e se bebe. Ele comentou o livro de Richard Olney (*Romanée--Conti*) com competência e deleite.

Os mitos são especialmente arrebatadores quando podem ser vistos, tocados, no nosso caso, bebidos. Impossível fazer o programa sem a presença de uma garrafa de *romanée-conti* sobre a mesa e tantas taças quanto convidados. Mas nem Richard Olney, nem a propriedade tinham mandado a garrafa. Eu tinha uma somente, na minha adega, e tive que a "sacrificar" (ano 1982). Sob as potentes luzes, nós a bebemos com deferência e gula, e a comentamos com entusiasmo. Mas foi tudo uma questão de alguns segundos. Ela teria merecido mais tempo para uma exegese mais aprofundada em uma intimidade mais amigável. A minha família e os meus amigos consideraram que eu levei muito longe a minha consciência profissional!

O meu coração, como falei no início, também participa da minha escolha com uma certa nostalgia. Tendo conseguido passar no exame da carteira de motorista, o meu pai me autorizou a pilotar seu Citroën 11 CV, de cor preta, com a famosa tração dianteira. Partimos do Beaujolais para um passeio pela Borgonha. Em Vosne-Romanée, avancei com prudência pelas estradas e caminhos estreitos que nos levaram a um pequeno muro de pedras contornando uma vinha. Há muitos outros muros similares àquele, alguns mais belos, mas era o único em que podia se ler, gravado sobre uma pedra lisa: "Romanée Conti". Ao seu lado, alta, majestosa, uma cruz protegia a vinha desde o século XVIII.

Era pois esse cercado de plantas que classificávamos entre as joias da terra? Mas eu era ainda demasiado ignorante da história dos vinhos e de sua geografia, e muito ocupado pelo orgulho de conduzir o *"Citron"* (limão), para compartilhar a emoção de meu pai. Mais tarde tive muitas vezes a chance, frente à mesma inscrição, à sombra da mesma cruz, de contemplar a vinha da Romanée-Conti finalmente com sentimentos totalmente consagrados ao lugar.

Cinco meses depois da última exibição de "Bouillon de culture", fui convidado a presidir o capítulo de Saint-Hubert da Confraria dos Cavaleiros do Tastevin. Fizeram-me, honra suprema, grão-oficial. Obsequiaram-me as cem garrafas do prêmio do Tastevin 2001. A que eu devia tanta generosidade? À minha fidelidade tagarela ao *bourgogne*? À lembrança de Henri Vincenot, cujo nome ficou ligado ao "Apostrophes"? Provavelmente também ao fato de que durante meu último programa literário eu tinha servido aos meus convidados (Jean d'Ormesson, Erik Orsenna, Isabelle Huppert, o norte-americano James Lipton, Denise Bombardier, de Quebec, etc.) um famoso *bourgogne*, um *volnay clos des ducs* 1989, do marquês de Angerville. O prêmio Nobel de física Georges Charpak também participou da festa. Tínhamos combinado que cada vez que ele aceitasse visitar meu palco, eu amenizaria a conversa, qualquer que fosse o assunto, com uma garrafa desses *bourgognes* dos quais ele é um consumidor arrebatado, embora muito episódico. Más línguas de meu entorno disseram que eu tinha convidado Charpak para ter uma razão de servir um *bourgogne*. Não era nada disso, porque eu admiro o físico e pedagogo e fazia questão de sua presença. Mas não me desagradava, é verdade, juntar o útil ao agradável.

Sobre a tribuna da adega do château de Clos de Vougeot, onde são servidos todos os jantares da Confraria dos Cavaleiros do Tastevin, pensei, iniciado e laureado, ter atingido o topo do elogio quando o grão-mestre Vincent Barbier, e o grande condestável, Louis-Marc Chevignard, apresentaram-me o mais inesperado, o mais malicioso, o mais afetuoso dos presentes: uma planta da vinha de *romanée--conti*! De grande idade, maciça, cheia de nós, com rachaduras, com as suas raízes abundantes, petrificadas, ela estava pregada sobre uma prancha de madeira no alto da qual uma pequena placa certificava que era mesmo uma planta da *romanée--conti* e que me tinha sido entregue no dia 8 de dezembro de 2001. Dessa forma, me vi repentinamente frente a mim mesmo reencarnado! Que aspecto! Assombroso! No caso muito improvável dessa reencarnação acontecer, eu desejo primeiro viver na terra do local que me valeriam o meu nascimento e a minha identidade, dar frutos durante muito tempo e acabar, a saber, tal como uma obra de arte bruta que está até agora nas minhas paredes.

Aubert de Villaine, coproprietário e dono do *domaine* de Romanée-Conti, infelizmente ausente, ofereceu-me, além da prestigiosa planta, uma garrafa, sim, mas sim, que os invejosos fechem os olhos! Que os vinhateiros e os serafins façam soar os trompetes! Uma garrafa de *romanée-conti*! Ano: 1961. Dessa safra, está escrito no livro de Richard Olney: "Expressão brilhante da *romanée*. De cor mogno. Aroma muito intenso de especiarias e de almíscar, uma muito grande amplidão na boca com um gosto confortável que seduzirá os que gostam dos *bourgognes* opulentos" (Nota do especialista Michel Bettane durante uma degustação coletiva feita em março de 1991).

Me cai bem, eu também gosto dos *bourgognes* opulentos. É preciso desconfiar da opulência nos humanos e procurá-la nos vinhos. Um vinho, sobretudo um *bourgogne* tinto, não deve nascer e crescer na pobreza, na mesquinharia, na palidez. Nada é bom o bastante para ele, nada é suficientemente grande e ambicioso. Procuremos a companhia de vinhos ricos, cheios de cores e aromas.

Eis-me aqui com a minha garrafa de *romanée-conti* 1961 na adega, impossível de ser encontrada, a não ser na propriedade ou com colecionadores. Eu não o colecionarei, eu o beberei. Quando? Com quem? Eu tenho algumas ideias. Com o cuidado de não empreender uma corrida lenta com a garrafa que eu poderia perder...

O escritor japonês Kaikô Takeshi publicou um longo romance chamado *Romanée-Conti 1935*. Um domingo de inverno, em 1972, em Tóquio, um romancista e um administrador de empresas conversam frente a uma garrafa de *la tâche* 1966 e outra de *romanée-conti* 1935. O administrador conhece bem a França e seus vinhos, sobretudo a Borgonha. Ele seguiu a *"rota dos grands crus"*. Visitou o *domaine* da *Romanée*. Almoçou no Point, em Vienne, onde viu duas garrafas de *romanée-conti* do mítico ano de 1945. Foi ele quem conseguiu as duas garrafas que está prestes a beber com o romancista.

O vinho *la tâche* 1966 está no brilho da juventude. "Uma sensual opulência", escreve Kaikô Takeshi, em nome do romancista e do empresário. Mas o *romanée--conti* 1935 é uma cruel decepção: aguado, murcho, "uma múmia de vinho". No entanto, o *romanée-conti* 1935 bebido em 1991 por Richard Olney — enquanto nossos japoneses abriram sua garrafa dezoito anos antes — apresentava "um aroma vivo de terra de argila e gramíneas úmidas. Tabaco, couro da Rússia. Uma certa nervosidade, sólido na boca. Que maravilha!".

Como explicar essa diferença em tudo, entre essas duas garrafas gêmeas? Aquela de Richard Olney não tinha saído da propriedade, enquanto o *romanée-*

-*conti* do empresário japonês tinha transitado pelos Estados Unidos antes de chegar a Tóquio. A guerra não lhe teria sido fatal? "Por ter sido chacoalhado, sofrido, aquecido no calor dos verões, empilhado, deixado na luz, ao vento, abandonado, o vinho não teria conhecido a decadência de uma senilidade precoce?", pergunta-se o empresário. É provável.

A minha garrafa de 1961 não sofrerá os ultrajes de longas viagens desconfortáveis e de guardas brutais. Ela estará certamente excelente. Por outro lado, o empresário de Tóquio, falando na pluma de Kaikô Takeshi: "Segundo o que contaram em Romanée-Conti, o vinho de 1969 atingiu uma grande maturidade. O de 1965 continua a crescer. O de 1961 é uma perfeição, só recebe admiração." Ele promete!

### Glub-glub

Com respeito à reencarnação anotemos este quarteto de Ronsard:

> *Quando a morte queira me matar,*
> *Se a vida ao menos fosse minha*
> *Que os deuses venham me mudar,*
> *Eu quero sê-lo em flor de vinha.*

 AUSONE *(CHÂTEAU)*, BORGONHA, *MILLÉSIMES*, PÉTRUS, *TASTEVIN* (CONFRARIA DOS CAVALEIROS DO)

# Rothschild (Philippe de)

Devo reavivar fogos extintos, discórdias esquecidas? O Médoc deve muito ao barão Philippe de Rothschild, e não seria injusto se fosse levantada uma estátua dele em Pauillac ou no trevo da autoestrada D2 com a D205.

Foi quem, em 1924, teve a ideia, revolucionária na época, de proceder ele mesmo ao amadurecimento de seu vinho e de colocá-lo na garrafa no *château*. Imaginar a reação das grandes cabeças do negócio não é difícil! Um rapaz de 22 anos que ousava desafiar os Chartrons! E que tinha os meios de fazê-lo: a construção, dois anos mais tarde, de uma adega magnífica, ela também revolucionária, com cem metros de comprimento, onde as barricas, alinhadas, postas na luz, postas na cena, formavam uma impressionante coreografia... *moutonnante.*[*]

Depois, outros as fariam ainda maiores, mais originais, como a adega circular imaginada por Ricardo Bofill para o *château* Lafite-Rothschild. Mas o barão Phi-

---

[*]    Jogo de palavras com o nome do vinho: *Mouton,* que quer dizer carneiro, e *moutonnante,* as barricas alinhadas como um rebanho de carneiros. (N.T.)

lippe tinha lançado uma nova prática, novos hábitos. Os outros primeiros *crus classés* não tardaram a imitá-lo, depois, pouco a pouco, os proprietários de todos os *crus classés*, seguidos ao longo do tempo pela maioria dos *châteaux*, mesmo os mais modestos. O *château* e seu vinho formaram daí em diante uma só entidade, atestada pela menção no rótulo de *"Mis en bouteilles au château"* (engarrafado na propriedade).

Na história do vinho de Bordeaux, muitos homens notáveis fizeram-se ilustres. Mas se há um que deu ao vinho a dimensão de uma arte, que não tem cessado de relacionar a arte com o vinho, que muito contribuiu para estabelecer a ideia atualmente aceita de que os grandes *médocs* são obras de arte, é mesmo Philippe de Rothschild.

Porque, durante os 66 anos de seu reinado sobre Mouton, ele se aplicou a conferir uma mais-valia cultural ao seu vinho, cuja elaboração, desde a poda da vinha ao engarrafamento, tinha sido confiada, sob a sua supervisão, a profissionais incontestáveis. Mas é ele que executa a comercialização, a comunicação, a valorização artística do *mouton-rothschild*.

A partir de 1945, foi uma ideia de gênio fazer com que a ilustração do rótulo de cada safra fosse criada por um grande artista. Marie Laurencin, Braque, Dali, Mathieu, Matta, Alechinsky, Miró, Chagall, Kandinsky, Poliakoff, Picasso, Warhol, Soulages, Delvaux, Bacon, Balthus... A adega de Mouton transformada em galeria de arte. Os rótulos transformados em objetos de coleção, sendo o mais procurado aquele de 1924, o primeiro encomendado pelo barão. Cubista, enfeitada pela cabeça de carneiro e pelas cinco flechas da família Rothschild, ela é obra do criador de cartazes Jean Carlu.

Muito mais forte ainda, mais espetacular: a inauguração em Mouton, em 1962, pelo ministro — evidentemente, da Cultura, e, por necessidade do acaso, ele se chama André Malraux —, do museu do Vinho na Arte. Que não tem equivalente no mundo. Philippe de Rothschild e sua segunda esposa (a primeira morreu em um campo de concentração), a baronesa Pauline, estilista americana de talento — foi dela a ideia do museu —, reuniram ali o botim de sua caça universal às maravilhas. Ela vai desde a Alta Antiguidade aos anos de 1930, da arte das dinastias chinesas à arte pré-colombiana, da cerâmica veneziana à ourivesaria germânica. Tudo com três condições: que seja belo; que seja único ou muito raro; que esteja relacionado, na função ou na decoração, com a uva, o vinho, os álcoois, às formas de beber, à mitologia dionisíaca, etc. Faz trinta anos que tenho o projeto de roubar o busto de Baco em barro cozido esmaltado de Giovanni della Robbia (1469-1529 ou 1530). A couraça militar, enfeitada de uma máscara de leão, contrasta com o olhar alheio de um belo homem com a cabeça cheia de pâmpanos e de pesados cachos de uva...

Sua única herdeira, a petulante, competente e muito esperta Philippine de Rothschild continua, desde 1988, a enriquecer o museu e a mantê-lo ligado à arte e ao vinho. O seu passado de atriz no palco da Comédie-Française, depois na Companhia Renaud-Barrault, acrescentou uma pequena pincelada à imagem cultural de *mouton-rothschild*. O qual se transformou no meio tempo em primeiro *cru* do Médoc! Em pé de igualdade com os *châteaux lafite-rothschild, latour, margaux* e *haut-brion*.

Na Classificação de 1855, *mouton rothschild*, que se chamava ainda *brane-mouton* ou *mouton*, não era mais que o primeiro dos segundos *crus*. O barão Philippe não era o único a denunciar o erro ou a reclamar contra a injustiça. Daí o seu orgulhoso lema: "Primeiro não posso ser, segundo não sou digno, Mouton eu sou". Não se podia imaginar obter uma revisão do inatingível, da sacrossanta Classificação de 1855 em sua vantagem. Os guardiões do Templo, seus inimigos, inclusive de sua família do Médoc, e os poderes públicos formavam um grande batalhão que ele não podia nem fazer mudar de opinião nem evitar.

No entanto, depois de vinte anos de *lobby*, de polêmicas − que, entre parênteses, tiveram o mérito de fazer uma publicidade considerável da Classificação de 1855 −, Philippe de Rothschild, que acrescentou a todas as artes a de convencer, conseguiu o que era quimérico de se esperar: uma disposição, uma derrogação, uma transgressão. Em 1973, por decreto, o *château mouton rothschild* foi classificado primeiro *cru*. O presidente Georges Pompidou e seu ministro da Agricultura, Jacques Chirac, foram os que tiraram a rolha! O barão então modifica prontamente o seu lema: "Primeiro eu sou, segundo eu fui, Mouton não muda".

Também teve como objetivo se fazer eleger membro da Academia Francesa. A sua tradução de Christopher Marlowe e dos poetas elisabetianos, devido às quais eu o entrevistei, tinham o seu mérito. Ele tinha dirigido o Teatro Pigalle, onde havia recebido as peças de Jules Romains e de Jean Giraudoux. Tinha produzido o filme de Marc Allégret *O lago das damas* (1934), tendo mesmo trabalhado nos diálogos com Colette. Ele adaptou peças de Christopher Fry, escreveu um balé, *Vindimas*, com música de Darius Milhaud, e publicou alguns poemas.

*Priápo, um frondoso Pã espia*
*Frente a um nu de ninfa duvida*
*De todos os reclamos amorosos se apegaria*
*Na flauta que toma vida*


*Oh, seiva suculenta! Oh, festa! Oh, perturbação desejada*
*Queira que a pele do corpo de uma outra pele fique prendada*
*("A prensa perdida")*

A mitologia, o erotismo, a poesia. Mais as traduções, mais uma vasta cultura, mais um suntuoso museu que atraía os norte-americanos ao Médoc, mais a sua elegância aristocrática, mais a ascensão do Mouton ao cume da notoriedade, mais, finalmente, o envio para as festas de fim de ano de algumas garrafas de seu primeiro *cru* aos acadêmicos, tudo isso não foi suficiente para obter os favores da maioria deles. Ele se apresentou em abril de 1978, à cadeira de Jean Rostand, e não recebeu mais do que uma meia dúzia de vozes. Foi o único fracasso de sua carreira profissional. Dizia-se, na época, que certos imortais não tinham votado nele acreditando que, eleito, não lhes ofereceria mais vinho. Péssimo cálculo, porque somente seus verdadeiros amigos da Academia Francesa continuaram recebendo os *mouton*.

Moral: contrariamente às aparências, é mais fácil conquistar um trono no cais dos Chartrons que uma cadeira no cais Conti...

## Glub-glub

*Reina o desespero entre o povo ovino*
*Pelado, tosquiado, dessangrado desde Abraão e Moloch.*
*Um só, não mais de um, teve tanto tino*
*Para imortalizar-se no de Rothschild, no Médoc.*

 BORDALÊS, CLASSIFICAÇÃO DE 1855, RÓTULOS, MÉDOC

# S

## Saca-rolhas

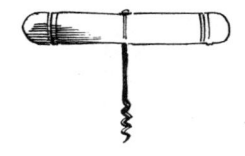

Não sabemos quem inventou o saca-rolhas. É provável que tenha sido um inglês. Teriam sido não as garrafas de vinho, mas as de sidra, que lhe inspiraram a sua luminosa ideia. Seria ele nativo de um condado onde o porco era abundante? Teria ele inventado a broca na forma de rabo de porco, e seria inverter a ordem dos acontecimentos dizer hoje que os porcos têm o rabo na forma de saca-rolhas.

Em todo caso não existem dúvidas de que foi o londrino Samuel Henshall, um clérigo, que, em 1795, depositou a primeira patente para um saca-rolhas já um pouco sofisticado porque era dotado de um raspador da cera que selava o gargalo da garrafa. A seguir, os ingleses não cessaram de inventar novas formas de saca-rolhas, de os modificar, variar e aperfeiçoar o mecanismo. Ao longo do século XIX eles adquiririam centenas de patentes, justificadas por pequenas diferenças. Compreende-se por que o gênio inglês foi aplicado sem descanso em melhorar o gramado, a trincheira, o *rugby* e a democracia. Mas e o saca-rolhas? Por acaso os britânicos sentiram-se moralmente forçados a trazer para a grande causa do vinho, através da técnica de abrir as garrafas, o que eles não podiam trazer à arte de enchê-las? Foi a vontade dos consumidores, incluindo o clero, de aceder ao vinho o mais rapidamente possível, mas com elegância e segurança? Bernard Watney e Homer Babbidge não explicam essa hábil paixão pelo saca-rolhas do outro lado do canal da Mancha. Mas eu constato que um é inglês e o outro é norte-americano e que são os autores de um livro de referência (*600 saca-rolhas de coleção*), um assunto em que teríamos gostado que tivessem manifestado maior criatividade os gregos, os italianos e os franceses, dada a antiguidade. Pode ser que nós, franceses, tenhamos ficado apagados frente aos britânicos, retomando, do conde de Anteroche na batalha de Fontenoy, a sua fala ao *milord* Charles Hay: "Senhores ingleses, nós nunca disparamos primeiro, atirem os senhores."

Após ter homenageado, como se deve, o papel histórico dos *"rosbifs"* na história do saca-rolhas, constatei no entanto que o resto da Europa não ficou de braços cruzados. Os especialistas sabem distinguir as especificidades práticas, e sobretudo artísticas, da produção alemã, holandesa e francesa (os norte-americanos também entraram mais tarde). Nossos saca-rolhas do século XVIII, ainda que não façam mais do que retomar as técnicas inglesas, pretendem, não sem razão, ser obras de arte, a empunhadura, o corpo e o capuchão da broca em ouro, prata ou em prata dourada.

Mas foi no saca-rolhas de bolso, por vezes luxuoso e esculpido, que os franceses mostraram sua inventividade e talento. Sem impedir que os mordomos da família real da aristocracia britânica e os piqueniqueiros de Oxford, Epton e Glyndebourne deslizassem nos cestos, ao lado de garrafas de *bordeaux*, saca-rolhas de bolso *made in England*.

Eu considero o saca-rolhas, para além de sua utilidade, o objeto comum mais extraordinário. Mais de três séculos depois de sua invenção, continua a suscitar a imaginação dos industriais e dos artesãos. Assim, o espetacular *screwpull*, enorme mas muito eficaz (desaconselhado, no entanto, para as rolhas muito velhas). Foi criado por Herbert Allen, engenheiro da NASA. Meu Deus, entre um módulo dirigível para Marte e uma cápsula para enviar a Plutão, eles encontram tempo na NASA de investir em uma engenhoca para lançar nas adegas de Napa Valley!

Seriam necessárias muitas páginas para simplesmente enumerar todas as variantes, todos os adendos, todas as descobertas, as estratagemas, incluindo a forma da broca, que os sucessores do reverendo Samuel Henshall têm aportado ao saca--rolhas. A escolher: de cremalheira, de hélice, com forma de sino, com puxador em espiral, em tubo, com dupla hélice, com um pincel no extremo da empunhadura para limpar os restos de cera, em alavanca, simples ou duplo, em torno manual (sim!), com um mecanismo em zigue-zague que abre na forma de um acordeão, com o braço articulado, dobrável, desmontável, retrátil, musical, etc. Somente na empunhadura, por razões práticas ou artísticas, a diversidade é infinita. Instrumento familiar, o saca-rolhas continua sendo algo enigmático, uma engenhoca filosófica que não deixará de atrair o gênio e a admiração dos homens, mesmo dos bebedores de água.

Ele mereceria, sozinho, um museu. Localizado em Ménerbes, no Luberon, ele apresenta mais de mil saca-rolhas do mundo inteiro, de todas as épocas, de todos os tipos mencionados acima. Ficamos surpresos ao constatar que ele tem sido associado a muitos objetos e instrumentos: corta-charuto, limpador de cachimbos, compressor de tabaco de cachimbos, acendedor, tabaqueira, cortador de cápsulas, faca, colher. Até aqui os prazeres da boca. Mais inesperados, agulha de costurar, prendedor de gravata, bengala, grampo de escalada de montanha, chave de fenda, navalha de barbear (para acompanhar o toalete com um gole de branco?), adaga, pistola, etc. Eu até acreditei que não teriam ousado associar um saca-rolhas a uma seringa de lavagem intestinal: existe um enorme modelo inglês que lembra uma.

Viajante confesso ou clandestino, o saca-rolhas nos lembra que, sem ele, estamos longe de um copo nos lábios e que ele faz parte daquilo que, em economia doméstica, chama-se o *necessário*.

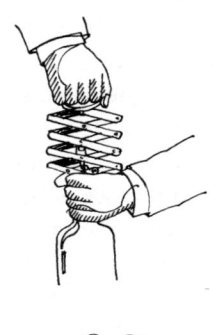

O meu saca-rolhas preferido é o mais simples, com uma empunhadura redonda de madeira e uma bucha comprida torneada como se fosse um rabo de porco. Ele exige que se pegue a garrafa firmemente entre as pernas e que se puxe com força. O barulho promissor da rolha expulsa do gargalo merece a energia despendida. Mas, com a idade, os saca-rolhas silenciosos dos preguiçosos têm seu encanto.

## São Vicente

*O santo padroeiro*. É verdade que a Igreja não é inimiga do trocadilho ("Tu és Pedro e sobre esta pedra construirei [...]"). Mas daí a crer que Vicente (*Vincent*) se transformou no santo padroeiro dos vinhateiros em virtude da primeira sílaba de seu nome (*Vin*: vinho)... Se fosse assim, por que Santo Artur não reina sobre os artistas e São Pothin sobre os *potiers* (fabricantes de potes), os vidraceiros e os barmans? Mesmo *vin-sang* (vinho-sangue) ou *vin-sent* (que cheira a vinho) não convencem.

Esse santo espanhol não teve nem na sua família, nem na sua vida, como diácono de Saragoça, nenhum vínculo com a viticultura. Alguns afirmam que a sua glória embriagadora deveu-se ao seu suplício. O procônsul Daciano, homem de confiança do imperador Diocleciano, o condena, entre outras delícias, a ter o corpo esmagado, o que fez sair o sangue como se fosse o suco da uva que escoa na violência da prensa. A metáfora é rude, sobretudo para pessoas tão alegres como os vinhateiros. O corpo de Vicente, costurado na pele de um boi, foi lançado no mar de Valência, mas, por um desses milagres cuja receita está perdida em nossos tempos, os restos sagrados aguardaram na orla o retorno dos remadores. Essa vitória sobre o mar não faria com que ele fosse o santo padroeiro dos marinheiros e dos náufragos?

Mais do que a água, deram-lhe o vinho. Tanto melhor para ele. A religião não é mesquinha com os mistérios. Digamos que ele teve, depois de sua morte, a chance que não teve em vida. Inclusive, foram generosos: Vicente é o santo padroeiro dos produtores de vinho, dos negociantes, dos enólogos, dos fiscais de vinho, dos donos de bares. E também dos produtores de vinagre. Excelente ou medíocre, o ano lhe fará ganhar simpatias. Em Jerez, ele tem a unanimidade.

Finalmente, talvez esteja em Paris a explicação de sua reconversão vitícola. Do corpo do mártir ibérico, após ter sido dispersado na forma de relíquias, sua túnica e um de seus braços aterrissaram em uma abadia construída na sua capital pelo rei Hildeberto I. Foi chamada, nessa época de Santa Cruz de São Vicente. E como ela possuía numerosas vinhas na Île-de-France, os monges viticultores fizeram de São Vicente seu protetor contra as geadas e o granizo. O seu culto estendeu-se a seguir a outros vinhedos. Três séculos depois as relíquias de outro santo, Germain, suplantaram aquelas de São Vicente, e a abadia mudou de nome. Passou a se chamar Saint-Germain-le-Doré. E, mais tarde, Saint-Germain-des-Prés.

Que o culto vinícola de São Vicente tenha nascido no quarteirão mais intelectual de Paris, sobre as janelas de Jean-Paul Sartre, frente aos cafés Deux-Magots, Flore, e da Brasserie Lipp, parece um sonho. Muito belo para ser verdadeiro? Apesar de tudo, é a explicação mais verossímil.

Em uma França descristianizada, São Vicente resiste bem. Bom, digamos que aguenta. É um dos últimos santos que continuam a suscitar fervor, preces e procissões, seja no seu dia, 22 de janeiro, seja durante o fim de semana seguinte. É na Borgonha onde ainda é mais comemorado. Ele recebe uma homenagem cristã: procissão, missa solene, sermão e bênção; depois profana: banquete, passeio nas adegas, vendas de vinhos, exposições, cantos folclóricos, etc. Digamos que a manhã pertence a São Vicente e o resto do dia a Baco. Essa aliança do religioso e do pagão é uma herança da Idade Média. O grão-mestre da Confraria dos Cavaleiros do Tastevin não associa, na sua fórmula de entronização, Noé, "pai da vinha", Baco "deus do vinho" e São Vicente "santo padroeiro dos vinhateiros"? Tal ecumenismo, muito amplo, é preferível às guerras que aconteciam no final do século XIX em certos vilarejos borgonheses, entre a procissão de clérigos, com estandartes e cantos religiosos, e o desfile dos anticlericais, com bandeiras nacionais e a Marselhesa. A seguir, os dois bandos faziam banquetes rivais. Devia ser muito cômico mesmo.

O São Vicente borgonhês é chamado de "rotativo" porque muda a cada ano de vilarejo. É a ocasião para que todas as outras confrarias do vinhedo, associações profissionais, sociedades culturais, enviem delegações que tomam lugar atrás da estátua do santo patrono, esculpida na madeira de uma velha prensa. Ele é levado em fanfarra pelos membros do Grande Conselho da Confraria dos Cavaleiros do Tastevin, com grande ostentação. Eles procedem, a seguir — é o momento da ternura e da emoção dessa jornada ao mesmo tempo gelada, fim de janeiro, e cálida, é preciso beber para se aquecer —, à coroação dos vinhateiros e vinhateiras mais idosos.

*Os rivais do santo padroeiro*. São Vicente não é unânime. Nenhuma excomunhão é pronunciada contra os viticultores que escolhem outros santos, que julgam mais sérios, mais atentos, mais eficazes que São Vicente — os seus concorrentes são numerosos. O mais solicitado é São Varnério (Vernier), representado com a podadeira do viticultor na mão, isso porque ele era, meu deus, filho de vinhateiro e vinhateiro ele mesmo! Era alemão, chamava-se na realidade Werner, e ele também, meu deus, foi esvaziado de seu sangue pela faca de um carrasco! Ele é ou foi venerado nas ribeiras do rio Reno e Moselle, na Suíça, na Franche-Comté, na Borgonha, assim como em Auvergne, com o nome de São Verny.

Há ainda São Martim, porque o seu jumento inventou a poda comendo as folhas da vinha. São Urbano, São Marcelo, São Marcelino, São Remígio, São Blaise, Santo Antonino, Santa Genebra... Santa Hune, na Alsácia. São George, na região de Mâcon. Há que se perguntar, já que são tantos os protetores da vinha, porque o seu cálido hálito não impede as geadas nem o granizo. Acontece que, depois de um desastre, a piedade transforma-se em cólera. Os vinhateiros de Rouffach, na Alsácia, constatando, em 25 de maio de 1682, dia de São Urbano, que ele não tinha protegido as suas vinhas de uma geada assassina, jogaram a sua estátua em uma fonte, gritando: "Se tu não queres nos dar vinho, bebe tu também então a água!".

Finalmente, a Virgem sempre foi muito solicitada. Pintores e escultores a representaram muitas vezes com o menino Jesus nos joelhos, ele tendo nas mãos um cacho de uvas. Uma vez que a festa de Maria é em 15 de agosto, época em que a uva começa a tomar cor, pediam a ele, através de gestos simbólicos e manifestações piedosas proteção à vindima. Victor Hugo anota, em 4 de agosto de 1846, que os calores são tais que a uva estará madura em 15 de agosto e que o primeiro cacho consagrado tradicionalmente nesse dia à Virgem não teria que amadurecer em uma estufa.

## Glub-glub

Se faz bom tempo no dia de São Vicente (22 de janeiro), os provérbios são categóricos: o ano será frutífero.

*Saint-Vincent clair et beau*
*Plus de vin que d'eau*

*Saint-Vincent clair et beau*
*Du vin au tonneau*

*Quand le soleil luit à la Saint-Vincent*
*Le vin monte au sarment*
(atenção, contudo)
*Ou s'il gèle, il en descend**

 Os deuses e o vinho, Missa (vinho de),
Tastevin (Confraria dos Cavaleiros do)

# O sexo e o vinho

Com Noé bêbado, os seus genitais à vista de seus filhos, não demorou muito tempo para que o sexo estreitasse relações escandalosas com o vinho. Os dois têm em comum o fato de dar prazer até desenfrear os sentidos. Intermitentes na voluptuosidade, eles a espalham, um por grandes goles e o outro por movimentos repetitivos. Hábeis os dois por provocar frenesis íntimos, o vinho e o sexo, são cúmplices, desde sempre, na transgressão. Um e outro não são do agrado daqueles de paladar delicado, intolerantes, hipócritas e mulheres pretensiosas. Associados, juntos nas suas empresas, fazem horrores.

Todas as civilizações do vinho celebraram, nas artes, o erotismo báquico. Começando pela Babilônia, onde cenas de bebedeira e sodomia se alternam em alguns cântaros e vasos. Os gravadores, sejam eles gregos, etruscos, romanos, rivalizaram na representação de cenas amorosas, obscenas e pornográficas nos utensílios do vinho: cratera, ânfora, copo, cálice, etc. As pinturas também sabiam (os afrescos de Pompeia, por exemplo) dar ideias aos bebedores, sobretudo se prostitutas eram convidadas às libações. Uma velha fantasia erótica de César Bórgia foi tomada de empréstimo pelos cineastas: o vinho tinto que ele joga sobre o peito nu e branco da mulher que vai tomar. Nas orgias dos bárbaros e dos monges são primeiros os tonéis que são perfurados. Antes do "licor seminal" o vinho escoa abundantemente.

Não é nessas circunstâncias que os convidados dedicam seu tempo a discutir a cor de um vinho, seu corpo, sua coxa? Não é difícil adivinhar, na erotização da linguagem do vinho, que se temos um vinho *corsage* (corpete), ele é feminino e cheio de corpo. O *odor di femina* pertence à fantasia pré-coital ou à mutação oceânica (cheiro de mar) de um vinho cozido.[†]

---

\* São Vicente claro e belo / Mais vinho do que água. São Vicente claro e belo / Vinho no tonel. Quando o sol brilha em São Vicente / O vinho ao sarmento ascende. Ou se gela, ele desce. (N.T.)

† Vinho cozido (*vin cuit*) é o vinho obtido a partir de mostos concentrados por aquecimento para se obter maior concentração de açúcar. Com essa concentração ele não fermenta. Adiciona-se mais mosto fresco sem concentrar e começa uma fermentação lenta que pode durar de alguns meses a um ano até atingir 14% a 16% de álcool. Depois, pelo menos um ano de maturação em carvalho. É um produto tradicional da Provença (de Palette, Aix-en-Provence) e costuma ser servido no Natal. (N.T.)

No século XVIII, os produtores de vinho de Anjou lançaram a rolha mais longe ao chamar de *fillettes* (garotinhas) as garrafas de 31 a 35 centilitros. A expressão *baiser une fillette* (beijar uma garotinha, literalmente colocar a boca no gargalo da pequena garrafa, com o tempo transformou-se em algo mais equívoco que agradável). Pior: *caresser* (acariciar), *dépuceler* (deflorar), *culbuter* (transar), *s'envoyer une fillette* (transar com uma garotinha, uma ninfeta). Essas indecências de uma outra época, quando a pedofilia ficava escondida e impune, caíram em desuso na fala do Loire. Delicada, sutil, Colette evoca as *"fillettes angevines décoiffées"* (garotinhas despenteadas de Angers) em *La Treille-Muscate* [A parreira de moscatel].

Se o vinho estimula o libido do homem e da mulher, encoraja-os, esquenta-lhes a cabeça e as partes baixas, ele pode também, bebido em abundância, conduzi-los mais rapidamente ao sono do que ao amor. Temos lido relatos de bodas em que o recém-casado não teve forças nem para tirar a roupa, inaugurando o leito conjugal com roncos irremediáveis! Salvo exceções, o homem embriagado, mesmo somente um pouco ébrio, não é um bom amante. Dois copos, pode ser, três copos, boa noite aos estragos! Como em todas as nossas atividades, a maior diversidade e a maior injustiça reinam na capacidade dos homens de gozar do álcool e do sexo, ao mesmo tempo ou um depois do outro. Com a idade, os dois diabos revelam-se cada vez mais inconciliáveis. Beber ou transar. Mas há um tempo para cada coisa. O vinho mantém um estado de avidez e sensualidade; o sexo dá fome e sede.

Nenhum outro descreveu, como Shakespeare, a batalha a que se entregam, no corpo, o álcool e o libido. Foi em *Macbeth* (ato II, cena 3). O porteiro adormeceu porque no dia anterior tinha ido à farra. Macduff, que tem um encontro com o rei e, em alguns instantes, vai descobrir que ele tinha sido assassinado durante o sono, ainda está com humor para gracejar. Pergunta ao porteiro as "três coisas que provoca o beber".

"Por deus, senhor, ele responde, o nariz avermelhado, sonolento, com vontade de urinar. A lubricidade, senhor, isso ele provoca e revoga; provoca o desejo, mas impede a execução. É por isso que se pode dizer que o muito beber é o jesuitismo da lubricidade: cria-a e a desfaz; põe-na em marcha, e depois a paralisa; estimula-a e a desencoraja; excita-a e a murcha; e, concluindo, ludibria-a no sonho, derruba-te na cama, deixa-te a ver navios."

Querido William, está claro que falas por experiência própria! Sobre essa questão, em último caso físico-química, Molière se mostra mais otimista do que Shakespeare. Ao menos Cléanthis, que ele faz dizer (*Anfitrião*, ato II, cena 3):

*Não há vinho nem momento que possa ser fatal*
*Para o cumprimento do dever do amor conjugal.*

Sobre a aliança do sexo com o álcool, a Bíblia se mostra pragmática e eufórica. Ló, viúvo, bêbado, afundado por ter exagerado no vinho, fez-se violentar pelas suas duas filhas durante o sono. Dupla ejaculação. Nove meses mais tarde, foi duas vezes avô. Parabéns para as moças! Sobrinho de Abraão, o vovô era um baita varão que teria desencorajado Plutarco e muitos psicanalistas a escreverem que o macho bêbado espalha a sua semente em jatos doentios e que a substância é pobre e imprópria para a reprodução.

Nada impede que muitos homens maduros também naufraguem no leito por ter antes afirmado a sua virilidade com uma ingestão demasiado arrogante de vinho. Porque, frente à mulher que antigamente era proibida de beber álcool e que hoje o bebe à vontade, mas razoavelmente, o homem manifesta um vigor que ele espera ser sedutor pelo seu conhecimento dos *châteaux* e a sua ansiedade em encher as taças. Os *grands crus*, pensa ele, acrescentam-lhe taninos, aromas, caráter, corpo. Ele adquiriu experiência com a garrafa, mas não qualquer uma, a do vinho *classé*, do primeiro *cru*, do caro, do melhor. A mulher a ser conquistada não pode se equivocar: ela porá no seu leito um grande AOC, uma excepcional vindima tardia.

Sempre com propósito, às vezes inconsciente, de mostrar a sua virilidade pela intermediação do vinho, outros homens adotam a estratégia inversa: o vinho da denominação de origem modesta dentro da qual souberam descobrir uma raridade sublime, conhecida e apreciada só por alguns iniciados. É um vinho ainda jovem, natural, não filtrado e, no entanto, cheio de nuances e distinção. Dom Juan acaba de fazer o seu autorretrato. Se a sua convidada não tem vontade de ir ver e degustar, é porque ela é a argila da qual se fazem os cântaros para água.

Desaconselhamos, para uma primeira vez, um desses vinhos ricos em sol, potentes como os *côtes-du-rhône* e os *languedocs*, que o *chef* Alain Senderens chama de "vinhos com colhões". Seria prometer muito de cara.

São cada vez mais numerosas as mulheres que gostam de beber, que conhecem o assunto e que têm se transformado em especialistas. Da propriedade à *sommellerie*, elas se multiplicam com competência e autoridade em todos os ofícios do vinho. O homem deve ter o cuidado de não se arriscar em uma tentativa de sedução enófila com uma mulher desconhecida que poderia se revelar mais instruída que ele. A sua virilidade levaria um golpe.

Ainda há alguns machos bebedores que reclamam contra a irresistível ascensão das mulheres sob os passos de Baco. Certamente, já não defendem mais a máxima lionesa: "Para que o vinho faça bem às mulheres, é necessário que sejam os homens que o bebam" (*La Plaisante Sagesse lyonnaise*; A divertida sabedoria lionesa). Mas, desde a Antiguidade, o vinho era assunto de homens. Com ele manifestavam a sua força, sua superioridade, sua dominação ou seu sexismo. A eles o prestígio viril da embriaguez. Às mulheres bêbadas a vergonha, a desonra, o escândalo. Ainda hoje, elas suscitam a indignação e o desprezo. (O alcoolismo entre as mulheres é mais irrigado com cerveja do que com vinho, ainda que o branco transtorne mais de uma.) Em poucas palavras, elas traspassaram as portas das propriedades, das adegas, das lojas de negócios, dos restaurantes, dos bares, dos sites de internet e das revistas especializadas. Frequentemente dotadas de um paladar mais aguçado que o de seus colegas, elas aprenderam a degustar, cuspir, beber, comparar e, sobretudo, a comentar o vinho. Ainda muito longe da paridade, elas têm se instalado tranquilamente na paisagem vitícola; e o homem de copo e rolha perdeu o uso exclusivo do saca-rolhas.

## Glub-glub

Os saca-rolhas fálicos e eróticos deveriam ser empregados apenas pelos libertinos que celebram com o mesmo movimento os prazeres da carne e os do vinho, ou por velhos senhores que têm a mesa aberta e o quarto fechado.

O fundo de certos *tastevins* em prata, muito procurados, é decorada com motivos eróticos. O vinho os esconde ou os torna turvos. Para que apareçam é necessário beber. Virando o copo, evidentemente.

 Amor e o vinho (O), Embriaguez, Tastevin, Saca-rolhas

## Sommeliers

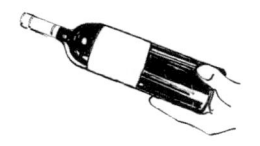

Na letra A de Aromas, eu gozei um pouco dos *sommeliers* no que tange ao seu falar, à sua intemperança verbal. Mas seria injusto ficar só nisso. Porque muitos têm competência e uma amável perícia. E alguns viraram os melhores *sommeliers* da França — muito bem —, da Europa — formidável —, do mundo — prodigioso —, são homens diante dos quais é bom tirar o chapéu, e depois estender a taça. Poucas mulheres arriscam-se ainda nos concursos, mas Anne-Marie Quaranta, desde 1980, Marlène Vendramelli, em 1993, e Giovanna Rapali, em 2001, levaram o troféu de melhor jovem *sommelier* da França.

Seis franceses conseguiram ser campeões mundiais como *sommelier*: Jean-Luc Pouteau (1983), Jean-Claude Jambon (1986), Serge Dubs (1989), Philippe Faure-Brac

(1992) e Olivier Poussier (2000). Aos quais não é ilegítimo adicionar o italiano de Paris Enrico Bernardo (2004). Os conhecimentos que uns e outros tiveram que mostrar, no exame escrito e no exame oral, sobre todos os vinhedos e vinhos do planeta, mas também sobre milhares de temas relacionados com a ampelografia, a geologia, a química, a enologia, a cozinha, as legislações, as regulamentações, etc., necessitaram de anos de trabalho solitário. Além do mais, tiveram que executar um treinamento cotidiano para degustar os vinhos, analisá-los, apreciá-los, compará-los, guardá-los na memória, a fim de poder triunfar na prova da degustação às cegas, seguida do exercício que consiste em harmonizar os vinhos, dos quais se espera que adivinhem a identidade, com os pratos, os molhos, os condimentos e surpresas do *chef* e do júri... Tudo cronometrado, com o sorriso e os comentários apropriados...

Quais instrumentos são imprescindíveis para dominar tudo isso? Oh, três coisas insignificantes, um olho de pintor, um nariz de botânico, o paladar de Carême, a memória de um historiador. Com essa singularidade, a memória do *sommelier* campeão por se lembrar do gosto de milhares de vinhos que passaram na sua boca, uma vez, três vezes, dez vezes... Cada dia, como um pianista, ele faz as suas escalas com os vinhos, volta a experimentar, aprende, cospe, anota, cheira, degusta, volta a cuspir... faz passar na sua cabeça aquilo que lhe diz o seu olfato e a sua boca... Explora, trabalha, cultiva uma capacidade, um dom. O dom do vinho.

Além do dom da palavra, nem muito, nem pouco, o essencial para expressar-se com as palavras da tribo, é verdade, mas com suficiente clareza para ser entendido por um bebedor comum. Eu tive muitas vezes a oportunidade de apreciar, frente ao público, a verve profissional de Olivier Poussier, de Philippe Faure-Brac, de Enrico Bernardo, e, por fim, de Éric Baumard, que um acidente impediu de expressar-se na cozinha, e que, após descer para a adega, voltou dela para ganhar o Campeonato Europeu de *sommeliers* (1994).

Para alguns *sommeliers*, a escada que leva à adega era tanto menos provável quanto mais poderiam ter triunfado em cenários mais bem expostos: Georges Lepré, tenor no Conservatório e na ópera de Toulouse; Serge Dubs, que esteve a ponto de ser jogador profissional de futebol no Racing Club de Estrasburgo.

Como os *sommeliers*, jornalistas especializados em vinho — entre outros Michel Bettane, antigo professor titular de letras, e Michel Dovaz, autor de numerosos livros— foram dotados pela natureza dos mesmo instrumentos de detecção, de apreensão, de interferência, de dedução e de explicação, o que deixa sonhando o bebedor comum que nós tínhamos abandonado, maravilhado, sem rolha, entre as mãos dos *sommeliers*.

## Glub-glub

Gabar-se de ser um conhecedor de vinhos pode custar a vida. Foi o que aconteceu a Fortunato. O narrador da história quer se vingar das injustiças e dos insultos que o desprezível Fortunato o fez sofrer. Ele lhe diz que recebeu uma barrica de amontillado e que tem dúvidas sobre a verdadeira natureza do vinho, mas, infelizmente, não conhece o bastante sobre o assunto. O narrador diz que é uma pena que Fortunato talvez esteja muito ocupado para fazer um julgamento, vai pedir ajuda a um certo Luchesi, que também é um especialista. Fortunato responde que Luchesi é incapaz de distinguir um xerez de um *amontillado* e que o especialista ali é ele. Ele vai provar isso acompanhando o narrador, de imediato, à sua adega. Não poderia deixar nas mãos de outro uma ocasião tão magnífica de provar, à cidade inteira, a sua arte de degustar vinhos...

Esse conto de Edgar Allan Poe tem como título "O barril de Amontillado" (*Novas histórias extraordinárias*).

 Aromas, Degustação, Degustação às cegas

## Tastevin

O desaparecimento do *tastevin* nas degustações é uma maléfica burla do progresso. É incontestável que o uso de copos concebidos para esse exercício o torna mais fácil, mais rigoroso. Em uma pequena caneca de dois a três centímetros de altura é arriscado agitar o conteúdo. O olho não pode julgar a cor a não ser por cima. Os aromas se dispersam, enquanto uma taça os canaliza para o nariz. O *tastevin* transformou-se em um instrumento ultrapassado, fora de moda, de coleção, como o camundongo das adegas e o sulfatador mochila.

No entanto com a diferença considerável — segundo René Mazenot, único historiador do *tastevin* – de que a sua origem remonta às civilizações da Suméria, Anatólia, egípcia, cretense, etc. Onde existia vinha, havia *tastevins*. Com ou sem alça. Canequinhas de cerâmica, alabastro, bronze, porcelana, madeira, vidro. Sobretudo os mais belos *tastevins* eram de prata decorados, gravados e marcados. Muitos foram produzidos no século XVIII na França, onde foi criada a alça perfurada; o dedo indicador do degustador passa pelo buraco enquanto o polegar se apoia numa espécie de pétala que coroa o anel. Quando foram criados, pelos melhores ourives, alguns *tastevins* em prata, foram decorados com pâmpanos e cenas báquicas ou com figuras de santos, que levam uma inscrição latina, ou amorosa, ou um provérbio, e, além do mais, o nome do proprietário, valendo o preço de uma obra de arte única.

Não faz tanto tempo, ainda se podiam ver viticultores, negociantes, amadores eméritos, que uma vez chegados ao lugar da degustação, tiravam do bolso de seu paletó ou de seu colete o *seu tastevin* embrulhado em um pedaço de pano branco, o seu instrumento de trabalho. Seria surpreendente que o marceneiro viesse com a sua fita métrica e o rabdomante com a sua vara ou pêndulo radiestésico? Em um dos afrescos da *villa* dos irmãos Vettii, mercadores de vinho em Pompeia, o artista representou um anjo do amor que verte um pouco do conteúdo de uma ânfora em uma pequena caneca que está nas mãos estendidas de um outro anjo do amor. Foi o mesmo gesto que se reproduziu milhares de vezes sob os meus olhos, com a exceção de que o vinho provinha de uma garrafa ou de uma pipeta anteriormente submergida dentro de um tonel, e ainda com a exceção de que os degustadores não eram anjos.

Eu tenho uma afeição especial pelos vinhateiros cujo bigode tocava o metal redondo e brilhante do *tastevin* pela parte de cima e que, a seguir, com o verso da mão ou com um lenço quadriculado, penteavam os pelos do bigode que o vinho tinha umedecido. O uso dos *tastevins* conferia à degustação a aparência de um rito de iniciados.

Se todas as regiões vitícolas francesas, fora a de Champagne, nos deixaram *tastevins* que o seu estilo permite identificar, a Borgonha se distinguiu notoriamente na sua produção abundante e fastuosa. Não é por acaso que a confraria báquica escolheu se chamar "Confraria dos Cavaleiros do Tastevin".

Parece que, mesmo encontrando similares em outros vinhedos, como em Sancerre ou Côtes du Rhône, a cobertura do fundo da taça com estrias em uma metade e cúpulas na outra parece ser uma invenção de artesãos parisienses e borgonheses. Para ficar bonito? Não, para ser útil. Para facilitar a "leitura" do vinho. Escavadas ou côncavas, as pequenas cúpulas – que existiam já nas taças romanas – refletem feixes de luz que iluminam o vinho com intensidade em todas as direções, revelando a sua intimidade sem possíveis dissimulações. Ao contrário, salientes, convexas, as estrias ou torsos refletem diretamente a luz sob a forma de raios brilhantes e convidativos, mas deixando na sombra uma parte do líquido. O lado saliente, implacável, é aquele do comprador, o lado estriado é aquele do vendedor. Com um ligeiro movimento do punho, inclinando o *tastevin* para a luz, de um lado e de outro, cada um fica livre como para julgar o vinho em todos os seus estados, pelo menos em todas as suas aparências.

Ainda uma palavra: *"tastevin"*, precisamente. Durante muito tempo designou, além da taça baixa metálica, a pipeta ou cana de vinho ou tira-vinho, instrumento com o qual se retira o precioso líquido do tonel. O recipiente substituiu o tubo. Igualmente, *tastevin* suplantou a antiga denominação de *tâte-vin*.

Nós preferimos a simplicidade rústica da ortografia borgonhesa: *tastevin*, à ortografia oficial: *taste-vin*. Por que esse pequeno hífen inútil sendo que o vinho é um só, natural, potente, agradável e rutilante?

 TASTEVIN (CONFRARIA DOS CAVALEIROS DO)

## *Tastevin* (Confraria dos Cavaleiros do)

Há um montão de confrarias em nosso país destinadas a celebrar um produto, um prato, um santo, uma tradição! Reúnem-se, escolhem novos membros, fantasiam--se, outorgam-se graus, convidam a imprensa, coroam-se, fazem cerimônias em que se bebe e se come, juram fidelidade e agendam uma nova epifania da cebola, da sidra, do capão de Bresse, do embutido artesanal de Guéméné ou dos mestres do cachimbo de São Cláudio.

As confrarias báquicas e vinosas são as mais numerosas, porque os vinhateiros, alegres por natureza, precavidos por temperamento, sociáveis por tradição, gostam da companhia festiva de pessoas que bebem os seus vinhos. Um pouco de solenidade no momento da degustação, algumas palavras pronunciadas alto e forte, e já temos, adubados por Baco, São Vicente ou o bem-aventurado que deu seu nome ao vinhedo, novos catecúmenos da AOC, e um *vin de pays*, uma variedade de uva, cubas, alambiques, verdadeiros degustadores ou bêbados do quarteirão.

Toda a estratégia, toda a arte das grandes confrarias, criadas pela propaganda de um vinho, é fazer esquecer, às pessoas reunidas para a promoção da ordem, as razões comerciais de sua presença. A sua satisfação e mesmo o seu orgulho de terem vindo, e logo condecoradas, a sua felicidade de estarem reunidas, os prazeres gastronômicos e alegres que os aguardam na festividade, tudo isso merece bem um compromisso público por um vinho, sobretudo se tratar de um bebedor convencido. Por acaso não se está lá, no fim das contas, para agradecer e ser agradecido? Uma confraria báquica hábil proporciona aos seus postulantes somente excelentes razões para se transformarem em seus servidores.

Desde sua criação, em 1934, depois de anos de vendas ruins dos vinhos da Borgonha, o sucesso da Confraria dos Cavaleiros do Tastevin é insuperável. Porque a cada capítulo — uns vinte por ano, todos lotados, há umas 550 pessoas para o jantar na adega cisterciense do château de Clos de Vougeot — é uma festa ao mesmo tempo cerimoniosa e popular, solene como um *pommard* velho, divertida e picante como um *aligoté*,* animada como um *crémant*. Quer dizer, à imagem da Borgonha, de seus homens e de seus vinhos. Nada afetado ou burlesco, apesar dos toques de trompetes, dos vestidos púrpuras com ornamentos em ouro dos dignitários da Confraria, todos grandes pelos seus títulos: mestre, *chambellan* (mordomo real), condestável, camerlengo, senescal, etc., todos com o rosto impregnado

---

* Variedade de uva branca minoritária na Borgonha, com que se fazem vinhos leves, frescos, muito ácidos. O cônego Félix Kir deu nome ao coquetel inventado pelo garçom Fèvre no café Georges de Dijon em 1904 para poder conseguir vender mais desse vinho ácido pouco apreciado. *O kir é* feito com 1/3 de *crème de cassis* de Dijon de 20° com 2/3 de *bourgogne aligoté*. Depois da Segunda Guerra Mundial esse coquetel conquistou o mundo e foi criada a variante *kir royal* usando *champagne* no lugar do *bourgogne aligoté*. Os dois nomes estão patenteados. (N.T.)

tanto de uma dignidade representada, como de uma alegria natural. A sua façanha consiste nisso: se mostrar suficientemente sérios para que princesas, embaixadores, ministros, prêmios Nobel, acadêmicos, e patrões aceitem serem condecorados pelas suas mãos, e continuar simples com o humor borgonhês a fim de que o jantar seja de regozijo e no qual, inclusive eles, membros do Grande Conselho, não deixem de se divertir.

Desde as cozinhas — onde há capacidade para cozinhar, segundo as regras, 1.100 ovos em *meurette* (molho de vinho), que serão servidos todos quentes — até o estrado no qual os Cadetes da Borgonha interpretam seu inesgotável repertório báquico, passando pelo balé de *sommeliers* e de garçons, que atividade profissionalizada! Ou que dá a impressão de sê-lo. A felicidade coletiva não se improvisa, mesmo durante o tempo de uma noite. A Confraria dos Cavaleiros do Tastevin celebrou o seu milésimo capítulo — um romance-rio! — em junho de 2007.

## Glub-glub

Depois de cinco jantares no *château* de Clos de Vougeot, eu atingi o mais alto grau da Confraria: grão (também!) oficial. Eu preferi essa ordem àquela da Legião da Honra ou do Mérito. Nessas não se faz a proclamação borgonhesa...

 MÉRITO AGRÍCOLA, MEURSAULT (PAULÉE DE), *ROMANÉE-CONTI*

# O tempo dos vinhos regionais (*vins de pays*)

O vinho é tempo. O tempo que faz e o tempo que passa.

O tempo do céu e o tempo do homem.

O tempo das cóleras do céu e dos homens, e o tempo do regozijo, copo na mão, sob sol.

O tempo da adega e o tempo do *pichet* (jarra de vinho da casa).

Também existe, para os afortunados que têm os meios, o tempo para degustar os grandes vinhos, de *château*, velhos, raros, e um tempo para beber os vinhos simples, em especial os *vins de pays* ou os VDQS (vinho de região delimitada de qualidade superior) que não sobem à cabeça. "Vinhos do curto prazo", escreveu Colette (*A parreira de moscatel*), que, acrescentava, "corre com facilidade da garganta aos rins e só se detém em outro lugar." E ele é bom especialmente de ser bebido em grandes goles, sem duvidar, sem discursar, porque se tem sede e buscamos a simples felicidade das férias em família ou com os amigos.

Em outros tempos, colocavam-se as garrafas para resfriar em um balde dentro de um poço. Um *côte-du-brulhois*, da região de Agen, um vinho tranquilo de Savoie, um *rosé* do Var. Quando se subia de novo o balde, ele pingava como as garrafas de *champagne*, tomava-se o cuidado de enxugá-las antes de servir.

Para acompanhar o almoço do piquenique nada melhor do que, retiradas das borbulhas refrigeradas, um *gamay* de Côtes d'Auvergne, um *vin de pays* de Corbières, um *bordeaux clairet* ou um *ugni blanc* do Gers. Algumas pessoas se coçam um pouco, outros cantarolam ou conversam em dialeto; há bate-papo, mais um gole; como estamos bem, meu Senhor!

Vinho de circunstâncias, vinho de encontro, vinhos de estradas departamentais, sempre vinhos do ano, e já que se tem de fazê-lo, melhor bebê-los quando o ano foi mesquinho em sol e calor. Apesar de que... Há dias em que o prazer de viver acrescenta-se ao prazer de beber, trazem à vida a sinuosidade e o aveludado que lhe faltam. A chapitalização pelo otimismo do consumidor! O bônus ecológico para o júbilo!

Aos vinhos regionais se acrescentam os vinhos dos lugares nos quais fizemos uma parada ou que visitamos. Sempre devem ser os preferidos. Pelo menos devemos experimentá-los, nas adegas dos produtores, nas adegas cooperativas, nas adegas de degustação. São guias seguros que exalam os aromas dos campos dos arredores. AOC, VDQS ou *vins de pays* falam a língua do recanto. Ponhamos essa língua sobre a nossa: obtemos um *"french kiss"*, versão báquica.

No entanto, degustamos melhor os vinhos regionais, seja ao meio-dia ou à noite, no albergue, no bistrô de toalhas de papel ou quadriculadas, acompanhando-os de um patê de lebre, de um omelete, de uma fritura, de algumas ostras, de uma *andouillette*, de um *confit*, de uma asa de frango, de um gratinado *dauphinois*, de queijos bique ou *tomme*. É preciso rejeitar as jarras ou as garrafas nas quais o néctar morre de frio. E ter o paladar tão aberto quanto a mente. Às vezes, trombamos com guloseimas inesperadas. Quem nunca achou, no acaso de um jantar imprevisto em um pequeno vilarejo já caindo de sono, um *côte-du-luberon* ou do *ventoux*, um *mâcon-village*, um *gros-plant*, um *côte-du-forez*, um *minervois*, um *côte-du-jura* e a sua *poulsard* como variedade de uva, um *irouleguy*, um *saint-chinian*, um *tursan*...

De viagem pelo estrangeiro — especialmente na Itália, na Espanha, na Suíça e na Alemanha —, seremos recompensados em manifestar a mesma sede de descobertas.

O tempo consagrado ao conhecimento no terreno dos vinhos modestos ou desconhecidos nunca é tempo perdido. Igualmente a leitura de autores da segunda ou terceira estantes. Assim podemos estabelecer, por nós mesmos, similitudes, correspondências, hierarquias.

O vinho francês é um todo, do corrente ao excelente, do vinho tinto de Suresnes (o *petit bleu* de Paris) ao *château*. Temos direito de preferir; não temos o direito de desprezar. Temos direito de criticar; não temos o direito de condenar. Quem ama verdadeiramente o vinho sabe bem que os grandes têm necessidade dos pequenos, e os pequenos dos grandes. A solidariedade do vinhedo não deveria ser uma utopia. Raymond Dumay, uns trinta anos atrás, escreveu sobre isso linhas magníficas que é necessário citar e ler: "O vinho é, em primeiro lugar, um grande exército, quer dizer, um todo. Um espírito, uma qualidade. Os dons da natureza, os favores do destino podem ser diferentes, a fé e o ímpeto devem ser os mesmos no general e na segunda classe. A imagem de uma França produzindo somente os *romanée-conti* é tão ridícula quanto uma escola de primeiro grau destinada à formação de prêmios Nobel. Quem pode duvidar que um general necessita de soldados, e que os soldados têm necessidade de um chefe? Que, definitivamente, a sua sorte seja a mesma é algo de que parece apenas suspeitar-se. No entanto, tudo está intimamente ligado, e nossos *grands crus* não seduziriam novos clientes se antes eles não tivessem se formado nas denominações mais modestas, e nossos vinhos de consumo corrente não poderiam se manter com um preço decente se fossem esmagados pelos que levam o estandarte do regimento. Como produto social, o vinho, vive da solidariedade" (*A morte do vinho*).

## Glub-glub

Proprietários de vinhas situados nas regiões de AOC ou de VDQS, no Languedoc sobretudo, recusam-se a se submeter às regulamentações do INAO no que tange às variedades de uvas. Como eles utilizam uma ou muitas que não são autorizadas, os seus vinhos são desclassificados como *vins de pays*. Mas é mais frequente que os seus vinhos sejam vendidos a valores muito mais altos do que seus vizinhos que ficaram na legalidade. Seja porque eles tiveram sucesso ao criar novas e remarcáveis assemblagens, seja porque a sua *fronde*[*] lhes valeu a simpatia e a publicidade da imprensa e dos *sommeliers*.

 Côtes e coteaux, Languedoc, Provença

---

[*]    Guerra civil na França entre 1648 e 1653 pela liberdade de criar parlamentos ao estilo britânico. (N.T.)

# Terroir

Em primeiro lugar, o *terroir* faz um jogo antiquado. Quase como um velho idiota. Os poetas do *terroir*, os costumes do *terroir*, o sotaque do *terroir*. É possível imaginar falar ainda de *terroir*, de raízes, na era da circulação instantânea, de um continente ao outro, das palavras que nomeiam a "deslocalização", a imigração, a mutação e a globalização?

Isso não impede, no entanto, que os donos das multinacionais, os surfistas profissionais da rede, ou os especialistas internacionais de qualquer pelagem, procurem, quando estão de férias em Brive-la-Gaillarde ou em Cucuron, os produtos do *terroir*. Inclusive parece que quanto mais os homens e as mulheres dispersam a sua energia no vasto mundo, mais têm necessidade de se reunir, de se centrar novamente durante um tempo nos valores perenes da autenticidade. O bom e velho *terroir* se converte então — ainda mais quando oferece produtos orgânicos — no exotismo dos "engolidores de muito ar" *mundialistas*.

Na viticultura, denomina-se *"terroir"* tudo aquilo que se relaciona com o solo da vinha, o subsolo e o ambiente. De tal forma que são constituintes da natureza do *terroir* a geologia, a pedologia, a climatologia, aos quais foram recentemente adicionados, a assemblagem de variedades de uva e a biologia vegetal. Em outras palavras, o inato e o adquirido, um adaptando-se ao outro. O *terroir* não se limita, como antes, ao solo. O *terroir* é a terra e o céu, mais a cepa que o homem confiou a um e ao outro. Depois o vinhateiro. Ao qual Roger Dion, depois Jean-François Revel, finalmente Jean-Robert Pitte acrescentam o comerciante e o cliente. Tudo isso é muita coisa. Não seria confundir o *terroir* com a imagem do *terroir*?

É verdade que, durante séculos e séculos, os vinhos nascidos longe do mar ou de cursos de água navegáveis ficavam em desvantagem a ponto de os produtores os fazerem mais para eles e seus vizinhos do que para clientes mais afastados que teriam sido mais exigentes. A conquista de um mercado proporciona um aumento de zelo e de talento. Mas hoje, com a facilidade e a rapidez dos meios de transporte, qual vinhedo se sente ainda encravado e dispensado de dar, a cada ano, o melhor que puder? É certo também que o gosto dos norte-americanos e de Robert Parker, a sua pluma-pipeta, exerce uma real influência sobre a elaboração dos vinhos, em particular aqueles de Bordeaux. Nesse sentido, críticos, negociantes e clientes fariam então parte do *terroir*. Mas eu prefiro guardar esse nome de *terroir* para tudo aquilo que, do solo ao produtor, trabalha sobre o vinho na natureza, e chamar de valorização tudo aquilo que, a seguir, concorre para a personalização, a promoção, a comercialização e a reputação de um vinho.

*Terroir* e valorização estão tão colados um ao outro quanto o rótulo à garrafa.

Sem procurar diminuir a parte da valorização constatamos, no entanto, que somente o solo, o clima e o vinhateiro são as referências principais quando confrontamos os vinhos de *terroir* com os vinhos varietais. Os vinhos franceses continuam dando mais importância à sua geografia e à sua história, enquanto os vinhos do Novo Mundo — Estados Unidos, Austrália, Chile, África do sul, etc. — contentam-se, na maioria, em nomear as variedades de uvas de onde têm surgido. A tradição contra a modernidade, a complexidade contra a unicidade. O público mais novo que descobre o vinho prefere evidentemente aquilo que demanda menos esforço. É por isso que veremos, cada vez mais, vinhos franceses anunciando em letras maiores o seu *merlot, syrah, cabernet sauvignon, chardonnay* ou seu *viognier* que a sua terra natal.

É certo que a palavra *terroir* tem sido muito mal utilizada. Em quase todos os vinhedos tem sido estendida a solos que dão vinhos aborrecidos, decepcionantes. A permissividade dos poderes públicos deixou proliferar, banalizar e desacreditar denominações que, no entanto, continuam sendo confiáveis devido ao *terroir*. Muitos consumidores estrangeiros aperceberam-se da deriva e confiam menos que antes nos rótulos nos quais as tradicionais denominações não são mais garantia de qualidade. O *terroir* é o encontro de um solo que tem talento, às vezes genialidade e sempre caráter, com um produtor que tem talento, às vezes genialidade e sempre caráter.

Pensando bem, o filme *Mondovino* foi menos uma acusação contra a valorização internacional do que uma defesa do *terroir*. Chama a atenção que o seu autor, o muito bem informado e beligerante Jonathan Nossiter, que não faz mistério quanto ao seu pertencimento à esquerda radical norte-americana, defenda com uma enorme convicção a tradição, a especificidade e a diferença. O respeito ao *terroir* é, segundo ele, um valor muito mais importante que a ciência unificadora do enólogo. A qualidade do vinho depende, em primeiro lugar, da vinha. O *terroir* deve expressar a sua singularidade no copo. Reconhecemos então um grande *terroir* porque ele é loquaz e, no entanto, está cheio de matizes. O produtor Henri Jayer diz mais ou menos o mesmo que o cineasta norte-americano.

 JAYER (HENRI)

# Tonel

O poeta e antigo toneleiro Pierre Boujut (*Celebração da barrica*) observa, com razão, que o tonel é "uma invenção maluca, burlesca, na contracorrente, contra a razão, contra a utilidade. Como se pôde imaginar fazer com que um líquido se mantenha em uma montagem de madeiras bem difíceis de juntar?". E, no essencial, lâminas de madeira de forma arqueada (as aduelas)!

Quem teve a ideia estapafúrdia e genial do tonel?

Os nossos ancestrais gauleses.

Pierre Boujut acredita que os gregos e os romanos eram pessoas muito sérias para se deixar levar por uma criação tão fantasiosa. A ânfora e o odre, eis algo prático, racional, razoável! Somente um povo de sonhadores e de diletantes poderia inventar o tonel. Os celtas eram poetas.

Na época dos césares, em esculturas e baixos-relevos, tonéis contornados com madeira eram representados alinhados em barcos. Provavelmente não eram de carvalho, pareciam ter as dimensões análogas às nossas barricas de 215 a 230 litros. Há algo mais do que um ar familiar. Pertencem *ao mesmo tonel*.

O famoso tonel das danaides não era, provavelmente, nada mais do que uma grande ânfora. É verossímil que Diógenes, nascido três séculos antes de César, em um país — a Grécia — onde, por causa do calor, preferiu-se durante muito tempo a imutável cerâmica da ânfora à temperamental madeira da barrica, tenha vivido em um tonel. Robert Sabatier, que fez o filósofo dialogar brilhantemente em quinhentas páginas de versos (*Diógenes*), inclina-se a uma lenda. Estava no seu direito de aproveitá-la atribuindo ao tonel de Diógenes, "essa casa que roda", um odor de vinho rançoso.

Por outro lado, é verdade que o tonel, na França, serviu por muito tempo de abrigo aos miseráveis e aos mendigos. Grande, em pé, aberto amplamente, servia em Paris e em outras cidades de balcão para os camelôs, dos que consertam roupas, de videntes e cartomantes, de jogadores de cartas. De escriturários públicos também. Eu gosto dessa ideia de que uma barrica ventruda, um *muid** da Borgo-

---

* Antiga unidade de medida de volume que varia de região para região. Em Paris era de 268,2 litros no século XVIII. (N.T.)

nha, do Roussillon ou do Languedoc, uma pipa* de Anjou ou de Cognac, um tonel de Bordeaux ou uma *queue*† de Paris, depois de terem dado asilo a um vinho,
talvez delicioso e caro, terminem a sua existência como lugar de despacho de escritor, ao serviço da escrita mais humilde.

Utilizado nos Países Baixos e em outros países do norte, de extensão menos
agradável, era o "tonel da infâmia". Tratava-se uma barrica na qual era enclausu-
rada durante dez horas uma mulher culpada de adultério, somente a sua cabeça
saindo na parte de cima. Não podendo se manter nem em pé nem sentada, obrigatoriamente acocorada, ela arriscava estrangular se as pernas fraquejassem.

A esse instrumento de tortura é preferível uma "comodidade da conversação",
uma cadeira histórica do espírito francês, o "tonel" de madame du Deffand. Assim
era nomeada no seu salão uma poltrona, com teto abobadado, em que a ilustre
cega conversava com as maiores inteligências de seu século.

Acordava-me com frequência o barulho dos tonéis que o vinhateiro lavava e
remexia no pátio, sobre uma boca de evacuação da água. Fazer rolar os tonéis
vazios era uma brincadeira que demandava pouco esforço. Pegá-los em cada ex-
tremidade para os levantar tanto de um lado como do outro, e ao mesmo tempo
os fazer virar, e assim raspar as paredes internas pelo movimento de uma corrente grossa, enxaguá-los, exigia um homem. Eu não era mais do que uma criança
de férias e não tinha os braços suficientemente compridos. As minhas tentativas
eram, a cada ano, fracassos que divertiam o vinhateiro Julien Dulac. Dizia infali-
velmente que eu não tinha tomado sopa o suficiente. Com repolho, batatas, legumes misturados, a sopa era um produto dopante, muito aconselhado, obrigatório
mesmo (isso não me incomodava, eu gostava), que eu aguardava acelerar meu
crescimento, não da minha altura, mas de meus braços. Eu soube que eu era um
homem quando tive envergadura e força suficientes para movimentar, com autoridade, o tonel do Beaujolais de 216 litros.

Finalmente eu tinha o tamanho de um tonel.

---

*     Tonel de 625 litros. (N.T.)
†     Tonel de 400 litros. (N.T.)

## Glub-glub

Mais algumas palavras do vinho cujo sentido não se inclinou para o lado correto. Certamente, um *tonneau* (tonel) designa um movimento de acrobacia aérea, mas também a derrapagem descontrolada de um carro durante um acidente. Emprega-se metaforicamente o verbo *soutirer* (trasfegar) no lugar de extorquir, fraudar, roubar. Isso me enfurece!

O gosto amadeirado faz furor entre os consumidores norte-americanos. Eles apreciam os vinhos concentrados, com aroma de baunilha, obtidos pelo amadurecimento em barricas de carvalho. Ou pela maceração de lascas de madeira lançadas dentro de cubas de concreto, em aço inox (procedimento ainda proibido na França, mas autorizado nos países do Novo Mundo).* Chega-se ao mesmo resultado empregando indiferentemente tonéis (muito custosos) ou lascas de madeira? Eu duvido. Esse gosto de madeira, hoje violento, sem refinamento, é uma moda que passará, como todas as modas. Voltaremos a vinhos mais francos e mais frescos, nos quais domina a fruta natural. Aguardando isso, guardemos esse dardo envenenado de Jacques Puisais: "Eis aqui um vinho mais próximo da floresta do que da vinha".

 DULAC (JULIEN)

---

\* Desde 1987 é permitido o uso de lascas de madeira, em caráter experimental, nos *vin de table* e *vin de pays* na França. Desde 2005 na Comunidade Econômica Europeia (CEE) através do regulamento CEE de 20 dezembro de 2005, a não ser por interdição explícita dos organismos de gestão (ODG). Desde 10 de julho de 2009 através do regulamento CEE n° 606/2009 é igualmente possível usar pedaços de madeira na vinificação na CEE. (N.T.)

## Veuve Clicquot

A viúva Clicquot sempre fez a minha imaginação voar. Ela não tinha mais do que 26 anos quando morreu François Clicquot. Livre, tão jovem, e aos seus pés as adegas cheias de milhares de garrafas de *champagne*, poxa, que bom partido! No entanto, nenhum homem conseguiu pegar o posto. A um novo matrimônio ela preferiu a sua independência de mulher de negócios. O seu sucesso foi tanto mais excepcional porque aconteceu há muito tempo, no início do século XIX, e ela impôs a sua autoridade à família do defunto, aos comerciantes e ao ramo de negócios de vinho. Ela era tão perspicaz que foi apelidada de "a grande dama da Champagne".

Sabe-se de que morreu François Clicquot? Sim, de uma febre banal. Tão banal que os médicos não se inquietaram. Com pressa de reinar sobre um império de borbulhas, a cintilante madame Clicquot, não teria ela inventado, para acompanhar as sobremesas, o *champagne* arsênico? Eu imagino, eu suponho, eu fantasio... A viúva Clicquot merece! Ela deve também comover Philippe Sollers, que fez dela o seu *champagne* favorito. Conhecemos o seu amor imoderado pelas mulheres. Mais que a colheita Joséphine, de Joseph Perrier, a Louise, de Pommery, a Demoiselle, de Vranken, a Czarina, de Chanoine, ele escolheu La Grande Dame, de Clicquot. É também a escolha de Amélie Nothomb.

No Rick's, o bar americano de *Casablanca*, Humphrey Bogart sugere a Veuve Clicquot 1926, "é um bom *cru*" (mas, quando beija pela primeira vez Ingrid Bergman, é uma garrafa de Mumm Cordon Rouge que está sobre a mesa).

Passei muito tempo convencido de que a Clicquot e a Ponsardin eram duas viúvas que se enfrentavam. Eu imaginava uma Guerra das Bolhas como houve a Guerra das Rosas. A conquista a um bom preço de hectares de vinhas, os melhores comerciantes atraídos como amantes, a técnica secreta das assemblagens, o setor de negócios forçado a escolher o seu campo. Eu também teria tomado partido.

*"O mulherengo! O canalha! A sidra! O espumante!"*
*Exclamou a viúva Ponsardin muito ofegante.*
*Quando eu lhe anunciei, eliminando todo quiproquó,*
*Que aquela que eu amo é a viúva Clicquot...*

E então, um dia, tcharam! Soube que a Clicquot e a Ponsardin eram uma única mulher, que a Clicquot tinha como nome de solteira Nicole-Barbe Ponsardin, que anunciava o seu duplo nome nos rótulos e que tivera temperamento para dois.

No ocaso da vida, parecia-se com a rainha Vitória. Mas jovem? Foi ela, algo ébria de *champagne*, uma viúva alegre? Teve, ao redor dela muitos galos-clicquot? Ou, tirando mais proveito da barrica do que da barriga, foi, por acaso, uma espécie de austero Dom Pérignon de saias? Segundo os testemunhos de seus contemporâneos, apesar de mostrar indulgência para com seu genro, o brilhante mas dispendioso Louis de Chevigné, ela era dotada de um caráter firme, decidido, econômico. Certamente, ela manifestava um espírito de aventura e de audácia, mas exclusivamente como mulher de negócios à conquista de mercados.

Nunca citado — é uma injustiça — nas listagens das mulheres célebres, o nome de Clicquot está, no entanto, em (quase) todos os lábios. O prêmio Veuve-Clicquot é atribuído a cada ano a uma mulher de negócios. Não é obrigatório que seja viúva.

## Glub-glub

Como o *champagne*, o vinho do porto teve uma mulher excepcional. Ela se chamava dona Antônia Adelaide Ferreira, da célebre casa Ferreira. Ao longo do século XIX, ela plantou novas cepas, criou novos crus. Dotada de uma energia que ninguém podia desencorajar e de uma inteligência comercial que os homens invejavam, deixou sob o seu reinado uma marca indelével na história do vinho do porto.

 CHAMPAGNE, DOM PÉRIGNON, KRUG

# Vindimar

Não é raro escutar, por parte dos jornalistas especializados, os comentaristas de futebol e os antigos campeões que os assistem, o verbo "vindimar". De um jogador que perdeu um gol muito fácil, que perdeu uma ocasião imperdível, diz-se que ele vindimou o gol ou a ocasião.

Absurda metáfora!

Porque "vindimar" significa recolher a uva, o ato de a depositar em uma cesta de mão ou em uma maior pendurada nas costa, portanto o contrário de uma falha, de um fracasso. Por outro lado, na gíria, a vindima é o botim de um roubo. Em todos os casos, "vindimar" significa que se recolhem os frutos de seu trabalho (legal ou não), que foi recompensado por sua paciência, seu ardor e sua audácia, enquanto, no futebol, esse mesmo verbo expressa a imperícia e a perda de oportunidades.

A que se deve esse ridículo contrassenso? Por que os repórteres da bola continuam a usar um verbo que os faz dizer o inverso do que ele expressa na abundância e na euforia do outono?

## Glub-glub

É admirável que na língua alemã o verbo *lesen* signifique, ao mesmo tempo, "ler" (recolher, juntar, decifrar signos, os interpretar) e "vindimar", apanhar, colher, escolher o melhor. *Die Zeit der Weinlese*: o tempo das vindimas. Assim, quando eu leio, eu vindimo palavras; quando eu colho as uvas, eu continuo a minha leitura...

      Degustação, Brindar

# Vindimas

*Paraíso*. Não houve vindimas pelas quais eu não tenha me apaixonado. Aos doze, quinze, dezoito, vinte anos, era sempre a mesma história, quando eu entrava na vinha para pilhá-la, devastá-la, um delicioso ataque de febre ganhava meu coração. Era tão forte que, ainda hoje, apoiado sobre uma prensa manual, deixada na adega pela nostalgia, frente a uma aquarela na qual Dunoyer de Segonzac registrou o movimento de um cortador ou de dois carregadores, sinto de novo o ardor e o prazer. Eu deveria, em vez disso, me lembrar da dor, tão penetrante, que desde os primeiros dias de vindimas roía os meus rins. De nada serve, companheiros das frias manhãs, ou das noites chuvosas de setembro, lembrar-me dos dedos intumescidos e cortados, os cestos demasiado pesados, a lenta fadiga dos mesmos gestos repetidos, a tentação de renunciar frente às vinhas sem fim, carregadas de tantos frutos. Inútil me dizer que era muito trabalho e cansaço. Para mim, sempre fazia bom tempo, eu estava apaixonado, e a uva depositava açúcar em meus lábios.

A nossa juventude era cheia de limitações. As vindimas chegavam como entreatos de liberdade. Foi lá que eu ganhei meu primeiro dinheiro. Nós éramos finalmente considerados e tratados como adultos. Antes de voltar ao ginásio ou ao colégio, antes de mergulhar de novo na disciplina das famílias, nós estávamos nas vinhas! Alegres, despreocupados, audaciosos. Para aqueles que gozavam de saúde e apetite, as vindimas eram uma magnífica escola de sensualidade.

Ali havia mãos que entravam com força nas plantas, que se insinuavam entre as folhas, deslizavam, separavam, pegavam e colhiam cachos grávidos de orvalho, de sol, de suco.

Tinha-se o sentimento de plenitude que dá a abundância.

Havia bochechas sujas do suco da uva — vermelho é o suco dos tintureiros —, os dedos que se colavam na mesa e nas calças, a pele suja, que voltava rugosa e deliciosamente malcheirosa.

Ali estavam, loucas pela roda viva de baldes e cestos, as vespas, ébrias de gula, que queriam levar a sua ração e que, nas tardes calorosas, tornavam perigoso nosso comércio com as uvas.

Havia as jovens garotas. Elas também conquistadas, pouco a pouco, mas com demasiada lentidão, pela licença açucarada das vindimas.

Havia mulheres que, inclinadas sobre as cepas, mostravam opulentos peitos. Algumas, de *shorts*, lembravam Silvana Mangano em *Arroz amargo*. Tão formosas e cheias de curvas? Não, com certeza. Tão atraentes, desejáveis, fatais? Claro, muito mais!

Uma sexualidade latente, dissimulada pela educação cristã, repentinamente ativada pela colheita das frutas, dava-me uma formidável energia. Mais rápido, vindimar sempre mais rápido, para chegar primeiro no alto da vinha e para ajudar a escolhida que cortava os cachos com tanto menos celeridade quanto mais certeza tinha de que ia receber ajuda. Lisonjeada, um pouco zombeteira — as razões das minhas boas maneiras não lhe escapavam —, ela olhava se agitar um jovem homem exausto, mas com um ânimo insuperável. Ela não se inclinava mais do que para pegar entre dois dedos uma baga, vermelho-escura e bem carnuda, que ela fazia estourar na língua. Eu me dizia que ela, apesar de tudo, teria podido fazer um esforço, somar o seu trabalho, mesmo lento, ao meu — e Deus! Que prazer, que voluptuosidade seria vindimar um junto ao outro, sentados sobre nossos calcanhares, escondidos pela vinha, como que engolidos por ela, nossas mãos se roçando, tocando-se nas cepas em que, por uma inadvertência calculada, nós iríamos pegar os mesmos cachos...

Acontecia às vezes que dois jovens se topassem para ajudá-la. Abominação. Desgraçado, no entanto, aquele que, por despeito, deixasse o lugar ao outro. Ao contrário, com uma expressão calma, era preciso redobrar o ardor. Sem ir rápido demais, porque era de nosso interesse ficar o maior tempo possível na sua companhia.

O pior poderia acontecer então: enquanto os seus dois escravos apaixonados enchiam o balde, ela ia conversar com outro vindimador, de mais idade, atrasado, que assobiava com seu bigode, que nunca teria feito tanto esforço por ela, e com o qual ela desapareceria entre as cepas.

Havia sempre a esperança de ser recompensado mais tarde. Durante as danças que se seguiriam ao jantar; nos celeiros onde o feno servia de esconderijo e de colchão; na cuba de fermentação do vinho, onde, fazendo um voto ou expressando um desejo — poderia-se adivinhar qual era —, nós bebíamos, a mão sobre o coração, o primeiro vinho morno, doce, muito açucarado, que escoava da prensa. No Beaujolais, chama-se esse vinho grosseiro de o *paraíso*. Não substituía o sétimo céu, mas conduzia para lá.

Portanto, nenhuma comparação pode ser feita com as vindimas vulgares descritas por Zola no livro *A terra*: "Rognes (o povoado de Beauce) fedia a uva durante oito dias; comia-se tanto que as mulheres arregaçavam as saias e os homens tiravam as calças em qualquer moita; e os apaixonados, besuntados, beijavam-se na boca, nas vinhas. Isso terminava com homens bêbados e moças grávidas".

Por sorte, eu li tardiamente *A terra*. Zola não estragou as minhas vindimas.

*A festa*. Não tendo nunca participado nem da colheita de maçãs, de azeitonas ou laranjas, eu ignoro se são jornadas felizes. A colheita das uvas e sua fermentação sempre foram acompanhadas de bom humor, risos, canções, alegria. A *festa das vindimas* é imemorial. Mas, de um lado, a mecanização, de outro, a internacionalização da mão de obra, as relações codificadas e vigiadas entre patrões e vindimadores, que substituíram uma anárquica tropa de parentes, amigos, transformaram as vindimas em algo menos folclórico, menos festivo. Baco agora recolhe à URSAAF* e exige rentabilidade.

No entanto, há que se reconhecer que se as vindimas não fazem mais ou muito menos soar os risos das moças e os passos dos dançarinos, elas continuam a representar um momento excepcional na vida repetitiva e morna de muitas pessoas, entre outras, os desempregados e os estrangeiros. Geralmente a comida é excelente e abundante. À noite, bebem-se bons goles. Apesar da fadiga, dos rins roídos, um espírito de jovialidade corre na tropa de vindimadores. Há, no ato de cortar a uva, no seu transporte, na sua triagem, na sua acumulação, nas suas promessas, uma espécie de otimismo, confiança, felicidade, que ganha as almas mais austeras. As vindimas produzem a alegria coletiva.

Mesmo durante a guerra elas não eram tristes. Muito menos radiantes e desenfreadas do que haviam sido, certamente, quando os alemães partiram e os prisioneiros voltaram, mas não se vindimava na aflição patriótica. O suco de uva bem fresco é um elixir que levanta o moral.

Colette relata o espanto de uma de suas amigas com a ideia de vindimar em 1917 – em Corrèze, em um vinhedo pertencente a Robert de Jouvenel (*Paisagens e retratos*). Para essa mulher, vindimar era uma diversão. Era participar de uma "liberdade bastante licenciosa, de cantos e de danças, de conversas leves e de comilanças". Esse prazer, essa liberdade são incompatíveis com a guerra. "O que você queria?", responde-lhe Colette, "ainda não foi encontrada a forma de colher as uvas sem vindimar."

Ela poderia ter saudade dos tempos das guerras medievais. Naquela época, interrompia-se a batalha para deixar os camponeses colherem em paz as uvas e os senhores vigiarem as vindimas. Durante o cerco de Paris, Henrique IV concedeu uma trégua e uma escolta aos proprietários que temiam perder a colheita de

---

*     O INSS francês. (N.T.)

suas vinhas em Suresnes ou no Argenteuil. Henrique IV era decididamente um bom rei.

*A morte.* As vindimas que Jean Giono relata em *Faust au village* [Fausto no povoado] são muito especiais. Elas acontecem na Alta Provença, nas montanhas, nas terras onde faz frio prematuramente.

Não deveria haver vinhas ali. Mas há. Seis mil pés compartilhados por muitos camponeses. Ninguém finge que o vinho de Prébois — é a denominação do vilarejo principal — seja bom. Para bebê-lo, "é preciso se pregar à mesa". Nenhum estrangeiro o quer. Mas os montanheses gostam loucamente dele. "Nós não seríamos quem somos se não fôssemos desses que bebem (o que eu disse? Que amam!) o vinho de Prébois. É a marca de nosso caráter".

Os últimos dias de sol do outono decidem *in extremis* a maturidade da uva. Nunca há demasiado açúcar, oh não! Sim, mas se a chuva e o frio caírem repentinamente na região, e persistirem por muitos meses, nos arrependemos de ter aguardado muito tempo. Sim, mas se a vindima é feita depois de muitos dias de sol seguidos, que serão aproveitados pelos vizinhos mais audazes, mais astutos ou mais sortudos, o vinho será melhor. Pesar e desonra, nesse caso.

Lá em cima, na sombra das montanhas, as vindimas são também tão sem graça como a *piquette* que elas produzirão. Nem risos nem canções. Alguma coisa lúgubre. Recolhendo a uva fala-se da morte. Dos mortos recentes e dos próximos a morrer. O narrador não explica o porquê. Giono também não. É a tradição. Os viticultores das cristas são muito estranhos: "Se nós podemos nos lembrar de algo muito feio: o aspeto de uma chaga ou um grito de sofrimento, ou talvez de um episódio em que se teve que lutar com o braço partido com um moribundo que se debatia violentamente para morrer, é pão benzido. É disso que nós falamos aprazivelmente entre marido e mulher enquanto, lado a lado, cortamos as uvas bem cheias e bem maduras".

*Retorno ao paraíso.* Chama-se lagar ou cantina* (*cuvier, cuverie*, no Beaujolais *cuvage*). Nesse local, onde da cuba à prensa, da prensa à cuba, faz-se o vinho, foi que, em algumas décadas, as mudanças foram as mais radicais. Passou-se da madeira ao aço inox, dos encanamentos artesanais à termorregulação, da prensa mecânica à prensa eletrônica, do palpite do vinhateiro ao enólogo. Mesmo que se mostrem, às vezes, demasiado forçadas ou demasiado artificiais (adição de leveduras, qualificadas ironicamente por Guy Renvoisé de "ato médico"), a ciência e as técnicas têm melhorado consideravelmente a vinificação e portanto os vinhos.

---

\*    Em Portugal, lagar é uma piscina rasa feita geralmente de mármore onde se esmagavam as uvas com os pés ou, como hoje, com máquinas robotizadas, ou também o local do esmagamento e de fermentação da uva. No Sul do Brasil, pela influência da migração italiana, usa-se também, para esse tipo de local, a palavra cantina. (N.T.)

Os progressos são incontestáveis, espetaculares, especialmente nos vinhedos, que poderíamos qualificar, por analogia com o urbanismo social, de desfavorecidos. Mas essa revolução foi feita em detrimento da festa. Os químicos raramente são animadores de auditório. A vinificação não é mais um teatro dos fortes em músculos e dos fortes no grito que, de torso nu, em calças curtas, *shorts*, bermudas ou com as calças arregaçadas acima dos joelhos, pisavam a colheita enquanto contavam piadas picantes ou indecências frente a um público feminino admirado. Temos que acreditar no escritor romeno N. D. Cocea quando ele relata (*Le vin de longue vie*; O vinho de longa vida) que antigamente "mulheres nuas como o Bom Deus as tinha feito [...] esmagavam as uvas em grandes cubas como viveiros"? Em todo caso, não podemos acreditar no velho boiardo, proprietário das vinhas, herói do livro, que afirmava que a uva passada em uma prensa não produzia mais do que um suco sem graça. "Esmaga essa mesma uva com os pés de um homem e, apesar da impureza e do suor, tu beberás o que nunca terás bebido na tua vida." Foi sorte da Romênia a comissão de Bruxelas não existir naquela época...

O que não impede que, nos odores açucarados da maceração, da fermentação, da decomposição, do álcool volátil, fosse essa intimidade cálida e pegajosa dos homens e das uvas, a pele de uns se esfregando na de outros, que tornava carnais, atrevidas, pelo menos sensuais, as festas da prensagem. O vinho escapava dos orifícios da prensa, escoava abundantemente pelos deságues que a rodeavam, caía em cascata na *gerle*.\* Ele escorria vermelho-rubi, imobilizava-se vermelho-granada, quase preto. Vinho doce, quase xarope. Um vinho feminino, esse paraíso, diziam os viris prensadores. Foi na vinificação que eu escutei pronunciarem pela primeira vez a palavra "afrodisíaco".

*Enviado especial*. Jornalista iniciante no *Figaro Littéraire*, de férias no Beaujolais, eu recebi, às vésperas das vindimas, uma ligação telefônica de meu chefe de redação, Maurice Noël.

— Dizem que a safra de 1959 será a do século...

— Os produtores afirmam, a cada ano, que essa será a safra do século! Mas, provavelmente, esta é um pouco maior do que as outras.

— O sr. acha que um enviado especial do jornal encontrará material para uma grande reportagem sobre as vindimas?

— Sim, certamente. Qual enviado especial?

— O senhor!

— Eu?

— Não se sente capaz?

Sim, sim. Com prazer, com orgulho, com medo. Tratava-se de encher uma página inteira do *Le Figaro Littéraire*, em grande formato na época. Depois das

---

\*   Cuba aberta de cem litros. (N.T.)

breves notas, das novidades curtas, pequenos bilhetes, o meu primeiro artigo longo. Meu Deus, não sei quantas vezes pude decantar, aquecer e degustar esse papel sobre o qual me parecia que eu jogava com o meu futuro. Com uma chamada na página principal, de nosso enviado especial, e meu nome em grandes letras... Eu conhecia bem o assunto, mas era, pode-se dizer com respeito às vindimas, um assunto batido. Portanto, arriscado. Se ele não gostar, Maurice Noël não duvidaria em jogar a cópia na lixeira.

No dia da publicação do *Figaro Littéraire*, eu parti de Quincié, de carro, antes do amanhecer, para voltar a Paris. Na rota nacional 6 – a autopista ainda não existia –, em Arnay-le-Duc, eu avistei um café com banca de jornais que abria as suas portas. Precipitei-me: *Le Figaro Littéraire*? Sim, senhor, nós o recebemos esta manhã. O coração batendo, eu abri o jornal. Tinha toda uma página de "Coisas vistas e ouvidas no Beaujolais, por Bernard Pivot". Somente o primeiro número de *Lire* e a televisão me proporcionaram uma emoção profissional tão intensa. Mas essa foi a mais radiante.

No dia seguinte, encontrei sobre minha mesa uma nota de um colega do jornal me pedindo para ligar para a Academia do Vinho. A continuação da história pode-se ler no verbete... "Yquem"!

 *Yquem*

## Voltaire

Se o julgarmos pelo cuidado que tinha em redigir as suas cartas de pedidos, Voltaire devia apreciar muito o vinho. É pouco verossímil que ele não o tivesse permanentemente na sua adega, mesmo que para ele beber vinho todos os dias fosse apenas uma garantia de saúde.

Datada de 6 de outubro de 1769 e escrita em Ferney, cito a seguir uma carta que eu comprei e emoldurei. Ele a enviou a Monsieur Le Bault, conselheiro do parlamento em Dijon: "Senhor, seja caridoso, eu bebo vinagre, recorro a sua bondade; eu suplico que me envie cem garrafas de seu melhor vinho tinto, e cem garrafas do agradável vinho branco jovem de Madame Le Bault. Tenha piedade de um pobre doente que lhe está verdadeiramente agradecido. Eu tenho a honra de ser, com os melhores respeitos do Senhor e da Senhora Le Bault, o seu mais humilde e obediente servo. Voltaire".

O senhor Le Bault despachou essa encomenda sem nenhum cuidado especial. Ele escreveu no canto superior esquerdo da carta de Voltaire alguns números dos quais resulta que o escritor ia lhe dever 275 francos (ou libras de Tours?). E ele adicionou à atenção de seu intendente que conservara a carta "até o pagamento". O borgonhês trata Voltaire como a qualquer outro cliente.

No entanto, o escritor é um fiel consumidor dos *bourgognes* do conselheiro-proprietário de Dijon. Desde1755, portanto durante quatorze anos, Voltaire compra dele, a cada ano, seja garrafas, seja, o mais comum, dois tonéis (em 1758, quatro!), um de *bourgogne ordinaire*, o outro do *cru* que ele gosta: o *corton*. E sempre implorando como um mendigo: "Voltemos, se lhe parece, ao vinho de Corton, eu não lhe pedi nem novo, nem em tonel, nem em garrafas, eu lhe peço como você quiser enviá-lo; me dá igual, desde que seja bom; faça como quiser, você é o dono" (carta de 14 de janeiro de 1763). E quando os seus agradecimentos coincidem com o Ano-novo, Voltaire não esquece de desejar ao senhor e senhora Le Bault "uma boa colheita".

Se acontecer de eu dizer que Voltaire bebia *beaujolais*, ninguém acreditaria em mim. Serei eu como esses vampiros que vão tirar dos cadáveres ilustres citações inverificáveis com as quais se besuntam a boca? Não mesmo! Eis aqui o que escreveu Voltaire, sempre ao nosso amigo o conselheiro Le Bault, em 12 de outubro de 1757: "Quanto mais envelheço, Senhor, mais aprecio os bens de sua amabilidade. Vosso vinho tem se tornado muito necessário. Aos meus convidados de Genebra eu ofereço bastante do bom do Beaujolais, mas eu bebo, às escondidas o vinho da Borgonha" (*Correspondance de Voltaire*, tomo IV, página 1.116, "*Bibliothèque de la Pléiade*").

Observe-se que Voltaire julga os vinhos segundo a opinião que nós temos dois séculos e meio depois dele: o *beaujolais* para os dias comuns (ele recebia muito), o *bourgogne*, especialmente o *corton*, para as grandes ocasiões (se deleitar sozinho às escondidas é uma delas, a isso ainda não se chamava *beber na Suíça,** mesmo para um francês que vivia perto de Genebra).

Quando encomenda vinho de Frontignan, Voltaire é também todo afetado e engraçado: "Eu vos peço uma outra graça: ela é um pouco considerável: é o de me conservar a vida enviando-me um pequeno *quartaut*† do melhor vinho de Frontignan. Não diga nada àqueles que me pagam rendas vitalícias. Será uma pequena extrema-unção que você terá a bondade de me dar. Eu farei chegar o dinheiro por Lyon ou por Genebra, como for melhor".

"Se você me rechaça, eu sou homem de vir procurar eu mesmo o vinho de moscatel em Marselha, porque eu não posso mais aguentar as neves dos Montes Jura" (carta a Dominique Audibert, membro da Academia de Marselha, de 19 de dezembro de 1774).

---

\*    Expressão francesa que significa beber às escondidas ou solitariamente. (N.T.)

†    Unidade antiga de volume de 68,55 litros. (N.T.)

Mas aqui o mais surpreendente: Voltaire, quando vivia nas Délices, perto de Genebra, encomendou, em junho de 1757, sempre ao senhor Le Bault, duzentas cepas de vinha! Um pedido todo humilde: "Não é mais do que um pequeno ensaio que quero fazer. Eu sinto quanto a minha terra é desprezível e indigna de um tal plano, mas é uma diversão pela qual eu estarei muito agradecido".

Quando o senhor Le Bault respondeu favoravelmente, oferecendo-lhe mais de duzentos pés, Voltaire escreveu imediatamente que o seu "terreno calvinista", o seu vinhateiro e ele são "indignos de um tal favor", mas que a ideia de produzir um dia um "borgonhês dos alóbrogos"* o encantava.

No outubro seguinte, enquanto o senhor Le Bault tira as cepas — *pinot* ou *chardonnay*, nenhum detalhe — de suas terras, Voltaire manda arrancar "minhas cepas heréticas para receber as suas católicas". Já sonhava em beber o seu vinho na companhia do conselheiro do Parlamento de Dijon.

Mais tarde sabemos que as cepas se aclimataram bem no novo solo e clima. Voltaire está orgulhoso de se ter transformado em "um pequeno Noé". Ele ambicionava mesmo ser um dos grandes quando projetou plantar mais 5 mil cepas no senhorio de Tournay, situado ao norte de Genebra, na comuna de Pregny. Tinha comprado *château* e propriedade de Charles de Brosses, outro borgonhês, aquele conhecido por suas *Lettres familières sur l'Italie* [Cartas familiares sobre a Itália], que não deixam de ser lidas sempre com proveito e prazer. Mas o temperamento de construtor e pioneiro de Voltaire, a sua energia manhosa de proprietário, se chocaram com o realismo contábil e processual do presidente do Parlamento de Dijon.

Mais tarde escreverá ao senhor Le Bault que o vinho de Tournay é bom, mas menos que o seu.

## Glub-glub

O *champagne* é o vinho que representa melhor Voltaire, seu espírito, seu humor, sua efervescência, classe, seu renome em toda a Europa. Cai-lhe bem, ele o apreciava. Com indulgência ou bondade, ele pensava mesmo que...

*... Desse vinho fresco a espuma cintilante*
*De nós os franceses é a imagem brilhante.*

---

\* Antigo povo da região onde morava Voltaire, a Savoie. (N.T.)

# Xerez

Somente um bom *champagne* pode rivalizar com um xerez como aperitivo. Um xerez seco, certamente, o que elimina os doces: *moscatel* e *Pedro Ximenez*, vinhos doces naturais. Os *finos*, os *amontillados*, de cor amarela com potentes reflexos verdes, abrem o apetite sobre um amargor de amêndoa, avelã ou de café. No entanto, não se deve comer ao mesmo tempo frutas secas. Seria aplastar a sutileza com redundância. A degustar também os *manzanillas* de Sanlucar de Barrameda, com um retrogosto salgado lembrando o mar, e os *olorosos*.

"*Sherry*" é o nome inglês do xerez. Como pelo *bordeaux* e pelo vinho do porto, os britânicos sempre foram loucos por ele. Que botim Francis Drake leva para Londres depois de ter ateado fogo nos navios espanhóis na baia de Cadiz? Perto de 3 mil barricas de *sherry*! Para brindar à vitória tinha grandes projetos.

Eu nunca fui a Jerez de la Frontera, capital andaluza do xerez, e o lamento, não pela degustação de finos muito velhos — pagando-se o preço, os encontramos em Paris —, mas pelo vinhedo, a sua estranha beleza, as cepas bem verdes de *palomino* alinhadas sobre um solo totalmente branco. Sim, todo branco. *Albariza*, assim se chama essa terra que não é feita de giz, e sim de marga, e que se acreditaria de longe, ao que parece, estar recoberta de neve mesmo no momento mais quente do verão.

Cada vez que umedeço os meus lábios — muito raramente — em uma taça de xerez, penso na terra mágica e surrealista onde ele nasceu e que gostaria de visitar em companhia de meu amigo Jorge Semprun.

## Yquem

... Ao telefone uma pessoa me diz que membros da Academia do Vinho tinham lido e apreciado a minha reportagem, publicada no *Le Figaro Littéraire*, sobre as vindimas em Beaujolais (ver o verbete "Vindimas") e que o marquês de Lur Saluces, seu presidente, me convidava para o próximo jantar da Academia.

Ele aconteceu no restaurante da estação de trens Gare de l'Est, que era então um estabelecimento de reputação, duas estrelas no guia Michelin. A Academia do Vinho reunia – ainda reúne, ativa, influente – proprietários-coletores das AOC, dos grandes nomes de todos os vinhedos (além de, hoje, *chefs*, jornalistas especializados). Um de seus presidentes foi o marquês de Angerville, cujos *volnays* reproduziam uma elegante e sutil personalidade. Eu escutei falar pela primeira vez dos Lur Saluces em 1959. Uma família que remonta ao século XVI. Um *château*, o de Yquem, que dá um vinho singular, raro e caro. Nem eu nem meus próximos tínhamos degustado ou mesmo nos aproximado de uma dessas garrafas. E eis que eu era o convidado pessoal do marquês Bertrand de Lur Saluces, dono de um *château*, de um vinho e de uma lenda que se situavam longe do vinhedo plebeu onde eu tinha vindimado com as minhas palavras de jornalista.

Como eu tinha somente 24 anos, os membros da Academia me pareceram muito velhos. Eu tinha pouco a ver com aquelas pessoas, a meu ver gentis, atenciosas, em especial o marquês, e tão sábias, tão à vontade ao lembrar do conteúdo de seus pratos e de suas taças, e depois, sem transição, passar a um comentário engraçado, inquieto ou confiante sobre a política do general De Gaulle. A minha única reminiscência é a de ter bebido o *château d'yquem*. O gosto era raro, delicioso, voluptuoso, louco. Eu estava estupefato, meio bobo. Isso continuava sendo vinho? Perguntei-me. Nada a ver com o *monbazillac* de meus pais, que, no entanto, eu apreciava. A presença e as explicações do marquês de Lur Saluces, o prestígio da Academia, a competência dos convidados e a euforia do fim da refeição, tudo isso não tinha amplificado o meu entusiasmo? Estava eu em condições de apreciar o *yquem*, sem mais, e não me extasiar como um rapaz virgem depois da sua descoberta da complementaridade dos sexos?

Na minha lembrança, é o melhor *yquem* que eu já bebi. Porque foi o primeiro (homem jovem desenvolto e sem memória, eu não anotei a sua safra). Alguns outros degustados em meio século, que eram provavelmente superiores (1959,

1970, 1971, entre outras), não exalavam tantas fragrâncias sentimentais. Os especialistas dizem inclusive que o conde Alexandre de Lur Saluces, que sucedeu o marquês, ainda mais rigoroso e exigente que aquele, incrementou a qualidade e o renome do *yquem*. Mas nada pode ser feito: nenhuma garrafa de nenhuma safra se igualará nunca ao *yquem* sem data de meu batizado.

Ao me reler, pergunto-me se, por conta do *yquem*, eu não me deixei levar por um excesso de efusão...

Não é o vinho que puxa mais para a hipérbole, o ditirambo, os voos líricos? Os Chartrons dizem que "é a extravagância do perfeito". Em *A razão gulosa,* Michel Onfray relata o seu primeiro *yquem* (1979), a sua "iniciação" ao "culto" por Denis Mollat, livreiro e editor de Bordeaux. O filósofo está em um estado de êxtase. "As cores rutilantes dançam ainda na minha alma." Mais tarde ele publicaria um ensaio dedicado a Alexandre de Lur Saluces sobre *Les formes du temps* [As formas do tempo], com o subtítulo de *Teoria do sauternes.*

Esse "néctar" fez Frédéric Dard (prefaciador de *Yquem,* de Richard Olney) perder o humor de Santo Antônio: "*Yquem*, são as nossas faculdades gustativas elevadas até o indizível. É a suavidade absoluta. A plenitude do gozo. [...] Porque o *yquem* é também luz. Luz bebida". Uau!

Jean-Claude Carrière está em levitação: "*Yquem* é uma estrela, como Greta Garbo. *Yquem* é um modelo, uma espécie de ponto extremo, de horizonte ideal, que traça e ilumina a rota, que mostra, ao menos, que essa obra-prima era possível" (*Por Yquem*). Nossa!

No mesmo livro, Bernard Clavel relata uma lembrança que deveria figurar nos manuais da história da França e do vinho.

"Um dia em que Alexandre de Lur Saluces tinha nos convidado para um jantar com o antigo primeiro-ministro do Canadá, Pierre Eliott Trudeau, e alguns de seus amigos, ele nos ofereceu um *yquem* 1945. É o que de melhor bebi em toda a minha vida. Nosso anfitrião explicou que tinha escolhido esse *magnum** para celebrar a memória dos canadenses que morreram em nossas praias para nos liberar.

"O jantar terminado, eu fiz um aparte com Alexandre para lhe sussurrar:

— Apesar de tudo o senhor está enganado: o Desembarque não foi em 1945, mas em 1944!

Ele encolheu os ombros:

— Eu sei. Infelizmente 1944 não foi um grande ano.

Parece não ser nada, mas no fundo, tudo está dito nessa resposta.

Aqui, o vinho domina até a História."

---

* Tamanho de garrafa equivalente a duas garrafas de 750 mililitros, ou seja, 1,5 litro. (N.T.).

## Glub-glub

À Classificação de 1855 dos vinhos tintos do Médoc, adicionava-se uma Classificação dos vinhos brancos da Gironde (*sauternes* e *barsac*). *Yquem* era o único qualificado como *"premier cru supérieur"*. Isso não se discutia, tamanho era o seu renome na mesa dos soberanos da Europa, assim como nos Estados Unidos, graças a Jefferson. Durante a sua viagem à França, o futuro presidente norte-americano encomendou 250 garrafas *Diquem* 1784 (escritura fonética encontrada em suas anotações).

A glória do *yquem* não deve ocultar os outros vinhos de Sauternes e de Barsac nascidos, eles também, da podridão nobre causada pela *botrytis cinerea* nos bagos de *sémillon* e de *sauvignon*, de *muscadelle* também. Menos caros que a grande estrela − mas o ouro engarrafado custa ainda assim uma bagatela −, os *châteaux guiraud*, *climens* e *rieussec* (primeiros *crus*), *doisy-daëne* e *lamothe-guignard* (segundos *crus*) podem, eles também, suscitar o lirismo.

 Classificação de 1855, Néctar

# Z

## *Zinc* (Balcão de bar)

Na minha memória, *copain* (amigo), *gorgeon* (gole), *zinc* (balcão de bar) e *troquet* (boteco) são quatro palavras indissociáveis. Mas o *gorgeon* foi excluído do Petit Larousse e do Petit Robert. A menos que nunca tenha ascendido a eles? Depois de ter quase desaparecido, *"troquet"* voltou à moda. Os *copains*, primeiro os de Brassens,[*] a seguir os nossos, se esvaziaram umas quantas taças, estão acotovelados no balcão para o branco leve da manhã ou uma taça de tinto depois do trabalho. O *"zinc"* os inspira: sinônimo popular de bar, ele designa também um pequeno bistrô, o modesto café de esquina, um balcão, um boteco.

Os amigos não são do gênero, a não ser os irônicos letrados, dos que soltam: "Ilumina-me este copo com elegância!"

Diante de copos vazios, eles tenderiam a dizer ao garçom: "Veem-se os cascalhos!". Ou: "É preciso vestir novamente os pequenos...".

Não se abandona o balcão depois de um único gole: "Não vai embora com uma perna só, não é?".

Uma *"guinguette"* é um boteco na clorofila, ou mais comumente às margens da água. Os barqueiros de Renoir regaram o seu almoço com vinho tinto. Quando terminamos, levantamos da cadeira, somos jovens e apaixonados. Os copos estão vazios. As mulheres estão penteadas com graciosos chapéus de verão. Uma delas leva uma última vez o copo aos lábios. Há uvas em uma compoteira. Formoso mês de setembro.

Eu gosto também da foto de Robert Doisneau no papel de Jacques Prévert, sozinho, no terraço de um café do bulevar de l'Hôpital, em Paris. Ele está sentado em frente a um *guéridon* (pequena mesa de apoio) sobre o qual está pousado um copo de vinho tinto. O poeta dispõe de todo o seu tempo. Com o eterno cigarro nos lábios, o seu cachorrinho deitado aos seus pés, ele reflete. Segundo o dono do bistrot "Le Saint-Pourçain", em Saint-Sulpice — uma vez que nos sentamos, imediatamente temos um copo de *saint-pourçain* diante de nosso prato! —, o tinto no copo de Prévert é um *côtes-du-rhône*.

---

[*] George Brassens (1921-1981), popular cantor e compositor francês. A canção "Les Copains d'Abord" [Os amigos em primeiro lugar] foi um de seus grandes sucessos. (N.E.)

Saúde a todos!

# Bibliografia do autor

Livros gerais recentes, indispensáveis para um enófilo

CLARKE, Oz. *Atlas des vins du monde*. Gallimard, 2003.

DOVAZ, Michel. *Dictionnaire Hachette du vin*. 1999.

FRANCE, Benoit. *Grand Atlas des vignobles de France*. Solar, 2002.

GARRIER, Gilbert. *Histoire sociale et culturelle du vin*. Bordas, 1995.

GARRIER, Gilbert. *Les Mots de la vigne et du vin*. Larousse, 2001.

GAUTIER, Jean-François. *Histoire du vin*. "Que sais-je?" nº 2676, PUF, 1996.

JOHNSON, Hugh. *Une histoire mondiale du vin*. Hachette, 1990.

RENVOISÉ, Guy. *Le Monde du vin: art ou bluff*. Éditions du Rouergue, 1994.

RIBÉREAU-GA YON, Pascal. *Atlas Hachette des vins de France*. 1995.

ROWLEY, Anthony; RIBAUT, Jean-Claude. *Le Vin, une histoire de gout*. "Découvertes"/Gallimard, 2003.

Coletivo. *Larousse des vins* (tous les vins du monde). 2001.

Coletivo. *Le Vin, nectar des dieux, génie des hommes, catalogue d'exposition*. Infolio, 2004.

# Mais antigos, provavelmente difíceis de achar

CHATELAIN-COURTOIS, Marie. *Les Mots du vin et de l'ivresse*. Belin, 1984.

DION, Roger. *Histoire de la vigne et du vin en France des origines au XIXe siècle*. Flammarion, 1977.

DOUTRELANT, Pierre-Marie. *Les Bons Vins et les autres*. Seuil, 1976.

DUMAY, Raymond. *Guide des vins de pays*. Stock, 1969.

DUMAY, Raymond. *La Mort du vin*. Stock, 1976.

LACHIVER, Marcel. *Vins, vignes et vignerons*. Fayard, 1988.

ROWLEY, Anthony; RIBAUT, Jean-Claude. *Le Vin, une histoire de gout*. "Découvertes"/Gallimard, 2003.

# Literatura

ABÜ NUWÂS, *Poèmes bachiques et libertins*. Verticales, 2002.

CARRIERE, Jean-Claude. *Le Vin bourru*. Plon, 2000.

COCEA, N.D., *Le Vin de longue vie*. Le Serpent à plumes, 2000.

KAIKÔ, Takeshi. *Romanée-Conti 1935*. Philippe Pic-quier, 1993.

KAUFFMANN, Jean-Paul. *Le Bordeaux retrouvé*. 1990.
LACLAVETINE, Jean-Marie. *Le Rouge et le Blanc*. Folio, 1994.
ONFRAY, Michel. *La Raison gourmande*. Grasset, 1995.
PIROTTE, Jean-Claude. *Les Contes bleus du vin*. Le Temps qu'il fait, 1988.
QUEFFELEC, Yann. *La Dégustation*. Fayard, 2005.
VEILLETET, Pierre. *Le Vin, leçon de choses*. Arléa, 1994.

Na coleção "Écrivins" (Stock):
ARSAND, Daniel. *Ivresses du fils*. 2004.
CHARRAS, Pierre. *L'Oiseau*. 2004.
CLOUX, Patrick. *Un vin de paille*. 2004.
LAPAQUE, Sébastien. *Chez Marcel Lapierre*. 2004.
ROEHR, Alain. *Le Fil de l'eau*. 2005.
ALAUX, Jean-Pierre; BALEN, Noël. "Le Sang de la vigne" (Fayard), série de romances policiais: *Vendanges tardives en Alsace, Pour qui sonne l'Angélus, Sous la robe de Margaux*, etc.

# Obras consultadas

AUOOUZE, François. *Carnets d'un collectionneur de vins anciens*. Michalon, 2004.
AVOINE, Barbe; BLACHON; BRIDENNE; LACROIX; LAVILLE; etc., *Le Vin*. Humoristes Associés, 1980.
BATON, Antoine. *La Patrie lyonnaise*. Imprimerie P. Legendre, 1913.
BAZIN, Jean-François. *Le Clos de Vougeot*. Jacques Legrand, 1987.
BAZIN, Jean-François. *Montrachet*. Jacques Legrand, 1988.
BAZIN, Jean-François. *Chambertin*. Jacques Legrand, 1991.
BAZIN, Jean-François. *La Romanée-Conti*. Jacques Legrand, 1994.
BAZIN, Jean-François. *Le Vin de Bourgogne*. Hachette, 1996.
BECHTEL, Guy. 1907. *La Grande Révolte du Midi*. Robert Laffont, 1976.
BERNARDO, Enrico. *A Arte de degustar o vinho*. IBEP, 2007.
BERTALL. La Vigne. *Voyage autour des vins de France*. Plon, 1878,
BERTHIER, Marie-Thérese; SWEENEY John-Thomas. *Les Confréries en Bourgogne*, La Renaissance du Livre, 2000.
BLANCHET, Suzanne. *Les Vins du Val de Loire*. Éditions Jema, 1982.
BOIRON, Christine. *Les Vins de Paris*. Glénat, 1988.
BOITOUZET, Lucien. *Les Chevaliers du Tastevin*. Société bourguignonne de Propagande et Éditions, 1984.
BONAL, François. *Anthologie du champagne*. Dominique Guéniot, 1990.
BOUJUT, Pierre. *Célébration de la barrique*. Éditions du Lérot, 1983.
BOURGUIGNON, Philippe. *L'Accord parfait*. Chêne, 1991.
BRÉSILLON, Jean-Pierre. *La Bourgogne de Colette*. Edisud, 1983.
BRUNET, Raymond. *Le Vin et la religion*. Librairie agricole de la Maison rustique, 1926.
CASAMAYOR, Pierre. *Vins du Sud-Ouest et des Pyrénées*. Éditions Daniel Briand-Robert Laffont, 1983.
CASAMAYOR, Pierre. *L'École de la dégustation*. Hachette, 1998.

CHAUVET, Jules. *Le Talent du vin*. Jean-Paul Rocher éditeur, 1997.

CHAUVET, Jules. *Le Vin en question*. Jean-Paul Rocher éditeur, 1998.

CHAYETTE, Hervé. *Le Vin à travers la peinture*. ACR Édition, 1984.

CHEBEL, Malek. *Anthologie du vin et de l'ivresse en Islam*. Seuil, 2004.

COBBOLD, David. *Bandol*. Flammarion, 2001.

COBBOLD, David. *Beaune*. Flammarion, 2001.

COBBOLD, David. *Sauternes et Barsac*. Flammarion, 2001.

COFFE, Jean-Pierre.WILLEMIN Véronique, *Le Banquet de Bacchus*. Éditions du Rouergue, 2002.

COFFE, Jean-Pierre. *Mes vins préférés à moins de 10 €*. Plon, 2005.

COSTE, Pierre. *Les Révolutions du palais*. Lattes, 1987.

CRESTIN-BILLET, Frédérique. PAIREAULT Jean-Paul, *Veuve Clicquot, la grande dame de la Champagne*. Génat, 1992.

CRESTIN-BILLET, Frédérique. *La Folie des étiquettes*. Flammarion, 2001.

DEBUIGNE, Docteur Gérard. *Les Vins. Dictionnaire de la vigne et du vin*. Larousse, 1998.

DESBOIS-THIBAULT, Claire. *L'Extraordinaire Aventure du champagne Moët et Chandon*. PUF, 2003.

DESCLOZEAUX. *Cul-sec!* Albin Michel, 2002.

DIBIE, Pascal. *Traditions de Bourgogne*. Marabout, 1978.

DION, Roger. *Le Paysage et la Vigne*. Payot, 1990.

DOVAZ, Michel. *Les Grands Vins de France*. Julliard, 1979.

DOVAZ, Michel. *Encyclopédie des crus bourgeois du Bordelais*. Éditions de Fallois, 1988.

DOVAZ, Michel. *Vins du siècle*. Assouline, 1999.

DUBS, Serge; MOREL Christian. *Les Vins d'Alsace*. Robert Laffont / Serpenoise, 1991.

DUBS, Serge; RITZENTHALER, Denis. *Les Grands Crus d'Alsace*. Serpenoise, 2002.

DUIJKER, Hubrecht. *La Route des vins, Alsace*. Flammarion, 1997.

DUIJKER, Hubrecht. *La Route des vins, Bordeaux*. Flammarion, 1997.

DUIJKER, Hubrecht. *La Route des vins. Loire*. Flammarion, 1997.

DUMÉZIL, Georges. *Fêtes romaines d'été et d'automne*. Gallimard, 1986.

DURAND-VIEL, Sébastien. *Margaux*. Flammarion, 2001

DURAND-VIEL, Sébastien. *Saint-Émilion*. Flammarion, 2001.

ECHIKSON, William. *Pourriture noble*. Grasset, 2005.

ELWING, Henri. Georges Duboeuf, *Beaujolais vin du citoyen*. Lattes, 1989.

EYLAUD, Docteur. *Glossaire vineux*. Jehan-Hélie Dumarchat Éditions, 1979.

FAITH, Nicholas; GUILLARD, Michel. *Château Beychevelle*. Olivier Orban, 1991.

FAURE-BRAC, Philippe. *Les Grands Vins du siècle*. E.P.A., 1999.

FAURE-BRAC, Philippe. *Vins et mets du monde*. E.P.A., 2004.

FERET, Édouard. *Dictionnaire-manuel du négociant en vins et spiritueux*. Éd. Féret et fils, 1896.

FRIOL, Jean-Paul; BERTAUD, Michel. *Jura, les vins authentiques*. Bertaud-Friol, 1999.

GALET, Pierre. *Dictionnaire encyclopédique des cépages*. Hachette, 2000.

GARRIER, Gilbert. *Paysans du Beaujolais et du Lyonnais 1800-1970 (2 t.)*. Presses Universitaires de Grenoble, 1973.

GARRIER, Gilbert. *L'Étonnante Histoire du Beaujolais nouveau*. Larousse, 2002.

GINESTET, Bernard. *Margaux*. Jacques Legrand-Nathan, 1984.

GINESTET, Bernard. *Saint-Julien*. Jacques LegrandNathan, 1984.

GINESTET, Bernard. *Côtes de Bourg*. Jacques Legrand-Nathan, 1984.

GINESTET, Bernard. *Pomerol*. Jacques Legrand-Nathan, 1984.

GINESTET, Bernard. *Pauillac*. Jacques Legrand-Nathan, 1985.

GINESTET, Bernard. *Saint-Estèphe*. Jacques Legrand-Nathan, 1985.

GINESTET, Bernard. *Saint-Émilion*. Jacques Legrand-Nathan, 1986.

GINESTET, Bernard. *Médoc*. Jacques Legrand, 1989.

GINESTET, Bernard. *Thomas Jefferson à Bordeaux et dans quelques autres vignes d'Europe*. Mollat, 1996.

GIRAUD, Robert. *L'Argot du bistrot*. Marval, 1989.

GLATRE, Éric. *Riesling*. Flammarion, 2001.

GOULAINE, Robert de. *Le Livre des vins rares ou disparus*. Bartillat, 1995.

GUERMES, Sophie. *Le Vin et l'Encre (la littérature française et le vin du XIII au XX siècle)*. Mollat, 1997.

GUILLERMET, Jean; PIAT, Charles. *Aphorismes ou Paroles mémorables sur le culte du vin*. 1970

HENNIG, Jean-Luc. *Érotique du vin*. Zulma, 1999.

HERMAN, Sandrine; PASCAL, Julien. *Mouton Rothschild, le musée du vin dans l'art*. Imprimerie nationale, 2003.

HERVIER, Denis. *Le Médoc et ses crus bourgeois*. Féret, 2003.

HUMBEL, Xavier. *Vieux Pressoirs sans frontières*. Librairie Guénégaud, 1976.

JACQUEMONT, Guy; GUICHETEAU, Gérard; COITIN, Pierre. *Le Grand Livre des vins de Loire*. Chêne, 1992.

JEFFORD, Andrew. *Le Nouveau Visage du vignoble jurançais*. Hachette, 2003.

JUHLIN, Richard. *4.000 champagnes*. Flammarion, 2004.

KLADSTRUP, Don et Petie. *La Guerre et le Vin*. Perrin, 2001.

KRUG, Henri. *L'Art d'être Krug*. 2002.

KRUG, Henri et Rémi. *L'Art du champagne*. Robert Laffont, 1979.

LAGRANGE, Marc. *Paroles de vin*. Féret, 2000.

LAPAQUE, Sébastien; LEROY, Jérôme. *Élogie de l'ivresse d'Anacréon à Guy Debord*. Librio, 2000.

LAWTON, Hugues; MIAILHE, Jean. *Conversations et souvenirs autour du vin de Bordeaux*. Confluences, 1999.

LEBEGUE, Antoine. *L'Esprit du bordeaux*. Hachette, 1999.

LEPRÉ, Georges; MALNIC, Évelyne. *Le Vin en son palais*. Solar, 2002.

LICHINE, Alexis. *Encyclopédie des vins et des alcools*. Robert Laffont, 1972.

LUTUN, Aude. *Châteauneuf-du-Pape*. Flammarion, 2001.

LYNCH, Kermit. *Mes aventures sur les routes du vin*. Payot, 1988.

MAGNIEN, Émile. *Avec Lamartine en Bourgogne*. La Taillanderie, 1988.

MAHÉ, Nathalie. *Le Mythe de Bacchus*. Fayard, 1992.

MARKHAM, Dewey, Jr. *1855. Histoire d'un Classement des vins de Bordeaux*. Féret, 1997.

MAZENOT, René. *Le Tastevin à travers les siècles*. Éditions des 4 seigneurs/Éditions de Bellande, 1977.

MIDAVAINE, François. *Muscade*. Jacques Legrand, 1994.

MIDAVAINE, François. *Chinon*. Jacques Legrand, 1995.

MIDAVAINE, François. *Anjou - Coteaux du Layon*. Jacques Legrand, 1996.

MOISY, Robert. *Beaujolais*. Éditions de La Baconnière, 1956.

MOREL, François. *Chablis*. Flammarion, 2001.

MOREL, François. *Sancerre*. Flammarion, 2001.

MOREL, François; DUPONT, Jacques; DIERTERLEN, Jean-Pierre. *Vins du monde*. Chêne, 2005

MOTSCH, Élisabeth. *Ciels changeants, menaces d'orages, Vignerons en Bourgogne*. Actes Sud, 2005.

NAHOUM-GRAPPE, Véronique. *La Culture de l'ivresse*. Quai Voltaire, 1991.

NAPO, Félix. *1907. La Révolte des vignerons*. Privat, 1971.

OLNEY, Richard; GUILLARD, Michel. *Yquem*. Flammarion, 1985.

OLNEY, Richard. *Romanée-Conti*. Flammarion, 1991.

ORIZET, Louis. *A travers le cristal*. Editions du Cuvier. Villefranche, 1958.

ORIZET, Louis et Jean. *Les Cent Plus Beaux Textes sur le vin. Anthologie*, Le Cherche Midi, 1984.

PARKER, Robert. *Guide Parker des vins de Bordeaux*. Solar, 2005.

PASTEUR, Louis. *Études sur le vin*. Éditions Jeanne Laffite, reimpresão da edição de 1875.

PAUL HARRY, W. *Bacchus sur ordonnance*. PUF, 2005.

PESSEY, Christian. *L'ABCdaire des vins de Bourgogne*. Flammarion, 2001.

PEYNAUD, Émile. *Le Vin et les Jours*. Dunod, 1988.

PIJASSOU, René. *Le Médoc*. Tallandier, 1980.

PITTE, Jean-Robert. *Bordeaux-Bourgogne. Les passions rivales*. Hachette, 2005.

PLINE l'Ancien, *Histoire naturelle. Livre XIV*. Les Belles Lettres, 2003.

POUPON, Pierre. *Toute la Bourgogne*. PUF, 1970.

POUPON, Pierre. *Nouvelles Pensées d'un dégustateur*. Bibliothèque de la Confrérie des Chevaliers du Tastevin, 1975.

POUPON, Pierre. *Mes dégustations littéraires, l'odorat et le gout chez les écrivains*. Bibliothèque de la Confrérie des Chevaliers du Tastevin, 1979.

POUPON, Pierre. *Le Vin des souvenirs*. Éditions de l'Armançon, 1996.

PRADELS, Octave. *Le Vin et la Chanson*. Flammarion, 1913.

PUISAIS, Jacques. *Le Gout juste*. Flammarion, 1985.

RAGACHE, Gilles. *Vignobles d'Île-de-France*. Presses du Village, 2005.

RENOY, Georges. *Les Mémoires du bordeaux*. B.A.V. Éditions, 1984.

RENOY, Georges. *Les Mémoires de Bourgogne*. B.A.V. Editions, 1985.

RENVOISÉ, Guy. *Le monde du vin a-t-il perdu la raison?* Éditions du Rouergue, 2004.

REVEL, Jean-François. *Un festin en paroles*. Plon, 1995.

RIGAUX, Jacky. *Ode aux grands vins de Bourgogne*. Editions de l'Armançon, 1997.

RIGAUX, Jacky. BON Christian, *Les Nouveaux Vignerons*. Editions de Bourgogne, 2002.

RIOL, Jean. *Le Vignoble de Gaillac*. Honoré Champion/Charles Amat, 1912.

RODIER, Camille. *Le Vin de Bourgogne (La Côte-d'Or)*. Jeanne Laffitte/Damidot, reimpressão da edição de Dijon, 1948.

ROTHSCHILD, Edmond de. *Le Culte du vin*. Gallimard, 1997.

ROWLEY, Anthony. *L'Étiquette du vin*. Hachette, 2003.

ROYER, Claude. *Les Vignerons*. Berger-Levrault, 1980.

ROYER-PANTIN, Anne-Marie. *Dégustations fabuleuses dans la cave des écrivains*. La Table ronde, 2003.

SCIZE, Pierre. *Aux vendanges de Bourgogne*. Éd. Lugdunum, 1944.

SEARLE, Ronald. *Le Monde merveilleux du vin*. Albin Michel, 1986.

SEWARD, Desmond. *Les Moines et le Vin*. Pygmalion, 1982.

SIMONS, Roger; KOUPRIANOFF, Alex. *Porto, une ville, un vin*. La Renaissance du Livre, 2001.

STÉTIÉ, Salah. *Le Vin mystique*. Albin Michel, 2002.

STEVENSON, Tom. *Encyclopédie mondiale du vin*. Flammarion, 1999.

TARANSAUD, Jean. *Le Livre de la tonnellerie*, 1976.

THIÉBAUT de BERNEAUD, A.; MALEPEYRE, F. *Nouveau Manuel Roret du vigneron*. 1904.

TURNBULL. *Les Plus Grands Vins de France*. Flammarion, 2002.

VURPAS, Anne-Marie. *Dictionnaire du français régional du Beaujolais*. Bonneton, 1992.

WATNEY BERNARD, M.; BABBIDGE Hommer D. *600 tire-bouchons de collection*. Edita, 1983.

WELLENS, Annie. *Le Vin des Écritures*. Desclée de Brouwer, 2001.

## Obras coletivas

*De l'esprit des vins de Bordeaux.* Adam Biro, 1988.
*La France face aux vins du Nouveau Monde.* Albin Michel, 2002.
*Vins et Vignobles de France.* Larousse Savour Club 1997.
*La Saint-Vincent tournante.* Les Éditions du Tastevin, 1999.
*Saveurs de Porto.* L'Escampette, 2003.
*Paroles à boire-le vin. Une petite anthologie littéraire.* Éditions du Carrousel, 1998.
*Le Médoc, presqu-île du vin.* ACE, 1982.
*Bordeaux, granas crus classés 1855-2005.* Flammarion, 2004.
*Le Guide Hachette des vins.* 2006.
*La Vigne et le Vin en Île-de-France. Fédération des Sociétés historiques et archéologiques de Paris et de l'Île-de-France,* 1984.

Revistas especializadas

*L'Amateur de bordeaux*
*Bourgogne Aujourd'hui*
*Cuisine et vins de France*
*La Revue du vin de France*
*Wine Spectator*

## Bibliografia em português*

Não citados pelo autor, mas existentes no Brasil

AMARANTE, Jose Osvaldo Albano do. *Os Segredos do vinho para iniciantes e iniciados.* Editora Mescla, 2010.
BEATO, Manoel. *Larousse dos vinhos.* Larousse do Brasil, 2007.
GASNIER, Vincent. *O Livro do vinho.* Publifolha Editora, 2008.
JOHNSON, Hugh. *História do vinho.* CMS Editora, 2. ed. 2009.
KLADSTRUP, Don et Petie. *Guerra e vinho.* Zahar, 2002.
PEYNAUD, Émile, BLOUIN, Jacques, *O gosto do vinho,* Editora Martins Fortes, 2010.
ROBERT, Joseph. *Guia Ilustrado Zahar de vinhos franceses.* Coleção Guia Ilustrado Zahar. Editora Zahar, 2008.
ROBINSON, Jancis; JOHNSON, Hugh. *Atlas Mundial do Vinho.* Editora Nova Fronteira, 6. ed. 2008.
Série de romances policiais com temática do vinho, de autoria de BALEN, Noel e ALAUX, Jean-Pierre: *Bodas de ouro em Yquem* (2007), *Desvendando margaux* (2007), *O ritual de Bordeaux* (2008) Coleção Sangue da Vinha, Editora Rocco.

\*      Sugestões do tradutor.